2014

BLUE BOOK OF TALENT DEVELOPMENT
IN ZHEJIANG PROVINCE

浙江人才发展蓝皮书

2014

中共浙江省委人才工作领导小组办公室
浙江省人才发展研究院 编

ZHEJIANG UNIVERSITY PRESS
浙江大学出版社

图书在版编目（CIP）数据

浙江人才发展蓝皮书.2014 / 中共浙江省委人才工作
领导小组办公室，浙江省人才发展研究院编. —杭州：
浙江大学出版社，2015.3
ISBN 978-7-308-14405-6

Ⅰ.①浙… Ⅱ.①中… ②浙… Ⅲ.①人才—发展战
略—白皮书—浙江省—2014 Ⅳ.①C964.2

中国版本图书馆 CIP 数据核字（2015）第 032975 号

浙江人才发展蓝皮书(2014)

中共浙江省委人才工作领导小组办公室
浙江 省 人 才 发 展 研 究 院 编

责任编辑	朱　玲
封面设计	刘依群
出版发行	浙江大学出版社
	（杭州市天目山路 148 号　邮政编码 310007）
	（网址：http://www.zjupress.com）
排　　版	杭州中大图文设计有限公司
印　　刷	浙江云广印业有限公司
开　　本	787mm×1092mm　1/16
印　　张	15.75
字　　数	320 千
版 印 次	2015 年 3 月第 1 版　2015 年 3 月第 1 次印刷
书　　号	ISBN 978-7-308-14405-6
定　　价	45.00 元

前　　言

　　2014 年,浙江人才工作坚持党管人才原则,深入推进人才强省建设,以培养引进和用好高层次人才为重点,着力抓重点人才工程、重大人才发展平台,着力推动人才工作改革创新,着力创建集聚人才的体制机制优势,着力支持和帮助各类人才成长和创业创新,为浙江实现创新驱动发展、经济转型升级提供有力人才支撑。

　　《浙江人才发展蓝皮书(2014)》基于浙江人才工作的生动实践,是浙江人才工作创新发展的生动见证。全书共分四个部分:综合篇是全省人才工作情况概述,汇集了各地推进人才强市的主要做法和成效,专题篇着重介绍了浙江招才引才的特色活动和重大平台建设情况,研讨篇选择了部分人才发展课题调研成果,政策篇遴选了新出台实施的若干人才政策文件,全书约 32 万字。

　　书稿的形成和编辑,得到了浙江省委人才工作领导小组各成员单位及有关省级部门、11 个地市人才工作部门以及部分高校院所、企事业单位的大力支持,在此我们深表感谢。由于文稿来源多样,本书涉及的有关统计数据、研究结论可能存在相互不尽一致或失真之处,仅供读者参考,使用时请注意核对和鉴别,并欢迎广大读者对书中的疏漏和谬误之处给予批评指正。我们将不断提高编辑出版水平,为关心支持浙江人才发展事业的各界人士奉献更多高质量的成果。

编　者

2014 年 12 月

目　录

综合篇

浙江省人才发展报告 …………………………………………… 浙江省委人才办 / 3

杭州市人才发展报告 …………………………………………… 杭州市委人才办 / 7

宁波市人才发展报告 …………………………………………… 宁波市委人才办 / 17

温州市人才发展报告 …………………………………………… 温州市委人才办 / 27

嘉兴市人才发展报告 …………………………………………… 嘉兴市委人才办 / 33

湖州市人才发展报告 …………………………………………… 湖州市委人才办 / 39

绍兴市人才发展报告 …………………………………………… 绍兴市委人才办 / 45

金华市人才发展报告 …………………………………………… 金华市委人才办 / 52

衢州市人才发展报告 …………………………………………… 衢州市委人才办 / 57

舟山市人才发展报告 …………………………………………… 舟山市委人才办 / 63

台州市人才发展报告 …………………………………………… 台州市委人才办 / 68

丽水市人才发展报告 …………………………………………… 丽水市委人才办 / 72

专题篇

浙江杭州未来科技城（海创园）人才发展报告 … 杭州未来科技城（海创园）管委会 / 79

浙江青山湖科技城（科创基地）人才发展报告

　　　　　　…………………………… 杭州青山湖科技城（科创基地）管委会 / 82

浙江余姚、嘉善、义乌"千人计划"产业园建设发展报告 ………… 浙江省委人才办 / 85

浙江省2014年组团赴美澳引才报告

　　　　　　………………………………… 浙江省委组织部　浙江省人力社保厅 / 91

2014浙江·杭州国际人才交流与项目合作大会报告 ………… 杭州市委人才办 / 94

2014中国浙江·宁波人才科技周报告 ………………………… 宁波市委人才办 / 97

浙江省2014年组团赴北京、西安、武汉、上海举办引才报告

　　　　　　………………………………… 浙江省委组织部　浙江省人力社保厅 / 101

研讨篇

推进人才发展体制机制改革问题研究 …………………… 浙江省委组织部课题组 / 105

探索建立浙江人才管理改革试验区问题研究 …………… 浙江省委人才办课题组 / 116

浙江区域人才发展综合指数研究 ……………… 浙江省人才发展研究院课题组 / 127

国内外高技能人才队伍建设比较及启示

　　………………… 浙江省公共行政与人才人事科学研究所课题组 / 151

浙江省人力资源服务产业园建设的现状和对策研究

　　………………… 浙江省公共行政与人才人事科学研究所课题组 / 161

浙江"五水共治"专业人才供需研究 ………… 浙江省绿色科技文化促进会课题组 / 178

浙江电子商务人才供需状况抽样分析与对策建议

　　………………… 杭州市人力资源与社会保障局课题组 / 189

完善组织部门牵头抓总人才工作职能研究 …………… 宁波市委组织部课题组 / 200

建立健全科技人才绩效评价机制　努力形成具有区域竞争力的人才制度优势研究

　　………………………………… 湖州市委组织部课题组 / 216

政策篇

关于实施领军型创新创业团队引进培育计划的意见(浙委办〔2014〕11 号) ……… / 227

关于实施"院士智力集聚工程"推动创新驱动发展的若干意见(浙委人〔2014〕9 号)

　　……………………………………………… / 233

关于深入实施创新驱动发展战略推进省属企业人才队伍建设的实施意见(浙国资

　　党委发〔2014〕17 号) ……………………………… / 237

宁波市关于加快推进科技成果转化的若干意见(甬政发〔2014〕42 号)

　　……………………………………………… / 243

附录　浙江人才工作大事记(2014 年 1 月至 2014 年 12 月) …………………… / 246

ZONGHEPIAN

综 合 篇

浙江省人才发展报告

□　浙江省委人才办

2014年,浙江人才工作深入贯彻落实习近平总书记系列重要讲话精神,按照中组部和浙江省委要求部署,以服务发展为导向,以深化改革为动力,以重点项目为抓手,以更大力度集聚人才、支持人才创业创新,人才强省建设深入推进。

一、深入学习贯彻习近平总书记关于人才工作重要讲话精神

以习近平总书记关于人才工作重要讲话精神进一步凝聚人才优先发展共识、提升人才工作水平、浓厚人才发展氛围。一是省委召开学习贯彻习近平总书记关于人才工作重要讲话精神座谈会,省委书记夏宝龙等省领导出席会议,面对面听取人才代表的意见建议并作重要讲话。二是召开全省人才工作推进会和两次全省人才工作座谈会,传达学习中组部、省委关于人才工作的要求部署,交流经验、探讨问题,推进人才工作落实,精准服务发展大局。三是举办全省组织人事部门人才工作者研讨班,深入学习贯彻习总书记重要讲话精神,聚焦人才工作"怎么看、怎么干",培训省直机关、市县人才工作者130余人。四是开展人才工作集中宣传活动,省、市、县三级联动,以省"千人计划"工作五周年新闻发布会为龙头,全媒体跟进,宣传了百名人才典型、百家重才爱才典型。"浙江人才工作网"改版运行。

二、各级各部门齐心合力推进人才工作

坚持党管人才原则,充分发挥各级各部门作用,共同推进人才工作。一是制定省委人才工作领导小组2014年工作要点、成员单位重点人才工作项目分工方案,提高量化程度,落实各部门职责任务。制定了2014年度重点工作任务项目化管理书,确定了8个方

面 45 项工作,其中重点工作 11 项,责任到人,一项一项抓落实。二是改进市、县党政领导人才工作目标责任制考核,制定下发 2014 年重点人才工作考核指标,考核指标的设计上更加注重服务发展的实际成效和不同地区的发展实际,将"千人计划"工作绩效、本土高层次人才培养等纳入考核范围,完成 2013 年度人才工作目标责任制考核,杭州市等 4 个市、滨江区等 13 个县(市、区)被评为考核优秀单位。三是加强制约人才发展的重点难点问题研究,确定"推进人才发展体制机制改革问题研究"等 7 个重点调研课题并认真组织实施,总结各地实施人才强县战略的创新做法和特色经验,编写人才强县工作案例。

三、持之以恒抓好"千人计划"工作

在总结 5 年来经验的基础上,进一步规范引才工作、提高引才质量、优化引才结构,积极引进紧缺急需高层次人才为重点。一是推荐第 11 批国家"千人计划"人选 552 名,比 2013 年增加 20.2%,其中企业创新类人才 289 名。二是开展第 7 批省"千人计划"遴选工作,改进评审机制,严把质量关、确保好中选优,增加知识产权查证、创业人才实地核查等环节,从 1230 名申报人选中产生 193 名人选,入选率 16.0%。企业引才主体地位进一步凸显,企业创新或自主创业入围人选达 129 名,占 66.6%。三是组织好系列引才活动,成功举办加美澳引才活动、浙江—欧洲海外高层次人才洽谈会、浙江—香港现代服务业高端人才招聘会、宁波人才科技周、杭州国际人才交流与项目合作大会,两次赴北京、上海举办高层次人才洽谈会,并赴西安、武汉等人才密集地区开展引才活动,引才规模进一步扩大,引才成效进一步提升。四是开展"千人计划"绩效评估,重点对"千人计划"人才发挥作用情况、配套政策落实情况进行总结评估。

四、加强高层次人才和团队引进培育

拓宽人才工作思路,做到个体与团队并重、海外人才与本土人才并重、全职引进与柔性引进并重。一是启动浙江省领军型创新创业团队引进培育计划,印发《关于实施领军型创新创业团队引进培育计划的意见》,制定实施细则,进一步明确领军型创新创业团队的申报条件,细化评价标准,开发申报系统,组织开展首批团队的遴选工作。二是开展第四批浙江省省特级专家评选,严格评选标准,改进评选办法,进一步向科研生产一线倾斜,向有培养前途和发展潜力的中青年专家学者倾斜,25 名专家当选。三是制定"院士智力集聚工程"的实施意见,按照"不求所有、但求所用"的理念,创新集聚人才体制机制和载体平台,力争到 2017 年,集聚 400 名左右海内外院士与浙江省建立长期稳定的技术合作关系,建立一套比较完善的院士智力集聚工作机制。

五、统筹推进各类人才队伍建设

浙江省"151"人才工程新选拔 348 名培养对象,新增"钱江学者"特聘教授 35 名,新评定省级工艺美术大师 120 名,新增高技能人才 25 万名。培训企业经营管理人员 21 万人次、重点领域专业技术人才 4000 余名、"金蓝领"290 名、非遗稀缺工种高技能人才 360 名。实施"千万农民素质提升工程",培训农村两创实用人才 14.2 万名。做好社会工作者职业水平考试工作,2634 人获得社会工作者职业水平证书,组织社会工作领军人才选拔。推进文化类创新团队建设,新评选理论、新闻、出版、文艺、文化经营管理"五个一批"人才 44 人。开展基层卫生人才定向培养,定向培养 1520 人,有序推进 325 卫生人才工程建设。

六、扎实推进人才发展平台建设

根据浙江省委、省政府推进产业集聚区核心区建设有关要求,加强各类平台的规范化建设,提升服务能力和水平。一是全力推进杭州未来科技城(海创园)建设,将未来科技城直接建设管理的范围由 289 平方千米调整至 39 平方千米,实现聚焦发展。继续落实省、市、区三级协同推进机制,选派 8 名省级机关干部到园区挂职。二是在余姚、义乌、嘉善等地建设"千人计划"产业园,支持"千人计划"专家集中专业优势,加速成果转化,实现优势互补和抱团发展。三是探索开展人才管理改革试验区建设,根据中组部推进人才管理改革试验的要求,借鉴北京中关村、广东粤港澳两个国家级人才管理改革试验区的做法,起草工作方案,探索有浙江特色的人才管理改革试验区建设模式。四是推进高校产学研联盟中心建设,全省产学研联盟中心达到 13 个。新建市级以上院士专家工作站 53 家,新签约建站院士 17 名,累计建站 409 家,签约建站院士 251 名,其中省外院士 229 名。新建国家级博士后科研流动站 7 家。

七、创新载体和抓手服务发展

根据"五水共治"、"两美"浙江建设等工作的需要,主动作为,提高人才工作和中心工作的契合度。一是选派治水专家到基层挂职服务,从高校、科研院所选派 22 名涉水专业专家到市、县担任治水办主任助理,会同省治水办组织"五水共治"技术服务团,加强治水工作人才保障。二是选派"希望之光"专家团队到欠发达地区帮助工作,根据欠发达地区急需教育、卫生等民生类人才的实际情况,首批共选派 8 个专家团队 40 名专家,已至 8 个欠发达县开展帮扶工作,受到当地普遍欢迎。

八、加强专家联系服务工作

落实群众路线教育实践活动要求,加强团结、引领、服务工作。一是加强专家服务保障,调整省领导联系高层次人才名单,20位省领导共联系42名高层次人才,召开院士专家迎新座谈会,组织72位院士专家进行暑期疗休养,加强思想联系和感情交流,做好省特级专家体检工作。二是加强专家理论培训,举办"千人计划"创业创新人才培训班,培训"千人计划"人才130余人。三是召开海外高层次人才联谊会2014年会员代表大会,总结海高会成立三年来的工作情况,实现顺利换届,组织开展电子信息、生物医药、环境资源等分会活动。

九、稳妥做好大学生村官工作

贯彻全国大学生村官工作座谈会精神,落实"保证质量、规模适度、完善政策、从严管理、健全机制"的要求,2014年实际选聘大学生村官906名,人选质量进一步提高,专业结构进一步优化,中共党员占71.5%,本科及以上学历达100%,涉水、涉农、城镇化建设、电子商务类专业背景的占46.0%。举办1期全省大学生村官履职能力提升示范培训班和3期大学生村官电子商务示范培训班,各市普遍开展大学生村官电商培训。开展"践行群众路线,争当泥腿子村官"活动,办理惠民实事34997件。

2015年是实施"十二五"规划的收官之年、"十三五"规划谋划之年,是全面深化改革、实施创新驱动的推进之年。新形势新任务要求人才工作加大改革创新,在现有基础上开创新局面、再上新台阶,继续走在全国前列。2015年,浙江省人才工作要深入贯彻落实习近平总书记关于人才工作系列重要讲话精神,以围绕中心、服务大局为主线,以打造人才生态最优省份为目标,以引进集聚高层次人才为重点,深入推进人才强省建设,为干好"一三五"、实现"四翻番",建设"两美"浙江、法治浙江提供有力人才支撑保障。一是乘势而上,在经济发展新常态下,抓住机遇、趁热打铁,实现人才工作新提升新突破。二是加力推进,按照创新驱动发展的要求、按照打造人才生态最优省份要求,以更高的标准、更实的举措推进人才工作。三是遵循规律,及时总结人才工作好的经验做法,更好地遵循社会主义市场经济规律和人才成长规律,不断推进人才工作体制机制、方式方法改革创新,破解人才工作中的难点问题,提高人才工作科学化水平。四是精准发力,坚持高端引领,下更大力气抓"千人计划"、"万人计划"、领军型团队引进培育和高层次人才平台建设,强化绩效导向,把人才作用发挥好不好、支撑发展作用大不大作为人才工作的检验标准,增强工作的针对性和实效性。

杭州市人才发展报告

□ 杭州市委人才办

2014年，杭州市人才工作深入贯彻党的十八大、十八届三中全会和习近平总书记关于人才工作系列重要讲话精神，按照全国、全省组织工作会议和人才工作座谈会部署，全面落实党管人才原则，紧扣中心工作、紧贴发展大局，强化需求导向、问题导向和满意导向，积极完善人才工作运行机制，大力推进政策机制创新和重大人才工程，统筹推进各类人才队伍建设，人才工作得到创新发展。杭州市继续被省里评为市县党政领导科技进步与人才工作目标责任制考核优秀单位。在2014年美国《福布斯》杂志发布的中国大陆最佳商业城市排行榜和中国社会科学院发布的中国城市竞争力报告中，杭州继续保持领先地位，人才指数、知识城市竞争力指数分别排在全国重点城市的第8位和第5位。

一、主要做法和成效

(一)坚持党管人才，推动人才工作机制高效运行

按照党管人才原则要求，进一步优化人才工作运行机制，强化组织部门牵头抓总职能，推动全市人才工作科学高效有序运转。一是进一步强化人才工作力量。根据实际工作需要，及时调整充实杭州市委人才工作领导小组，新增市委办公厅、市政府办公厅等10家成员单位，修订市委人才工作领导小组成员单位工作职责文件，明晰各部门具体责任。建立人才工作重要事项报告制度，保持上下信息畅通。二是进一步完善考评工作制度。出台《杭州市人才工作目标责任制考核实施办法(试行)》，首次把领导小组成员单位列入考核对象。通过优化具体指标，完善考核方法，新增创新加分考核、满意度测评和结果运用等环节，营造"众人拾才"工作格局。圆满完成省对市人才工作目标责任制书面考核及实地考评迎检相关工作，组织开展2013年度区、县(市)人才工作目标责任制考核工作，总结经验，查找问题，改进工作。精心组织中心镇指导组派驻人员年度考核工作，推

动派驻人员发挥指导作用。三是进一步强化专项资金使用管理。根据市领导有关批示精神和财政工作新要求，市委人才办、市财政局牵头市直相关部门，认真落实人才专项资金清理整合工作，研究制定《杭州市级人才战略专项资金暂行管理办法》，改进规范资金使用流程，强化使用管理，提高使用绩效。四是进一步加强人才工作理论研究。市委组织部牵头市直有关单位和有关区、县（市）着重对一些人才工作中的难点热点问题开展研究，全年共完成民营企业家队伍建设、推进人才发展体制机制改革等重点研究课题12个，研究成果在实践中发挥较好指导作用。精心收集筛选各个领域人才发展状况的调研报告和有关政策文件，编辑《人才蓝皮书：2013年杭州人才发展报告》。

（二）坚持改革创新，推动人才政策机制优化升级

根据杭州市委推进党的建设制度改革的总体要求，进一步优化整合人才政策，积极落实"杭改十条"，实现人才政策推陈出新、更新换代，人才机制更加开放、更具活力。一是全面升级人才政策。梳理2004年以来人才工作相关的70个规范性文件，对其中的25个文件提出清理建议。积极推动人才政策的优化整合和提升扩面，研究制定《杭州市高层次人才、创新创业人才及团队引进培养工作的若干意见》，形成《杭州市高层次人才分类目录》，对人才关心的引进培养、创业扶持、生活保障等方面政策进行整合创新，并对照具体政策内容制作更加明晰化、规范化的操作细则，方便人才使用政策，构筑人才政策新优势。二是制定出台人才住房新政。积极破解三年行动计划人才住房难题，着力探索研究货币化补贴、提供租赁房等更加灵活的人才住房保障方式，历经10个月研究谈论，最终制定出台《杭州市高层次人才住房保障实施意见》，文件出台后引起人才广泛关注，获得部分来电人才好评。文件出台后，召开新闻沟通会，加强舆论引导，做好人才房问题政策解答宣传工作，较好地实现旧政策向新政策的平稳过渡。三是落实"杭改十条"任务。根据"杭改十条"责任分工，围绕"民营经济强市"建设要求，制定出台《杭州市民营企业经营者队伍建设规划（2014—2020）》，从引进、培育、培训、管理、激励等5个方面提出17项新举措；围绕新型城镇化建设要求，制定《杭州市人才西进"22633"工程实施方案》，实施政策西进、高层次人才西进、智力西进、培养西进、载体西进等内容，探索建立鼓励优秀人才向县（市）基层流动的新机制，实施"天目彩虹"、"百项国内外引智计划"工程，启动开展"百名专家解百题"活动，选派41名县（市）紧缺专业人才到市区单位培养锻炼，累计帮助县（市）引进高层次人才245名，实施引智项目70个，柔性引进人才186人，培训培养人才6398名。开展人才作用发挥机制研究，积极转化研究成果，起草《杭州市充分发挥高层次人才作用的意见》，明确引导高层次人才发挥作用的八个方面途径和方法。

（三）坚持注重实效，加快集聚海外高端人才

按照精准发力要求，改进工作方式方法，不断增强平台承载力，切实提高海外引才工作实效，2014年共新增自主申报入选国家"千人计划"人选（第十批）13名、省"千人计

划"人选 59 名。一是配合和组织实施重大人才工程。召开全市推进海外高层次人才工作专题会议,进一步分析形势、统一思想、明确任务、加大力度。认真组织开展"千人计划"、市"521"计划项目实施成效评估工作,进一步做好市"521"计划的组织实施,新增市"521"计划人选 29 名、团队 6 个。认真做好国家和省"千人计划"申报工作,通过广泛动员、业务培训、实地指导和材料把关等,较好地完成申报任务,2014 年"国千"、"省千"申报推荐人选中创新类人数与上年相比有较大增幅。继续实施"115"国外引智计划,全年新确定高端外国专家年薪资助项目 23 项,重点引智项目 27 项,普通引智项目 170 项。二是精心举办海外引才活动。按照创品牌、重实效要求,积极改进和创新 2014 浙江·杭州国际人才交流与项目合作大会运作方式内容,大会呈现出人气更旺、层次更高、形式更新、机制更活等特点,参会人数、人才层次和项目质量都再创历史新高,"梦想天堂"海外人才创业沙龙等新活动受到人才好评,分会场引入竞争机制进一步提高办会质量。2014 年,大会共邀请 25 个国家和地区的 509 名海外留学人员,携带 676 个项目参会洽谈,共计签约项目 168 个,签约金额 16.5 亿元,项目签约数和签约金额均比上届大会增加 20%。继续办好 2014 年海外华商杭州投资洽谈会、2014 年侨界海外精英创业创新峰会和第九届海外英才论坛等活动,邀请世界各地的侨界精英携项目来杭洽谈。三是加强海外常态化引才工作。连续第十年组团赴海外招才引智,2014 年共携带近 1000 个人才项目需求与海外人才洽谈对接,达成初步意向 200 余个,现场签约 52 个。继续发挥美国硅谷工作站海外引才前沿阵地作用,目前工作站已累计对接项目 260 个,其中已注册落地项目 23 个,入选"千人计划"2 人。加强与浙江清华长三角研究院合作,在新一轮海外合作引才中设置奖励机制,建立长三角研究院杭州分院。开展硅谷孵化器筹建工作,已基本完成管理团队组建、场地选址、注册准备、前期市场推广和渠道建设。目前,已与多个知名项目渠道建立战略合作。积极鼓励各地制定出台人才、中介引才奖励办法,余杭区设置最高 50 万元引才奖励,目前,已拨付引才奖励超 1240 万元,成功引进"千人计划"专家 34 名。四是进一步增强人才平台承载力。坚持以高新区和未来科技城两个国家级海外人才基地为引领,全面推进各类人才平台建设。杭州未来科技城(海创园)、杭州青山湖科技城人才集聚度进一步增强,已累计引进高校、科研机构 52 家、海外高层次人才 1217 名,其中"国千"人选 73 名,"省千"人选 106 名。进一步加强两院院士柔性引进力度,全年新建市级院士专家工作站 10 家,新增省级院士专家工作站 4 家。进一步加强博士后工作站、留创园和大学生创业园建设,新引进博士后研究人员 56 名,新成立 1 家市级留创园,新增 2 家大学生创业园,入园大创企业达 2400 余家。进一步加强人才新平台建设,杭州经济技术开发区积极筹建中科院理化所杭州分所,面向全球招引高端人才和团队;筹建浙江省杭州科技创新发展院,吸引鼓励更多事业单位高层次人才来杭创新创业。

（四）坚持统筹兼顾，积极培育本土紧缺急需人才

根据统筹利用国内国际人才资源的要求，精心实施本土高层次人才项目计划，积极推进行业紧缺和基层急需人才培养。一是加强本土高层次人才遴选和引进工作。配合省委组织部做好第四批省特级专家的申报推荐工作，杭州市的市领导联系高层次人才麦家成功入选。做好新一轮享受市政府特殊津贴人员选拔工作，共选拔 50 名，配合做好享受国务院特殊津贴人员选拔推荐工作，共推荐 10 人。继续实施"钱江特聘计划"，新选聘钱江特聘专家 30 名。开展第五批市级宣传文化系统"五个一批"人才推荐选拔工作和十大产业文化创新团队评选工作，新增 8 名"五个一批"人才和 10 个文化创新团队，积极推进"青年文艺家发现计划"等工作。继续开展名师名校长培养工程，选拔名师培养人选 110 名，学科带头人培养人选 440 名，教师培养成果丰硕，2014 年 42 人获得每 4 年评选 1 次的省特级教师称号。积极实施《加强高层次卫生技术人才引进实施办法（试行）》，成功引进 2 位高层次卫生技术人才。二是积极开展紧缺急需人才培养。继续实施"中国杰出女装设计师发现计划"，培养人选首次获得"中国十佳时装设计师"称号；继续做好工艺美术大师培养引进和市工业设计精英人物评选等工作。举办杭州市首届景点景区讲解员服务技能大赛，选出首批"金牌讲解员" 30 名。实施"杭州市服务业高级人才培养工程"，全年共举办服务业高级人才培训班 2 期，培训学员 300 名。加强青年文艺人才培养，不断提高公共文化人才专业技能和整体素质。积极推动全市服务外包人才培训工作，全年累计开班 381 期，培训人员 17028 人。继续实施会计领军人才培养计划。积极构建"市社科重点研究基地"、"基层理论宣讲点"等社科人才平台，加强社科人才培养。启动《杭州市 2015 年度信息智慧产业紧缺专业人才目录》编制工作。三是继续加强大学生村官工作。贯彻落实习总书记和省委书记夏宝龙有关复信精神，开展"践行群众路线、争当'泥腿子'村官"主题实践活动，鼓励大学生村官扎根基层、服务基层，参与服务新型城镇化、"五水共治"等全市中心工作。继续做好大学生村官选聘工作，2014 年新选聘大学生村官 85 名。开展大学生村官工作专项督查活动，重点督查各地大学生村官培养锻炼、流动管理、保障激励等 10 项内容，通过督查了解实情、查找问题、落实整改、提升工作。组织推荐 44 名村官代表参加中组部和省委组织部村官示范培训班。四是继续深化"大学生创业计划"、"雏鹰计划"和"青蓝计划"。积极推进大学生创业计划，办好大学生创业学院，全年共培训大创企业负责人 185 名，组织 6 万余名大学生参加创业实训和见习训练，新增大学生创业企业 1581 家。启动第四届中国杭州大学生创业大赛。继续深化"雏鹰计划"、"青蓝计划"，全年新认定"雏鹰"企业 95 家、"青蓝"企业 83 家，认定浙江省科技型中小微企业 1240 家。

（五）坚持夯实基础，推动六支人才队伍建设

按照杭州加快智慧经济、信息经济发展、美丽中国先行区建设的要求，精心实施六

支人才队伍培养培训工程,不断夯实人才队伍基础。一是深入实施党政骨干人才培养工程。落实《2013—2017 年全国干部教育培训规划》,制定全市干部教育培训实施意见。开展全市党政人才培养工作,2014 年市本级共举办各类培训 43 期,累计培训干部 5854 人次。全面推行自主选学"知行讲堂",2014 年共举办 29 场选学课程,5577 人次报名参加。继续实施"518"中青年干部培养工程,组织 25 名干部参加海外培训。继续实施年轻干部成长"五个一百"工程,组织 88 名"80 后"年轻干部进行专题培训,选派 84 名年轻干部到国家部委、省直机关以及边远地区、市重点工程、市属企业等岗位实践锻炼。二是全面深化企业经营管理人才培训工程。组织 2280 名企业经营管理人员学习中央新理论新精神,加强企业家队伍的思想政治引领。办好"杭商学堂",举办规模型、成长型、初创型、新生代企业高管和国有企业领导人员、非公企业党务工作者等研修班 6 期,培训各类企业高管 370 名。专题组织"智慧经济"、"三新开发"、"机器换人"和"两化深度融合"等培训班,全年共举办各类培训班 211 期,培训企业管理人员 11418 人次。充分利用新生代企业家联谊会平台优势,加强新生代企业家教育培养工作。继续深化国有企业领导人员、董事、监事会成员培训工作,转变管理理念、提高规范经营水平。三是实施专业技术人才培养工程。组织开展"131"人才选拔工作,完成 198 名申报人员的申报资格审核工作,选派 22 名培养人选参加出国中长期培训,组织 40 名培养人选参加英语(BFT)培训;补选"131"人才计划导师 18 名,实施第二批结对培养计划,对 28 位培养人选进行结对指导。积极推荐申报省"151"培养人员,成功入选 21 名。继续推荐 13 人申报国家"百千万"工程。四是实施高技能人才培训工程。进一步做好政府补助培训、企业自主评价、职业技能竞赛、技师素质提升培训等各项工作,全年共培养高技能人才 40067 人;组织做好优秀高技能人才评选认定推荐工作,全年新认定 10 家市级技能大师工作室,创建国家级 1 家、省级 5 家,创建国家级高技能人才培训基地 1 家、省级实训基地 2 家。启动实施"138 蓝领素质提升工程",加强市级职业技能带头人队伍建设,市本级全年培训高技能人才 3000 余名。五是实施农村实用人才培训工程。市农办继续加强农村实用人才培训工作,市级全年共举办各类培训班 11 期,培训农村实用人才 707 名,带动全市培训 15354 名。强化农民职业技能培训,不断提高农村实用人才持证比例,目前已达 10.18%。充分发挥各区、县(市)农村实用人才示范实训基地的示范带动作用。六是实施社会工作人才培训工程。建立社工人才继续教育网络平台,完善社工职业化、专业化培训体系,全年共举办各类培训班 15 期,培训社会工作人才 1903 人,新培养助理社会工作师 823 名、社会工作师 241 名。开展社会工作领军人才推荐评选活动,共产生 4 名领军人才。开通全市社会工作信息网,提高社工人才管理信息化水平。

(六)坚持优化服务,营造人才发展良好氛围

按照需求导向、问题导向和满意导向要求,加强与人才的经常性联系服务,帮助解

决实际困难,营造良好氛围,努力让人才安下心来、扎下根来。一是部署开展"走企访才"活动。市区两级联动开展以"进企访才听心声、深化服务助发展"为主题的走企访才活动,进一步强化各地各部门与人才企业之间的联系,已累计走访企业(科研院所)2489余家、高层次人才220余名,收到意见建议3200余条,办结人才和企业反映问题1750余件,得到高层次人才及企业的肯定。探索开展"点对点"上门服务,2014年在长城影视和华策影视建立基层联系点,主动上门帮助协调解决具体问题,受到企业欢迎。二是深化市领导联系高层次人才制度。制定出台《关于加强市领导联系高层次人才日常联络服务的办法》,进一步优化联系服务方式。圆满完成市领导春节走访慰问高层次人才活动。精心组织高层次人才国情研修班、健康体检和疗养休假活动,改进疗养休假组织主体、活动形式和活动内容,突出高端引领,提升服务质量,人才非常满意。建立市委人才工作领导小组交办工作制度,重点在破解人才难题上下功夫,2014年已帮助5位"千人计划"专家解决实际困难。三是加强人才工作宣传。在《杭州日报》、杭州党建网等媒介,开展以"聚天下英才,建'美丽杭州'"为主题的人才工作集中宣传活动,让各地各部门一把手谈人才工作,宣传人才工作成效、典型案例,扩大人才工作影响力。组织协调市级媒体,开设"领导者"、"天下杭商"、"18创业汇·企业领袖交流会"、"人力社保一周"和"杭州有约·文化名人一对e"等栏目,进一步加大典型人才和人才工作的宣传力度,取得较好实效。

二、工作展望

2015年,杭州市人才工作将深入学习贯彻党的十八大,十八届三中、四中全会和习近平总书记系列重要讲话精神,坚持党管人才原则,紧扣中心工作、紧贴发展大局,主动适应新常态,围绕信息经济、智慧经济"一号工程",强化需求导向、问题导向、满意导向,贯彻精准理念,聚焦重点工作,突出难点问题,创新体制机制,拉高标杆、发挥优势、改革创新、勇于超越,不断提升人才工作科学化、规范化、信息化水平,努力打造人才生态新优势,为实现高起点上的新发展,继续走在全国重要城市前列提供坚强人才支撑。

(一)注重牵头抓总,强化党管人才工作力量

一是健全运行机制。落实《市委人才工作领导小组及其办公室工作运行机制的意见》,完善科学决策、分工协作、沟通交流机制,定期召开人才工作领导小组会议;健全和落实区、县(市)、开发区和人才工作领导小组成员单位工作例会制度、重大事项报告制度;完善督促落实机制,实行人才工作项目化管理,建立人才工作重点项目督查制度,提高工作实效。二是制定"十三五"规划。开展"十二五"人才发展规划和中长期发展规划执行情况的评估分析,对杭州市"十三五"人才发展进行总体谋划,调整完善中长期人才发展规划纲要,编制市"十三五"人才发展规划。研究提出杭州市"十二五"建设人才高地

思路及对策。开展人才资源调查统计。三是开展人才工作考核。根据《杭州市人才工作目标责任制考核实施办法(试行)》,抓好对各地各部门的人才工作目标责任制分类考核工作。对区、县(市)的考核,完善指标设置,更加突出各地服务智慧经济和创新驱动发展的绩效。对市直部门的考核,加强对重点任务完成情况和实际效果的考核检查,增强各部门做好人才工作的责任意识。四是推进"1+X"人才政策落实。加大人才政策宣传解读力度,提高政策知晓率。召开一次人才新政推进落实会,研究部署如何把政策送到重点人才。开展落实情况专项督查,把《杭州市高层次人才、创业创业人才及团队引进培养工作的若干意见》"1+X"政策细则的落实情况作为人才工作目标责任制考核重要内容。做好高层次人才分类认定工作,编制一套人才政分类策服务手册。五是注重人才工作系统研究。开展"更好地发挥市场在人才资源配置中的作用"、"吸引集聚高端人才方法途径"、"最优人才生态营造"、"紧缺实用人才培养"、"加强法治人才队伍建设"等课题研究,形成理论成果、制度成果,指导工作实践。编辑出版《人才蓝皮书:2014年杭州人才发展报告》。六是打造"一区(县、市)一品"。引导各地结合自身实际,发挥自身优势,打造自身人才工作品牌,激发基层人才工作主动性创造性,增强人才工作活力。七是加强人才工作者队伍建设。配优配强人才工作力量,举办智慧党建、前沿科技、法治建设、业务知识等专题培训班,帮助人才工作者拓宽视野、转变理念、提升素质。鼓励人才工作者走进企业、服务人才,推动人才工作更接地气。

(二)注重增量提质,加快引进培养高层次人才

一是开展海外引才工作。继续组团赴海外人才集聚的发达地区开展高层次人才招聘活动。充分发挥美国硅谷工作站、海外高科技孵化器和海外联络站等海外阵地区位、资源优势,拓宽人才项目信息源,提高引才靶向化水平。积极支持各区、县(市)、园区站点与海外社团等机构开展对接合作。落实引才奖励政策,通过市场引才、以才引才、以情引才,力争引进一批重量级人才(团队)和重点项目。二是举办2015浙江·杭州国际人才交流与项目合作大会。认真总结历届办会经验,办好2015浙江·杭州国际人才交流与项目合作大会,拓宽人才项目来源,创新分会场活动,优化大会宣传,加强跟踪服务,提高大会实效。举办"中国杭州海外高层次人才创新创业大赛"、"侨界海外精英创新创业峰会"、"海外英才论坛"等活动,配合做好"海外清华学子浙江行"活动。三是做好国家和省人才计划申报工作。组织海外高层次人才申报国家和省"千人计划",加强申报指导,规范上报材料,增进上下沟通,努力提高入选率。全年新增国家"千人计划"人选15名左右、省"千人计划"人选50名左右。配合做好"万人计划"人选推荐申报工作,提高申报质量。四是深化实施杭州市全球引才"521"计划。开展杭州市全球引才"521"计划第五批人选和团队评审工作,面向全球大力引进带着重大项目、带领关键技术、带动新兴学科的海外高层次创新创业人才。评选个人30名左右。五是大力实施杭州市领军型创新创

业团队引进培育计划。坚持国内与海外并重,大力引进培育杭州市信息经济、智慧经济发展急需的领军型团队,按创业团队和创新团队两类开展评审认定工作。共评选领军型创新创业团队5个。配合做好省领军型创新创业团队的申报工作。六是大力实施"115"引智计划、钱江特聘专家计划。全年计划扶持240项"115"引智计划项目,其中高端外国专家项目20个、重点引智项目20个、普通引智项目200个。加强引智基地建设,加快引智成果的推广应用。以信息经济、智慧经济领域为重点,新遴选30名钱江特聘专家。七是加快紧缺急需人才引进培养。编制发布紧缺人才需求目录。大力支持人力资源服务业发展,加快推进人力资源产业园建设,积极引进全球知名中介机构、猎头公司。继续组织赴国内重点高校招揽高学历人才。积极推进第三批市十大产业文化创新团队遴选工作、青年文艺家发现计划、中国杰出女装设计师发现计划、培养和引进工艺美术大师三年行动计划。实施"杭州市服务业高级人才培养工程",全年培训服务业高级人才300名。支持杭州师范大学实施人才强校战略。加强法治人才队伍培养。

（三）注重以用为本,引导人才服务发展大局

一是组织开展"凝聚智慧,服务'双化'"活动。组织高层次人才服务信息经济、智慧经济,邀请智慧产业相关领域的高层次人才与同领域企业开展技术、资源和信息对接,推进智慧产业化;与传统企业进行技术、智力需求对接,提升产业智慧化。二是探索人才管理改革试验区建设。结合"十三五"人才高地思路及对策研究工作,选择合适的人才集聚区,探索人才管理改革试验区建设,围绕人才和企业反映强烈、反映集中的问题,进一步加大政策创新力度。三是深化实施人才西进"22633"工程。组织开展"天目彩虹"、"百名专家解百题"、专家服务基层行动计划等高层次人才志愿服务活动,调整充实专家志愿者信息库。做好农村指导员、科技特派员工作,切实为农村解决实际困难。继续做好县(市)紧缺专业人才到市区单位培养锻炼和中心镇指导组等工作,为五县(市)经济社会发展提供智力支持。探索开展市区教育、卫生、农技专业人才与县(市)结对活动。四是探索建立人才项目绩效评估体系。对落地人才项目的创新创业情况设置科学的评判标准,探索建立合理的评估体系,对已落地项目及杭州师范大学学科建设引进的人才团队进行绩效评估,提高人才项目管理的科学化水平。对绩效差的项目实施退出机制。五是扎实推进人才基地建设。发挥杭州高新区(滨江)、杭州未来科技城(海创园)国家级海外高层次人才创业创新基地的引领带动作用,推进省市人才基地建设。适时开展人才基地考核。加快引进海内外高层次人才及团队、高水平研发机构和大院大所大企业,加快推进中科院理化所杭州分所、浙江清华长三角研究院杭州分院等院所平台建设。六是加强园区站点建设。修改完善院士专家工作站工作管理办法,明确"专家工作站"的认定标准、评审程序、资助经费等实施细则,积极申报2015年省级院士专家工作站。做好省博士后试点单位申报培训、指导、组织工作,为更多的企业搭建产学研合作平台。探索一

园多点和市场化办园的新模式,新建大学生创业园 3 家。加快留创园建设,力争在 2015 年帮助 1～2 家市级留创园申报省级留创园。充分发挥民营资本优势,引导民营资本投资建设各类专业孵化器。七是实施杭州市初创型科技企业培育工程。支持大学生、留学回国人员、高校教师与科研院所专家创办、领办企业,实施杭州市科技型初创企业培育工程,建立完善"淘汰"和"退出"机制。支持科技型中小企业与高校院所联合建设研发机构,鼓励企业参与产业技术创新联盟,提高创新能力。

(四)注重统筹兼顾,促进各支人才队伍均衡发展

一是推进党政骨干人才培养工程。积极落实《2013—2017全国干部教育培训规划》,办好各类主体班,开展领导干部网络选学活动,进一步提高干部教育培训的针对性、实效性。积极实施中青年干部培养"518"工程,组织 25 名干部参加中青年干部出国培训班,选派 5 名干部赴港实习交流。调整干部外语培训形式,启动实施"干部外语 e 课堂"培训工程。二是推进企业经营管理人才培训工程。做优"杭商学堂"品牌,提高培训实效。全年开设国内培训班 5 个,培训学员 300 名左右。办好企业中青年管理人员高级培训班、高级研修班,全年举办培训班 3 期,培训 150 人左右;举办各类适应性培训班 115 期,培训经营管理人员 8500 人次。加强民营企业经营者队伍建设,实施创业培养系列工程,选派 10 名带头人、100 名杰出者、1000 名领军者和 10000 名潜力者参加各类培训研修。三是推进专业技术人才培养工程。组织部分信息经济、智慧经济领域的"131"培养人选赴美国短期培训,选派部分培养人选到国内外著名高校、科研院所参加中长期培训。推荐优秀人才参加国家"百千万"和省"151"等人才工程选拔。实施"西湖学者引才计划"、"西湖鲁班引才计划"、"优秀中青年教师海外研修资助计划",加大高层次卫生技术人才引进培育力度。举办企业类会计领军人才培训班,并邀请部分领军人才向普通会计人员进行授课。四是推进高技能人才"815"培训倍增工程。做好政府补助培训、技师社会化考评、职业技能竞赛、技师素质提升培训等各项工作,全年计划培养高技能人才 4 万人。开展市技能大师工作室的评选认定工作,全年新增 10 家技能大师工作室。开展技能竞赛活动,全年组织开展 20 个以上市级竞赛项目。开展旅游高端人才境内外培训,举办第四届金牌导游大赛。五是推进农村实用人才"125"培训工程。围绕城乡区域统筹农业农村经济发展,提升农民的职业技能和经营管理能力。全年计划举办培训班 6 期,培训 300 人。重点培训农产品营销、特有工种技能、农村电子商务、民宿经济、家庭农场和五水共治等方面的农村实用人才。进一步深化农村实用人才队伍建设,完善农村实用人才信息库管理系统,逐步实现管理信息化。六是推进社会工作人才"525"培养工程。加快培养社工人才,通过举办不同层次的培训班,市本级全年资助培养社会工作师 200 人、助理社会工作师 500 人。建设社工人才继续教育网络平台,与高校合作开展社工网络教学;宣传推广杭州社会工作人才信息网,发布相关政策,整合人才信息资

源,提高社工队伍建设信息化水平。七是稳妥有序推进大学生村官工作。积极组织大学生村官投身"五水共治"、新型城镇化建设等中心工作,在服务大局中提升能力,坚定扎根农村基层的信念。做好大学生村官选聘工作,提高选聘质量、严把入口关。按照省委组织部统一部署,指导区、县(市)做好大学生村官转聘事业编制工作,配合做好选调生村官工作。召开大学生村官工作现场推进会,强化大学生村官日常考核,健全培养机制。举办优秀大学生村官示范培训班,开展"十佳村官"评定工作,增强村官队伍凝聚力和战斗力。组织开展"千名村官进万户"主题活动,提供便民服务。加强村官信息库日常维护更新工作。八是推进大学生创业工作。深入实施杭州市大学生创业三年行动计划(2014—2016年),加强对成长型大学生创业企业培养扶持,鼓励高校毕业生网络创业,大力宣传自主创业的先进典型,营造大学生创业的良好氛围。

(五)注重优化服务,完善创新创业环境

一是实施杭州市人才最高荣誉制度。开展杭州市"杰出人才"和"突出贡献引进人才"评定工作,两类人才各评定10名。在主流媒体推出"杰出人才"系列报道,把人才故事讲好,把人才贡献讲响。二是启动高层次人才住(租)房补贴申购工作。落实《杭州市高层次人才住房保障实施意见》,启动高层次人才购房补贴、租赁补贴的申请受理工作,优化审批流程,为人才提供便利。三是抓好人才工作宣传。制定人才工作宣传计划,建立人才宣传工作与新闻媒体的沟通协调机制,加强与中央、省、市主流新闻媒体沟通,适时召开人才工作媒体沟通会。积极宣传推介各地各部门落实人才政策、推进重大人才计划工程、联系服务人才的做法和经验,营造良好的创新创业环境。四是提升人才服务信息化水平。根据"智慧党建"规划要求,搭建人才服务信息化平台,实现政策发布、人才服务、沟通交流等功能,优化用户体验,打造线上人才之家,提高人才满意度。开展杭州市高层次人才信息库建设工作,夯实人才工作基础。开通人才分类认定网上申报系统,为人才提供便利。五是开展"大征询、大走访、大服务"活动。建立高层次人才日常联系服务渠道,定期征询人才的意见建议。深化"走企访才"活动,重点走访市领导联系高层次人才和"千人计划"专家。定期收集高层次人才创业和生活中的困难问题,对一些共性问题、重点问题提交服务人才例会协调解决,对一些个性问题采取现场办公、上门服务等方式解决。六是做好"店小二"式的人才服务工作。研究制定服务重点人才、当好"店小二"的实施意见,以制度的形式将人才服务工作固定下来,分级分类开展人才服务,解决重点人才的后顾之忧。完善市领导联系高层次人才制度,加强政治引领,做好理论培训、健康体检、疗养休假和走访慰问等工作,注重服务细节,提高服务质量。对海外高层次人才专窗制度落实情况进行"回头看",督促职能部门落实责任,为人才提供高效便捷的服务。进一步发挥市海创会、留联会、青年人才工作站等组织的作用,加强海外高层次人才自我管理、自我服务。

宁波市人才发展报告

□ 宁波市委人才办

2014 年，宁波市各级各部门坚持党管人才原则，以打造高端人才荟萃、创新要素集聚、创业激情涌动的"蔚蓝智谷"为引领，以服务发展为导向，以深化改革为动力，以精准施策为保障，大力推进重大人才工程，创新人才发展政策，建设人才发展平台，更好地集聚人才、服务人才、发挥人才作用，推动了人才强市建设再上新台阶，为全面实施"双驱动四治理"、经济社会转型发展三年行动计划提供有力的人才支撑。宁波市新增各类人才19.5 万人，总量达 167.8 万人，其中，海外留学人才新增 1404 人，总量达 5804 人，实现了3 年翻一番；"一城一园"等人才发展重大平台建设取得积极进展，人才政策创新力度加大，"3315 计划"品牌效应持续放大，高层次人才创业创新服务联盟建成运行，市水稻育种团队荣获"全国专业技术人才先进集体"，1 人荣获长江韬奋奖，4 个高端团队入选首批"浙江省领军型创新创业团队"，北仑人力资源服务产业园升级为省级产业园。

一、主要做法和成效

（一）人才工作宏观指导和统筹协调有效提升

一是健全党管人才领导体制。深入落实加强党管人才工作实施意见，进一步发挥人才工作领导小组统筹领导作用，调整人才工作领导小组成员，新增市公安局、市国土资源局 2 家成员单位，总数增至 25 家。深入开展《完善组织部门牵头抓总人才工作职能研究》课题研究，制定人才工作领导小组成员单位工作职责分工、"港城英才"表彰奖励办法，提升组织部门人才工作牵头抓总能力和规范化水平。

二是推进集聚人才体制机制建设。深入研究宁波建设"蔚蓝智谷"行动纲要，提出建设目标和推进 14 个重大人才工程、建设 9 大人才创业创新平台、打造 3 类人才工作品牌等初步部署。研究城市经济人才引进"泛 3315 计划"，大力引进以国内人才为重点的文化、教育、卫生、金融、创意、电商、猎头等领域高层次人才,其中,引进培养电子商务人才政策已率先出台。组建"五水共治"专家服务团,选派100名专家、教授到治水一线帮助工作。

三是人才工作目标责任制考核逐步深化。对11个县(市)区、10个开发区、31家市直单位开展人才工作年度考核,突出党管人才、人才专项投入、海外引才、高层次人才开发、创业创新载体建设、高技能人才培养、高层次人才服务等重点工作,调动各方面积极性推进各项任务有效落实。印发人才工作领导小组年度工作要点,加大指导、督促、检查力度,年度20项重点工作全面推进落实。2014年市本级人才发展专项投入5.14亿元、比2013年增长9.02%,占市本级公共财政收入2.89%、占比同比增长4.3%,人才专项资金增幅高于公共财政支出增幅。在2013年省对市人才工作年度考核中再次被评为优秀市。

(二)高层次人才引育提质增量

一是"3315计划"品牌效应持续放大。"3315计划"纳入第一批全国重点海外高层次人才引进计划。深入实施2014年高端创业创新团队和海外高层次人才引进"3315计划",共有363个高端团队和119名海外人才申报,其中团队申报数量比2013年增长30%,团队成员数达2128人,比2013年增长51%,在申报人选层次、项目与宁波产业契合度、人才落户意向、企业拟注册资金额度等方面都有较为明显的提升。经评审有27个高端团队和23名海外人才入选,累计分别入选84个团队和266名个人,分别新增国家、省"千人计划"专家3人、23人,累计分别达48人、150人,2014年度共拨付扶持资金1.2亿元。首次举办"3315计划"海外(伦敦)创业创新计划大赛,共有50个项目申报,经评审共产生获奖项目9项,将给予直接入选市"3315计划"、县级海外人才引进计划等政策扶持。聘请8名知名人士为新一轮"宁波人才大使",新建2家宁波人才工作海外合作中心,累计达12家,举办4次赴外专题引才活动和10余期海外留学人才创业行活动,其中,2014年5月市委常委、组织部部长杨立平带队赴美国、加拿大、英国招聘海外高层次人才,正式签订人才(项目)引进或合作协议36项,达成引进或合作意向66项。深化"海外工程师"引进工作,引进海外工程师218名,2名外国专家被授予国家"友谊奖"。

二是人才科技周全面优化升级。着眼改革活动方式、创新活动内容、务求活动实效,创新举办2014中国浙江·宁波人才科技周,由浙江省人民政府主办、省委人才工作领导小组和宁波市委、宁波市人民政府共同承办,教育部、中国科学技术协会、光明日报社给予大力支持。活动以打造区域"蔚蓝智谷"、服务"双驱动四治理"为主题,以城市经济、"五水共治"、新材料、电子商务等领域高层次人才引进培育为重点,共举办4大类15项重点活动,有4000余家企事业单位参加,设各类展位2300余个,参会总人数近3.5万人,达成人才引进意向6500余人(次)、人才培养合作意向近1600人(次),达成各类科技合作意向 360 余项,其中现场签约科技合作和研发机构共建项目 9 个、总投资逾 2.1 亿元。中国科技创业计划大赛共产生 64 个获奖项目,37 个项目签订在甬落户协议;举办"海智宁波之旅"活动,承办中国科协 2014 年海外智力为国服务联席会议,达成人才引进合作意向 30 多个。

三是各支人才队伍建设统筹推进。深化实施市领军和拔尖人才培养工程,出台培养工程实施补充意见,开展培养人选中期考核,组织创新能力提升研修培训,做好第四批省特级专家申报工作。全面落实企业经营管理人才培养规划,举办各类培训 30 余期,深化实施"双百双高"企业总裁培训班,共培训企业经营管理人才 4000 余人。大力推进高技能人才培养,首次举办全市技能之星职业技能电视大赛,新建高技能人才公共实训基地 3 个,新建技能大师工作室 16 家、累计建立 38 家,其中省级 19 家、国家级 2 家,表彰 14 名优秀高技能人才,共培训高技能人才 2.6 万人。积极落实专业技术人才知识更新工程,新建专业技术人才继续教育基地 5 家,获批塑机行业及新材料行业高级工程师评审委员会省级试点。加快培养农村实用人才,共培训 1.2 万人,新增农村实用人才 1 万人。出台《社会工作专业人才队伍建设实施意见》,积极开展全国职业水平考试、继续教育等各类培训,共培训 3300 余人,新增社会工作师 469 人,累计达 2604 人。统筹推进金融、会计、律师等各支紧缺人才队伍建设,出台《金融人才专项资金管理办法》,资助金融人才在宁波市创业创新,举办专题培训班 26 期培训 5000 余人。出台《关于加快引进培养电子商务人才的若干意见》,建成跨境电子商务人才集聚基地,举办首届电商人才专场招聘活动。制定实施《关于进一步促进普通高等学校毕业生就业创业意见》,开展全国重点城市(高校)巡回招聘活动,举办全市首届大学生创业大赛。

(三)人才创业创新重大平台建设取得积极进展

一是宁波新材料科技城建设全面推进。落实宁波新材料科技城人才管理改革试验区政策,研究制定政策实施细则。出台科技成果转化基金成立、引进人才及家属落户、进口科研仪器设备免税、高层次人才就医绿色通道等部分相关政策并得到有效落实。助推宁波新材料国际创新中心、大学创新园、国际创业社区、产业技术育成中心、中国新材料产业技术创新战略联盟等"五大平台"建设,提升人才集聚承载能力。举办了百家高校材料学院院长论坛和黑马大赛全球新材料大赛,开展了全国百家高校共建科技城等行动,打响了新材料科技城品牌。新材料科技城成立以来,已引进高端团队 17 个、各类人才 5000 余名,其中海外人才 210 余名。

二是浙江"千人计划"余姚产业园建设加速推进。按照"一个产业引进一名领军人物"的思路,大力引进重点发展产业领军人才,目前,新装备、新材料、新能源与节能等 5 大主导产业都由 1 名"国千"领军人才领衔,已累计引进"国千"27 人、"省千"14 人,正式落户"国千"项目 17 个,领军人才引领产业发展的效应逐步显现。如由"省千"吴景晖博士领衔的"国内首创电子级低氧超高纯钛"第一炉下线,一举打破美国、日本的垄断,成为全球第四家能生产同类产品的企业,也为国内整个行业降低了生产成本。同时,着眼全市产业集聚发展,在县(市)区布局建设"千人计划"产业园专业园区,宁海生命健康产业园已引进中国科学院上海药物所宁波生物产业创新中心、宁波国际生物医药研发培训中心等18个重点项目。

三是各类人才创业创新平台建设统筹推进。出台《关于引进共建研究院所的若干意见》,给予引进的科研院所最高1亿元扶持,引进共建国家磁性材料产业计量测试中心、中国兵器集团新材料技术创新中心、北京科技大学宁波研究院等科研机构56家。引进中国纺织工程学会、中国林学会、中国兵工学会及先进成型技术学会等4家国家级学会在宁波建立服务站,并举办首次全国学会宁波行活动,为企业提供战略咨询、技术研发、人才培养、成果转化、市场开拓等服务。积极推进海创基地、留学人员创业园、大学生创业园建设,新创建省级留创园1家,以蓝野牙科留创园为试点,探索推进留创园专业化、市场化发展模式,镇海大学生创业园被评为全省第二家国家级创业孵化示范基地。新建院士工作站10家,新增省级工作站2家,全市院士工作站累计达77家,其中省级18家,共柔性引进院士创新团队94个、高层次专家460多名。出台《宁波市博士后工作管理办法》,加大资助扶持力度,提升博士后科研工作站规范化运行水平。整体推进科技、企业、文化3类创新团队建设,新培育科技创新团队20个、企业技术创新团队40个、文化创新团队12个,累计培育281个创新团队,29个团队入选省级重点创新团队,4个高端团队入选首批"浙江省领军型创新创业团队"。新增国家级企业技术中心1家、省级高新技术企业研究开发中心27家、省级企业研究院11家、市企业研究院24家、市企业工程(技术)中心110家、产学研技术创新联盟1家。

(四)"妈妈式"人才服务全面推行

一是高层次人才创业创新服务联盟正式运行。整合25家市级部门服务资源,形成了市、县、乡三级联动综合性人才服务体系,成立服务总窗和25个专窗,梳理公开政策咨询、规划审批、成果产业化、项目申报、生活保障等人才最关注的10个方面104项服务清单,采取总窗集中受理、专窗限时办结、项目绿色通道、全程跟踪督办、部门协同协作、联盟统筹协调的方式,对已在宁波和拟来宁波创业创新的高层次人才和团队提供真正的全方位、全过程、全时空优质服务。共办理各类服务事项千余件,受到了广大人才的欢迎。

二是人才专业化服务有力提升。发挥宁波海邦人才基金、创业投资引导基金、天使基金等作用,为创业人才创业提供资金支持,其中,"宁波海邦人才基金"已投资11家宁波海外人才创业企业1.9亿元。举办创新要素对接会,邀请20家投融资机构和20家法律、知识产权、人力资源等中介服务机构和近420名各级"千人计划"专家、海外人才进行对接,17 个金融机构与 23 位海外高层次人才达成初步投融资意向。出台《关于加快推进科技成果转化的若干意见》,设立 1 亿元科技成果转化资金,推进科技成果转化服务体系建设。统筹推进人力资源服务产业园建设,人才市场化配置和专业服务水平持续提升,北仑人力资源服务产业园 2014 年被认定为省级产业园,全市累计创建 2 家,启动建设高端人力资源服务机构孵化基地,全市新引进人力资源服务机构 25 家,累计达 407 家,从业人员 1 万余人,年营业额超百亿元、利税约 1 亿元。

三是人才日常联系服务扎实开展。落实党政领导联系专家制度,定期联系慰问专家和高层次人才。出台《宁波市引进人才及家属落户实施意见》及实施细则,落实高层次人才配偶就业、子女入学政策,妥善解决高层次人才后顾之忧。出台大学生购房补贴政策和宁波市东部新城人才公共租赁房管理办法,持续加大人才住房保障力度。启动老外滩"国际化人才集聚区"建设,引进 2 家专业服务机构,举办来华就业政策与法务咨询会服务活动。举办第三期海外领军人才 CEO 培训班,并组织开展健康体检。

四是尊才爱才氛围更加浓厚。首次举办"才·富"对话活动,围绕"引才借智助转型"、"才富合作创双赢"、"创业创新圆梦想"等 3 个话题,邀请新老甬商代表开展互动交流,分享创业创新成功经验,新老甬商、重点企业负责人、金融机构代表等近 500 人参加活动,并在宁波电视台多次播出,有效推动了"创新是发展关键、人才是创新源泉"的理念更加深入人心,推进了人才与企业、资本与项目、新甬商与老甬商融合发展更加紧密,胡和平、刘奇、卢子跃、杨立平等省、市领导先后做出重要批示。落实省人才工作集中宣传活动,办好每月 2 期《宁波日报》"港城人才"专版,在重点媒体和主流网站刊登人才工作宣传稿件 200 余篇。

(五)稳妥做好大学村官工作

一是认真做好选聘解聘和创业扶持工作。精心组织,严格把关,稳妥完成 2014 年大学生村官选聘工作,新选聘治水、城建、电商等新农村建设急需专业高校毕业生 72 人,目前在岗 1319 人。稳妥做好 327 名服务期满 6 年大学生村官的解聘工作,组织中国人寿宁波分公司面向大学生村官招聘员工 15 名。开展创业富民引领行动,鼓励和扶持大学生村官自主创业项目 30 个,带动农户创业 340 余人。

二是深入开展主题实践活动。根据省统一部署,组织大学生村官开展"践行群众路线、争当'泥腿子'村官"主题实践活动,并同步组织参加第二批群众路线教育实践活动学习讨论,深化理想信念教育,开展走访谈心活动,走访农户 17 万户,办理惠民实事 4700 余件。组织大学生村官全面参与"五水共治"工作,以乡镇(街道)为单位成立大学生村官"治水护水行动队",参与治水行动 1340 余人次,130 人担任河段长。

三是开展大学生村官能力素质提升培训。组织 480 名大学生村官进行电子商务专题培训,组织担任村"两委"职务的大学生村官参加村干部培训班,结合"五水共治"、"四换三名三创"等中心工作开展分类培训和培养锻炼,大力提升大学生村官参与农村管理、引领农业经济发展的实际能力。

二、工作展望

2015年,宁波市人才工作将全面贯彻习近平总书记系列重要讲话精神,认真落实市委对人才工作的要求部署,坚持党管人才原则,坚持服务创新驱动发展,以打造人才发展生态最优市为目标,以建设"蔚蓝智谷"为引领,突出精准要求,强化绩效导向,深化改革创新,突破发展瓶颈,加快集聚高层次人才,加快培养开发急需紧缺专业人才,有效发挥人才作用,深入推进人才强市建设,为宁波市打造"港口经济圈"、建设"四好"示范区、实现"两个基本"目标提供有力的人才支撑。

(一)进一步完善党管人才工作格局

一是健全党管人才工作运行机制。加大人才工作领导小组统筹协调力度,进一步发挥各职能部门作用,形成工作合力。建立领导小组成员单位向领导小组报告人才工作制度,试行县(市)区委人才工作领导小组组长向市委人才工作领导小组专项述职制度。建立和完善党政领导联系重大人才平台(重要人才项目)和重点专家人才制度。突出服务创新驱动发展绩效,优化人才工作目标责任制考核。组织开展"港城英才"评选,召开"港城英才"表彰暨人才工作推进会。

二是加强人才工作战略谋划。做好市中长期人才发展规划中期评估,总结人才发展"十二五"规划实施情况。紧扣市委、市政府重大决策部署,编制"十三五"人才发展规划。启动建设数据共享的全市专家人才信息库,配合做好全省人才资源调查统计工作。

三是推进人才工作法治化建设。出台人才工作领导小组成员单位职责分工意见,建立健全人才工作权力清单、责任清单。对现有人才工作规范性文件进行清理,做好立改废释工作,确保各项人才政策全面兑现落实。建立人才工作规范性文件报备制度。

四是加强人才工作研判和宣传。推进全市人才工作研究队伍和平台建设,加强人才发展形势趋势的分析研判,强化应用性、对策性研究。编辑出版《宁波人才发展报告(2015)》。发布2015年宁波市人才紧缺指数报告和紧缺人才培训导向目录。加强策划、改进方式、拓展渠道,讲好人才故事,加大人才工作成效和经验的宣传力度。开发"蔚蓝智谷"综合信息平台,整合建好人才工作网站。继续办好《宁波日报》"港城人才"专版,在《东南商报》开设"'3315计划'人才风采录"专栏,大力营造识才、爱才、敬才、用才的社会环境。

(二)深化人才发展体制机制改革

一是持续推进人才政策创新。落实新材料科技城人才管理改革试验区政策,逐步扩大政策覆盖面。支持有条件的县(市)区、园区争创省级人才管理改革试验区。突破人才政策分散的现状,编制宁波人才政策总规,形成政策集成。对接国家扩大人才政策开放度的改革举措,积极争取成为国家首批永久居留政策的积分改革试点城市。加强对企业人才工作的指导和服务,研究制定发挥企业引才用才主体作用政策。

二是完善人才评价发现、流动配置和激励保障机制。建立健全政府主导、企业自主、行业协会主体的多元化人才评价体系,探索专技人才与技能人才职业资格的互认互通机制。积极推进教育、卫生等领域职称制度改革和人才双向流动。加大机关、高校、企业之间干部互派挂职力度。落实《关于允许高层次科技人才保留事业单位人事关系到企业创新创业实施办法》,鼓励科技人才向一线流动集聚。落实《关于加快推进科技成果转化的若干意见》,探索建立科技人才利益分配机制,加大科技成果转化力度。

三是提升人才市场化配置水平。学习贯彻国家三部委联合下发的《关于加快发展人力资源服务产业的意见》,研究提出宁波市具体落实举措。指导、支持江东和北仑两大省级人力资源服务产业园加快发展,推进中国宁波人才市场产业孵化基地建设。大力引进国内外知名中介机构、猎头公司,加强对人力资源服务机构的规范化管理。

(三)大力精准引进集聚高层次人才

一是制定实施"泛3315计划"和"万人计划"。着眼突破宁波市人才结构性短板,打破体制内外分割,更大力度引进电商、文创、金融、港航、教育、卫生、时尚等城市经济发展亟须的各类人才,实质性推进"泛3315计划"。启动实施民间人才"万人计划",把基层群众中有一技之长、能进行创造性劳动并对社会做出贡献的人才发掘出来,推进大众创业、万众创新。制定电商人才认定办法,大力引进各类高层次电商人才。做好国家"万人计划"、百千万人才工程、国务院特殊津贴专家及省151人才工程等人选申报推荐工作,落实相关政策。深入实施市领军和拔尖人才培养工程,遴选新一批培养工程人选,加大省"特级专家"后备人选的培养力度。

二是更大力度实施"3315计划"。研究出台"3315计划"引才政策升级版,修订"3315计划"资助资金管理办法,做好国家和省"千人计划"人选推荐工作。围绕发展宁波市战略性新兴产业人才需求,突出"高精尖缺"导向,继续开展"3315计划"人才和团队申报遴选,增设电商人才和外裔创新人才申报项目,增加知识产权真实性查新、尽职调查等环节,提升引进人才和团队质量。加大外籍工程师、设计师、规划师以及教授、研究员等引进力度,深化"海外工程师"引进工作。充分发挥人才工作海外合作中心、人才大使等引才荐才作用,推动每个县(市)区建立1家重点高中海外学子联合会,成立"王宽诚基金"学者联合会、海外宁波同乡会。鼓励有条件县(市)区、园区在海外设立专门引才机构,探索在海外建设人才项目孵化器。建立"3315计划"助创专员队伍,举办"3315计划"领军人才CEO培训班并组织开展健康体检活动。

三是优化提升重大引才活动。创新人才科技周活动内容和形式,开展十年庆系列宣传,加强人才、项目、资本前期精准对接,增强引进集聚高层次人才和高端项目实效,指导各地衔接举办各类引才活动。组织开展赴海外专题引才和海外人才宁波创业行活动,继续举办"3315计划"海外创业创新大赛。优化"高洽会"、"浙洽会"、甬港经济合作论坛和国内外"宁波周"等引才引智活动,组织开展"海智宁波之旅"生物医药专题引才活动。

四是深入推进创新团队集聚发展。开展市级重点企业技术创新团队、科技创新团队、文化创新团队建设情况绩效评估,更好地发挥创新团队集聚培养人才的作用。对接省领军型创新创业团队遴选工作,研究制定配套扶持政策,积极做好推荐申报工作。深入实施千名企业创新团队技术骨干人才培养计划。

五是深化提升柔性引才。实施院士专家高端智力集聚工程,支持企事业单位柔性引进院士及团队,主动承接院士创新成果,拓宽合作领域,开展利用院士工作站平台开展培养工程硕士试点。加强院士工作站管理考核,开展优秀院士工作站评选活动。进一步深化与国家级学会等科技团体的联系互动,深入开展院士专家宁波行活动,加强人才科技项目合作。

(四)统筹推进各类人才队伍建设

一是加快高技能人才队伍建设。以建设国家级职业教育与产业协同创新实验区为契机,提升职业技术学院、职业高中办学水平,创新推进技工院校建设,打造全国一流的开放式现代职业教育基地。制定职业培训条例,大力推进技能大师工作室、高技能人才公共实训中心、百校千企等技能人才平台建设,修订职业标准题库,抓好企业技能人才自主评价,完善高技能人才培养体系。实施高技能人才引领计划,加大紧缺高技能人才培训和高技能领军人才引进工作力度,选派优秀高技能人才赴境外培训,实行紧缺高技能人才岗位补贴。继续开展"技能之星"职业技能电视大赛。

二是深化经营管理人才队伍建设。扎实推进"双百双高"企业总裁培训工程,围绕重点产业举办企业家研修班,有效开展企业管理者素质提升系列培训。深化企业家资源开发工作,着力打造企业家综合服务平台。深入实施国有企业精英人才培育工程和领导人员综合素质提升工程。

三是加强紧缺专业人才队伍建设。落实专业技术人才知识更新工程,分别举办15期高级研修示范培训班和急需紧缺职(执)业资格示范班,建立5家专技人员继续教育示范基地。深入推进文化明星工程,实施青年文化英才培养计划。继续推进"甬江学者计划"、"百川计划"等教育人才培养计划。深化医疗卫生"双优人才"培养工程,加强与国内外知名医疗机构开展人才培养合作。落实社会工作专业人才队伍建设实施意见,建立社会工作专业人才教育培训制度,加快培养社会工作专业人才。创新法治人才培养机制,加快培养法治专业人才及后备力量。以提高科技素质、职业技能和经营能力为重点,培训农村实用人才8000名以上,启动实施实施农业科技"百千"创新人才推进计划。统筹推进其他各类紧缺专业人才队伍建设。

四是积极稳妥做好大学生村官工作。控制选聘规模,改进选聘方式,组织开展2015年大学生村官选聘和选调生村官招考工作。拓宽流动渠道,稳妥做好服务期满大学生村官解聘和事业单位考核招聘工作。严格大学生村官管理,建立完善量化积分管理制度。继续举办大学生村官能力素质(电子商务)提升培训班,扶持鼓励大学生村官立足农村自主创业。

(五)提升创业创新平台人才集聚效能

一是支持"两城两园"建设人才高地。指导和支持新材料科技城,以更大力度引进集聚新材料领域高端人才,以人才高地建设创新高地、产业高地。配合启动国际海洋生态科技城建设,适时出台相关人才扶持政策,力争与新材料科技城形成"双子星座"。加快浙江"千人计划"余姚产业园项目落地和建设进度,全力支持宁海建设"千人计划"生命健康产业园,同时培育新增1~2个"千人计划"专业园区。探索建立离岸创业园区,鼓励海外人才来宁波离岸创业。围绕重大人才创业创新平台建设,探索建立季度会商推进机制,及时帮助破解发展难题,突破人才创新平台能级不足制约。

二是推动中国科学院宁波材料所加快发展。认真落实《关于推动中科院宁波材料所加快发展若干意见》有关部署,强化人才政策保障,建立联系人制度,定期了解情况、帮助解决问题,支持材料所发挥自身专业优势,引进更多的高层次人才,加快形成新材料初创产业园、先进制造创新中心、海洋材料应用创新中心等"一园两平台"发展新格局。

三是推进各类创业创新平台建设。落实《关于引进共建研究院所的若干意见》,鼓励各地进一步加大与国内外知名高校、院所合作力度,引进各类孵化器、加速器、产业园,做大做强已引进的各类平台,大力集聚创新型科技人才。深化企业研究院、企业工程(技术)中心建设,积极培育国家和省级企业技术中心、省级重点企业研究院。按照品牌化、专业化思路,统筹推进海创基地、留学人员创业园、博士后科研工作站等平台建设。

(六)持续优化人才发展生态

一是创建"才·富"合作公社。开发才富对接平台,筹建海(内)外人才技术项目库、民营企业技术需求库、民营资本(风险投资)项目投资需求库,探索以众筹模式民营资本人才项目投资基金,建立"才·富"合作公社,定期开展对接活动,实现科创大赛人才与企业家帮带对接、企业技术攻关难题与人才智力对接、人才创业创新优势与民营企业资本优势对接、科创企业产品与政府公共采购对接等"四个对接"。继续举办"才·富"对话活动。

二是继续加大人才发展投入。市本级保持财政资金人才发展专项投入增幅不低于当年本级公共财政支出增幅,力争市、县两级财政人才专项投入达到公共财政收入的2%。围绕重点人才政策、重大人才活动、重要人才工程开展绩效评估,及时调整资金投向,发挥有限资金的最大效益。健全多元的人才投入体系,调动民营企业、民间资本投资人才的积极性。

三是提升服务联盟服务效能。完善《市高层次人才创业创新服务窗口运行规则》,进一步规范人才服务联盟运行机制,建立创业创新服务信息系统,加强联盟宣传推广,拓宽服务领域。强化人才创业项目全程跟踪服务和政策扶持,帮助科创企业突破成长周期瓶颈。扎实抓好引进人才及家属落户、就医、配偶就业、子女入学等政策落实,引导各地采取多种方式持续加大人才住房保障力度。指导市海外高层次人才联谊会、博士联谊会更好地发挥联系服务人才的作用。

温州市人才发展报告

□ 温州市委人才办

2014年,温州市人才工作全面贯彻落实党管人才原则,整合力量,明确重点,加大力度,深入实施人才强市战略,各项人才工作取得了较好的成效。

一、主要做法和成效

（一）完善党管人才工作机制,加强人才工作综合保障

一是党管人才格局进一步完善。市委《关于完善党管人才工作机制全力助推创新驱动发展的若干意见》下发以来,各地对党管人才"管什么、怎么管"进行了明确;组织部门责任不减,突出高端人才、政策平台、难点协调,履行牵头抓总职责;各部门进一步明确了工作职责和年度工作任务,人才工作领导小组议事运行制度逐渐完善,人才工作合力和氛围进一步加强。各县（市、区）都切实抓好党管人才工作的落实,瓯海区整合人社、科技、财政等部门力量,成立招才引智"攻坚团队",在人才政策制定、海外高层次人才对接、人才项目跟踪落地等方面取得较好成效;永嘉县运用人才工作考绩法和重点创新项目化管理法,以人才考绩推动工作任务落实。二是人才专项投入进一步加大。人才投入是建设人才强市的重要保障。近年来,市本级人才专项投入逐步加大,市委人才办统筹掌握的人才专项资金从2012年的3600万元增加到2014年的8600万元,增长了138%,有力保障了规划落实和各项人才重点工作的实施。2014年市本级预算安排用于人才引进、培养、奖励等人才专项资金超过1.7亿元,占公共财政收入的2%以上,各县（市、区）人才专项经费投入也都达到本级公共财政收入的2%以上,最高突破2.5%。按照"资金随项目走"的原则,加强了人才经费的绩效考核。三是以考核促进工作的机制进一步形成。通报2013年度各县（市、区）人才工作重点考核指标完成情况,对县（市、区）人才工作进行了分类排名,有效调动了县（市、区）人才工作积极性。推荐龙湾区为2013年度全

省人才工作责任制考核先进县(市、区)。在 2014 年度,进一步调整完善重点人才工作考核指标,坚持量化考核的形式,以客观评价为主,主观评价为辅,既考虑共性工作、重点工作的分解落实,如千人计划、高技能人才、人才投入,也考虑县(市、区)特色工作、基础工作的成效,以考核推动人才工作提档升级。制定市委人才工作工作领导小组成员单位 2014 年度重要工作责任制,对重点项目分工和完成时限做了明确,采取"工作+经费配套"的形式,通过人才专项资金绩效考核,激励涉才部门加大力度推进工作。

(二)精准服务发展大局,高端领军人才引育成效明显

一是以更大力度实施海外引才工作。认真贯彻落实国家、省"千人计划"的要求,围绕转型发展需要,特别是"五水共治"、时尚之都、"五一零产业培育提升工程"等重点工作需求,大力实施"580 海外精英引进计划",吸引节能环保、新能源、新材料、生物医药等领域海外高端领军人才。发布 2014 年度引才公告,先后 2 次组织高校、园区、企业赴欧洲、美国等地开展招引高层次人才活动,先后在巴黎、伦敦、硅谷、纽约、哥本哈根等地开展对接洽谈活动,新建了 5 家海外人才工作联络站。成功举办第四届"中国•温州民营企业高层次人才洽谈会",邀请 131 名海外高层次人才与本地企业进行洽谈,达成合作意向 50 项,现场签约 29 项。2014 年引进的海外高层次人才中,入选省"千人计划"人才 21 名,截至国十批和省七批,温州市已有 18 人入选国家"千人计划",87 人入选省"千人计划"("千人计划"人才总数 97 人),继续在"千人计划"上"保三增量"。认真做好国家"千人计划"申报工作,2014 年温州市申报人数达 65 人,为历年最多,预计有 6~8 人入选。改进遴选方式,遴选产生 22 名市"580 海外精英引进计划"2014 年度人选。海外高层次人才的引进,为温州市新兴产业发展注入活力,温州市共引进"千人计划"、"580 计划"的企业创业创新人才 40 多人,带回了自主知识产权和发明专利超过 200 项,解决了一些企业关键技术问题,带动了新材料、节能环保、汽车制造、电子信息等新兴产业发展,"引进一个高端人才、带来一个创新团队、催生一个新兴产业、培育一个经济增长点"的倍增效应正在不断显现。同时,开展海外工程师申报和智力项目引进计划,引进市"海外工程师"25 人,国(境)外智力项目 110 个,遴选 50 个项目进行重点资助,夯实了海外引才引智工作的基础。二是重视国内引才工作。连续多年组织高校、企业等用人单位赴各地招聘,2014 年已组织 13 个批次 285 家企事业单位,赴北京、上海、武汉、兰州等全国高校或人才密集城市,以举办温州专场招聘会的形式开展外出招才活动,同时举办 252 场公益性招聘会,提供 225576 个就业岗位。继续发挥国有企业的引才作用,由市国资委牵头,组织 14 家国有企业赴北京、成都等地举办专场招聘会,收到硕士以上人才简历 908 份。三是加强高端领军人才培养。在抓好引才的同时,以重点人才工程为牵引,加强领军人才、高层次人才、高技能人才的培养。组织实施杰出人才与青年拔尖人才选拔计划,做好首批市杰出人才和青年拔尖人才的管理服务,在第四批省特级专家评审中有 2 人入选,

为历史最好。组织实施新一批"551人才工程"人选申报评选工作,共评选产生第一层次人选12人、第二层次人选113人,第三层次人选200人,入选省151人才工程22人。组织开展第二批温州市重点创新团队遴选工作,对14个高层次人才创新项目进行重点资助。组织开展各类扶工扶农活动,全年共组织专家202人次开展各类扶工扶农活动28次。按照市"五一零产业培育提升计划"的要求,在网络经济、鞋革、服装等15个重点产业领域制定落实人才培养引进专门措施,加快发展急需紧缺人才集聚。各县(市、区)也加快组织实施一批重点人才工程,加大人才政策支持,带动一批本地高端人才的培养引进。如瓯海区的"550瓯越英才计划",乐清市的"雁荡英才计划",瑞安市的"玉海聚才计划",永嘉县的产业人才"百人计划"等,为当地经济社会发展集聚了大批高层次人才。

(三)夯实基础,突出特色,各类人才队伍建设统筹推进

一是抓好企业经营管理人才队伍建设。围绕企业人才素质和管理水平提升,全年共举办培训108期(次),培训企业经营管理人员和专业技术人员12000余人次。围绕市委、市政府中心工作,在北京大学、清华大华、浙江大学分别举办了"新生代企业家素质提升"、"民营企业创新发展"两个专题研修班,全市128名重点企业负责人参加了研修学习。抓好企业管理培训咨询基地(平台)建设,新增3家省级企业经营管理人员培训基地,累计达到9家。二是抓好专业技术人才人才队伍建设。认真部署专业技术资格考试工作,2014年共有49687名专业技术人员参加各类专业技术资格考试工作,14457人通过考试取得专业技术资格。不断完善具有温州地方特色的评审制度,继续在汽摩配、泵阀、包装等16个温州支柱产业开展职称外延延伸评审工作,培养专业人才3700多人。同时在印刷行业开展外延高级职称评审工作,并制定了相应的资格评审实施办法。三是抓好技能人才队伍建设。组织举办全市职业技能比赛,完成镶贴工、电力应急救援等42项赛事,积极营造苦练技能、岗位成才的良好氛围。探索创新鉴定模式,率先对服装、皮革行业技工试行放宽申报条件限制,积极为一线企业工人搭建绿色通道,共完成职业资格鉴定8.49万人。举办继续教育高级研修班21期,建成市级高技能人才公共实训基地10个、市技能大师工作室75个,全市共培养高技能人才2.6万人新增高级工以上高技能人才1.9万人。四是抓好农村实用人才队伍建设。开展农民素质提升工程,全年共组织培训农村劳动力44592人,其中,农村实用人才培训20789人,转移农民就业技能培训23803人,转移就业人数为22542人。扎实推进农广校工作,2014年农广校共招生473人。有序进行农民学院工作,温州农民学院成立至今,培训各类农村实用人才19082人次,农民学历教育2届286人。五是抓好社会工作人才队伍建设。研究出台《温州市社会工作专业人才队伍建设实施办法》,建立全国和温州市社会工作者职业水平考试相结合的"双轨并进"机制,2014年,全年新增社工1891人,全市专业社工人才累计达到6173人,其中国家级社工人才881人,地方版社工人才5292人。全方位多层次培育社

工实务能力,选派100多名优秀一线社工在民政部培训基地进行理论学习、跟班见习和在岗实训。六是抓好教育、文化、卫生领域人才队伍建设。教育领域:加速构建教育名家—名师名校长—三坛—学科骨干的"金字塔形"教育人才成长梯队。实行"三个层次骨干教师"常态化评选活动。2014年评选"评选第二层次骨干教师(教坛新秀、教坛中坚、教坛宿将)600名。文化领域:切实强化了宣传文化人才队伍的引进培养力度。2014年入选省"五个一批"4人,入选省级重点文化创新团队2家,评选产生市"四个一批"人才25名、市文化教育重点创新团队5家。卫生领域:加大全市卫生系统人才引进力度,全年共引进硕士研究生244名,博士184名,副高职称人才26名,正高职称人才11人。积极开展"双鹰计划"和生命之星人才培养项目,全年新增省卫生领军人才6名,省151人才3名,市551人才82名,正高职称80人。七是抓好大学生村官队伍建设。于3月份启动大学生村官选聘考试工作,整个选聘工作组织有序、部署得力、程序规范、监督到位,社会反映良好。经过报名、资格审查、面谈、体检、考核、公示、聘用等程序,共录用大学生村官51名,其中择优选聘人员20名,公开选聘18名,"两项计划"人员13名,现已全部招录到岗。健全管理机制,出台《关于加强大学生村官规范管理的实施意见》,完善三级管理体系,分级落实管理责任。通过宣传帮带等措施助推大学生村官参选村级组织,为基层党政干部注入了源头活水,有效改善了基层干部队伍的结构,全市目前共有641名大学生村官进入村两委。评选表彰第五届"十佳大学生村官"、"优秀大学生村官"和第二批大学生村官优秀创业项目。继续举办大学生村官硕士班,目前在读130人;建立大学生村官网络经济(电子商务)实践基地,启动第一批实训项目。

(四)抓关键、破难点,人才发展环境进一步改善

一是完善人才政策体系。在近3年共制定出台市级重要人才政策20多项的基础上,着眼政策更加衔接配套,找准突破点,有效提高政策"含金量"。市区人才住房政策顺利实施,共有40多人和2500多人分别申报购房补贴(40万~100万元四个档次)和租房补贴(分为900元每月和450元每月两个层次),目前审核已经结束,通过高端人才专项销售住房、高端人才购房补贴、人才租赁补贴申请共2019人,其中高端人才专项销售住房6人,高端人才购房补贴30人,高层次人才租赁补贴申请共558人,大学本科毕业生租赁补贴申请共1425人,合计需要落实专项经费2629.6万元。研究出台了发展人才资源服务业的政策措施,明确数条有含金量的扶持举措。同时研究企业人才贡献积分制,根据企业贡献情况相应落实骨干人才的住房、子女入学等待遇。鹿城、龙湾、瓯海、瑞安研究出台高层次人才项目资助办法,实施最高800万元的项目资助,形成较好人才导向;平阳、苍南两县都制定实施了人才住房政策,帮助一批引进人才安家落户、安心工作。二是加强人才平台建设。高新区"人才特区"建设继续推进,着重抓好5个配套政策特别是创业创新项目资助政策的落地,发出申报公告,共吸引国内外优秀团队携32个项目申

报,遴选 6 个优秀项目,预计总资助金额 1100 多万元,提供场地 3500 平米,以平台吸引高端人才项目落地。鹿城、瓯海也通过成立中津先进科技研究院、加快推进温州市国家大学科技园建设等,加强人才平台建设。在乐清市启动"千人计划"产业园建设,提出切实可行的行动方案,为人才创业创新搭建了良好平台。2014 年新建院士专家工作站 3 家,总数已达到 30 家,强化站点工作责任和考核管理,确定 6 家年度优秀站点,重点予以资助,有效提高运行质量。三是优化人才服务水平。人才住房方面:理顺人才公寓服务机制,继续做好入住工作,目前聚英家园高层次人才入住 263 人,高校毕业生入住 249 人,累计达 939 人。人才落户方面:抓好海外人才申领永久居留证、浙江"红卡"等政策落实,与公安部门制定落实高层次人才和基础人才落户政策,解决了一批人才落户问题。人才子女入学方面:与教育部门制定落实人才子女入学若干规定,2014 年共审批解决 69 名高层次人才子女入学问题。着力健全人才服务体系,对入选国家、省"千人计划"的人才,及时落实医疗待遇,建立重大决策专家咨询机制,不断提高社会政治地位。完善机制,积极发挥温州市高层次人才联谊会作用,组织开展"服务社会日"和服务基层活动,建好用好温州市人才俱乐部,通过这个载体,加强高层次人才沟通联络,凝聚高层次人才智力。完善党政领导联系专家制度,组织高层次人才疗养、体检等活动。

二、工作展望

2015 年人才工作着重围绕温州赶超发展需求,突出精准要求,更加务实高效,以培养集聚高端紧缺人才为重点,以有效发挥人才作用为关键,深入推进人才强市建设,提供强有力的人才支撑保障。

(一)完善党管人才工作格局

按照党管人才工作的要求,认真履行组织部门牵头抓总职责,集中精力抓政策统筹、高端人才、难点破解。健全人才工作运行机制,完善涉才部门年度工作责任制和权力清单。改进县(市、区)人才工作考核,更加突出服务创新驱动发展的绩效,完善量化考核指标体系。加强人才信息宣传工作,讲好人才故事,营造良好氛围。组织力量编制市人才发展"十三五"规划,对市中长期人才发展规划部分内容进行调整完善。

(二)大力培养集聚高端领军人才

以更大力度推进海外高层次人才引进,优化"580 海外精英引进计划"的实施,瞄准"五一零产业培育提升工程"需求,突出"高精尖缺"导向,更加重视运用市场化手段引才,提升数量、确保质量,提高人才与产业的匹配性和融合性。继续做好国家、省"千人计划"申报,力争新入选 15 人左右;做好市"580 计划"遴选,新遴选 20 人左右;引进"海外工程师"20 人左右。开展引进"千人计划"专家绩效评估,加强管理,研究退出机制。扎实做好重点创新团队引进培育工作,力争在省领军型创新创业团队评选中有所突破。认真对接国家、省"万人计划",启动第二批市杰出人才与青年拔尖人才选拔,加强宣传文化、教育、卫生等领域高层次人才培养。加大优秀温商企业家培育,推进人才强企工作。以高技能人才、社会工作人才为重点,统筹抓好各类人才队伍建设。以政策落实为重点,切实做好大学生村官工作。

(三)积极推进人才政策和平台建设

继续赴欧美招引高层次人才,办好温州民营企业高层次人才洽谈会。提升人才政策使用效率,牵头梳理人才政策服务指南,开展政策执行情况检查督促,确保各项政策落实到位,发挥出应有的作用。抓好人才住房政策申报和落实工作,协调抓好人才创业创新项目资助政策的落实和提升,实施企业人才贡献积分制,政策指向进一步转变到人才和用人单位激励并重。继续做强"人才特区",着力开展各项人才管理改革实验,推动乐清"千人计划"产业园挂牌和运行,为"千人计划"人才提供从项目孵化、中试、产业化的支撑链条和配套政策,加速引进高层次人才团队。建好用好院士专家工作站、博士后科研工作站,坚持数量服从质量,完善考核管理,切实发挥作用。

嘉兴市人才发展报告

□ 嘉兴市委人才办

2014年,嘉兴市人才工作以服务发展为导向,以深化改革为动力,以重点项目为抓手,大力实施"六化同步"人才发展专项行动,加强人才工作体制创新、机制研究、平台建设、项目推进,各项工作取得了新的进步。

一、主要做法和成效

(一)统筹推进人才工作宏观指导

1. 强化组织领导

增补市委人才工作领导小组副组长,构建了"一正四副"并35家成员单位的领导架构。先后召开市委人才工作领导小组第十八次、第十九次会议和全市人才工作座谈会,对全市2014年人才工作要点、考核评优办法、重点人才工程、人才新政研究、"南湖百杰"评选、"星耀南湖"精英峰会以及加强党管人才工作等,在市级机关部门和县(市、区)进行部署落实。

2. 优化制度设计

重点健全两项"一把手抓第一资源"工作制度。一是建立县(市、区)委书记和部门党委(党组)书记履行人才工作责任述职制度,首次将一把手人才述职范围、内容、程序方法等以制度形式予以固化。二是将领导小组服务人才专项例会和成员单位年度重点人才工程(工作)推进会合二为一,突出服务人才和人才服务两个重点,围绕接轨上海、"五水共治"、创新驱动等市委、市政府中心工作,推进人才、项目、企业、部门融合交流,全年安排多场专题对接活动,先后召开水环境治理技术(产品)推介咨询会、生物医药产品推介咨询会、信息技术(产品)推介会和秸秆、淤泥处理技术(产品)观摩交流会,共有75家人才企业与相关部门面对面交流,受到肯定和欢迎。

3. 完善考核评优

出台《2014年度重点人才工作考核评优办法》,完善三个层面的考核评优指标,更加注重人才工作服务经济发展的实际成效。2014年市对县(市、区)目标责任制考核,人才工作从2级指标提升为1级指标,所占分值逐年递增。同时,完成2013年度省对市、县党政领导人才工作目标责任制考核自查工作。

(二)大力推进人才工作体制机制创新

1. 政策谋划

一是制订接轨上海建设人才改革试验区政策研究方案,组建市委人才工作领导小组政策创新工作组,召开第一次会议,按照实现"两个无差别,三个更好"要求,分解7项重点研究任务,分别由组织部、经信委、发改委、金融办、科技局、人社局、行政服务中心领衔7个专项研究组,将上海及周边城市人才政策结合嘉兴市实际进行比较分析,对人才开发政策重新进行整体谋划,形成"两意见两办法",即《关于建设嘉兴市人才改革试验区的若干政策意见》、《嘉兴市"人才强企"若干政策意见》、《嘉兴市杰出人才培养工程实施办法》、《嘉兴市事业单位引进紧缺人才实行专才特聘制度实施办法(试行)》,待审议通过后下发。二是会同科技部火炬中心,嘉兴学院、市科技局,共同完成《嘉兴创新人才与高新技术产业协同发展研究》调研报告。该报告入围"2014年嘉兴市哲学社会科学发展规划立项课题",被列为一类课题。同时获评2014年度市党建研究会重点调研课题优秀论文二等奖。此外,积极参与科技金融政策研究和推进落实。三是联合上海交通大学开展嘉兴市领军人才生态环境调研,对已落户的350余家领军人才企业开展普查,发布《嘉兴市人才发展蓝皮书(2014)》。

2. 平台打造

大力加快人才发展平台建设,在发挥现有"1+2+12+56"(1个人才改革试验区、2个"千人计划"转化中心、12个新经济园、56个市镇工业园区两创中心)人才创业创新平台作用,协同推进"两招两引"的基础上,重点探索建立高端人才平台(银龄国际人才创业休闲基地)和加快打造高层次人才栖息平台。一是赴欧美同学会、"千人计划"专家联谊会、"千人计划"网、北京中关村国家自主创新示范区大兴生物医药产业基地、华夏国际人才研究院等,商谈建立高端人才平台(银龄国际人才创业休闲基地)相关合作事宜。二是研究浙江省星耀南湖创新发展院法人治理结构方案和管理办法,领军人才服务中心建设方案,推进其尽快实质性运作。目前创新发展院准入条件、组织架构和入院程序等事宜已基本商定,下一步将筹备召开第一届理事会。

3.环境建设

一是强化"生活绿卡"政策集成功能,建立"生活绿卡"责任倒查机制,明确对连续3次被人才投诉且情况属实的市级机关部门,实施一票否决。二是组织开展第三批"南湖百杰"和2012—2014年人才工作先进单位评选活动并对其进行表彰。三是举办2014"星耀南湖"精英峰会,共设开幕式暨人才创业创新环境推介会,领军人才企业、高校科研院所科技成果展示洽谈会,国际合作人才交流大会,重点产业人才专场招聘会,中国县域人才发展论坛,人力资源服务产业暨嘉兴国际人才城洽谈对接会,浙江省侨联省外浙籍侨商联谊会成立大会,浙江省侨联省外浙籍侨商联谊会成立大会,"南湖百杰"优秀人才表彰会,院士专家嘉兴行,人才工作成果展等十大主题活动,在南湖之畔打造了一场品牌高端人才盛会。四是加强人才工作宣传,联合嘉兴日报社、市经信委等部门延续"对话禾商"栏目,重点将领军人才和创二代作为"禾商"代表进行形象塑造;会同市科协、嘉兴日报社等有关部门,开展嘉兴籍院士系列访谈活动;加强与欧美同学会、省海外高层次人才联谊会的对接联系,充分利用好国家、省级平台宣传嘉兴、推介嘉兴,在"星耀南湖"峰会期间首次与国家"千人计划"网、"浙江在线"开展线上互动。

(三)持续推进领军人才队伍建设

1.高频对接,开展"引才季"系列活动

先后组团参加2014北京春季留学英才洽谈会、浙江—北京高层次人才招聘会以及上海、杭州、大连、宁波等人才招聘活动。连续第5年赴美国、加拿大举办招才引智专项活动。在走出去的同时集中请进来对接。4—5月,会同市人社局组织了4场次共8个团组280余名海外人才洽谈活动,鲁俊书记出席了"嘉兴国际人才交流与合作大会"并致辞。通过各类政策环境推介活动,2014年共有932名海内外高层次人才申报第五批"创新嘉兴·精英引领计划"项目936个,涉及电子信息、生物医药、新材料、新能源、节能环保、装备制造、现代服务业等领域,申报对象拥有博士学位的627名(占比67.3%);其中有28人是国家"千人计划"专家。经产业化导向评估、技术评审、产业化评审、综合答辩等环节,2014年遴选第五批"创新嘉兴·精英引领计划"项目134个。

2.高效评估,领军人才企业成长良好

年初,对前三批(2010—2012年)入选"创新嘉兴·精英引领计划"的177家领军人才企业进行了绩效评估。评估显示,前3批注册一年以上的177家领军人才企业,共获得财政补助资金2.83亿元(每家企业100万~300万元),企业总投资额达到22.27亿元,财政资金发挥的放大效应近8倍;其中第1批注册三年以上的54家领军人才企业,共获得财政补助资金0.91亿元,已累计实现利税5.41亿元,其中上缴税金1.8亿元。同步,对首轮市重点科技创新团队和企业技术创新团队也进行了绩效评估,团队整体运行良好、贡献成效明显。

3.高质服务,选派第二轮"创业助理"

总结首批选派工作经验,在征求企业需求的基础上,2014年共选派19名"创业助理",联系服务90余家领军人才企业和长三角海创俱乐部(嘉兴),选派人数和联系企业增加了近一倍。选派时间也由2013年的半年延伸至1年。召开选派工作会议,4月底前,所有创业助理与三个区和企业已全部对接到位。建立"双月例会"制度,并依托"政务通"、邮箱等网络平台和长三角海创俱乐部的日常活动,健全与创业助理的常态沟通机制。

(四)稳妥推进大学生村官工作

1.选拔聘用

组织开展2014年大学生村官选聘工作。全市计划招聘130人,其中面向全国重点院校和涉水类专业择优选聘35名、面向社会公开招聘84名、"两项计划"转岗人员11名。经过面谈、笔试、面试、体检、考核、公示及相关聘用程序,嘉兴全市到岗69名大学生村官。

2.严格管理

针对两个聘期满大学生村官未进"两委"需分流的情况,进一步规范解聘合同文本、补偿金计算、推荐岗位(基层服务岗位)申报等实际操作规程,提出指导意见。起草《大学生村官积分制管理办法(试行)》,推行量化考核评价体系,于2015年启动实施。

3.强化培养

联合团市委在全市范围开展"践行群众路线、争当'泥腿子'村官"主题活动,以"大脚板走农户"、"丈民情识民意"、"小村官解民忧"三个板块推动活动纵深开展,全市在岗大学生村官累计走访农户、居民户13.8万户,记录民情笔记570本,绘制民情地图510份,撰写调研报告505篇,办理惠民实事2725件,并涌现出一批治水之星、创业之星、服务之星。9月底举办嘉兴市大学生村官"民情擂台赛",通过比武交流,决出六个"十佳"系列。此外,组织大学生村官参加全国创业主题培训班和全省电子商务、履职能力示范培训班。

(五)其他相关工作

一是办理2014年提案建议,完成主办件2个,会办件4个。二是推荐申报第四批省特级专家3人(南湖常东亮、秀洲王志新、平湖张大志)。三是完成第11批国家"千人计划"和第7批省"千人计划"申报推荐工作。同期还完成了第6批19名省"千人计划"专家奖励拨付资金申报工作以及国家第10批"千人计划"专家信息和需求采集工作。四是举办第四期领军人才CEO培训班,组织35名领军人才赴浙江大学开展为期一周的封闭式培训。四是积极参与全市群众路线教育实践活动督导工作,参加部机关群众路线教育实践活动。

二、工作展望

2015年,嘉兴市人才工作以科学人才观为指导,以发挥人才在创新驱动发展战略中的引领作用为根本,抓住新一轮人才规划编制的契机,加强顶层设计、创新工作举措、提升工作实效,力争全年引进市创业创新领军人才100名左右,入选国家和省以上"千人计划"人才取得新突破。

(一)以坚持党管人才为原则,加强人才工作统筹协调力量

一是联合高校、有关部门编制《嘉兴市"十三五"人才发展规划》,研究确定子课题,印发相关工作方案并进行任务分解,宏观布局全市人才发展战略。二是根据《嘉兴市"六化"同步推进人才发展专项行动方案》年度任务分解,督促责任单位制定相应的工作计划,定期组织召开联席会议,掌握工作进度,确保各项目标任务落到实处。三是做好县(市、区)委书记和部门党委(党组)书记履行人才工作责任述职工作,提升"一把手抓第一资源"的责任意识。四是落实和强化人才工作目标责任制,完善重点人才工作考核评优办法,更加突出和明确服务发展实际成效的导向。

(二)以落实人才新政为抓手,整体推进各支人才队伍建设

一是推进落实"两意见两办法",督促相关部门出台实施细则,召开各个层面的协调会、座谈会,促成政策落地。二是整合部门资源,督查推进2015年度成员单位重点人才工程(工作),重点抓好禾商企业家、高技能人才、宣传文化人才、教育卫生人才、新农村建设人才、社会工作者人才等队伍的建设。三是督促各地贯彻落实《大学生村官积分制管理办法(试行)》,加强和改进大学生村官管理。

(三)以激发创新活力为导向,深入持续实施重点人才工程

一是坚持需求导向和产业化方向,深入推进"创新嘉兴·精英引领计划",继续完善项目评审、资金拨付等办法。坚持请进来、走出去相结合,发挥好海外人才工作站(点)作用,遴选市创业创新领军人才100名左右。同时开展绩效评估,推进领军人才企业"争千创亿"。二是抓好高层次人才团队建设工作,做好入选第二轮市重点科技创新团队、企业技术创新团队的管理。对领军型创新创业团队予以重点支持,抓紧制定"一事一议"操作办法,力争在引进培育国际领先、国内一流的创新创业团队上实现突破。三是积极做好国家、省"千人计划"推荐申报工作,入选人数力争"保三增量"。

(四)以打造特色平台为目标,构建多元差异错位发展格局

一是完善全市人才发展平台布局,鼓励各地规划建设特色鲜明、功能区分、差异发

展的高层次人才平台,对尚未建设的县(市、区)给予重点支持和指导。二是整合市、区资源,在嘉兴科技城稳步推进人才改革试验区建设试点工作,力争集聚海内外高层次人才初见成效。三是指导和支持嘉善县、嘉兴经济技术开发区(国际商务区)建设"千人计划"项目转化中心("千人计划"项目产业园),在人才、产业、政策、服务上进一步明确定位,创新实践,大力集聚"千人计划"项目成果转化。四是有效运作浙江省星耀南湖创新发展院,加快人才栖息平台建设。

(五)以提供精准服务为方向,不断优化人才发展生态环境

一是健全各类人才数据库,重点完善院士和入选各类重大人才工程的人才、企业家、优秀民间人才数据,主要信息更新实现常态化。二是完善服务人才专项例会和重点人才工程(工作)推进会制度,坚持突出服务人才和人才服务两个重点,细分专业领域在精准上下功夫。三是健全三大联盟运行机制,完善"生活绿卡"政策集成功能,施行"生活绿卡"责任倒查。四是选派第三批市级"创业助理",开展驻企服务,举办第五期领军人才CEO培训班,推进长三角海创俱乐部(嘉兴)等人才社团建设,改进人才服务的针对性和有效性。

(六)以打造品牌活动为载体,大兴识才爱才敬才用才之风

一是开展"创新驱动实质上是人才驱动"集中宣传活动。深入学习领会习近平总书记、夏宝龙书记关于人才工作的系列讲话和中央、省委、市委关于人才工作的新要求,强化各级各部门和领导干部敢为事业用人才、敢为人才担责任的意识,形成推进人才工作的整体合力。二是重点筹划办好2015年"星耀南湖"精英峰会,宣传人才政策、先进典型、促进人才、项目、资金、市场对接合作,打造品牌效应。三是借助国家"千人计划"网、欧美同学会、省海外高层次人才联谊会等国家、省级平台,大力宣传嘉兴、推介嘉兴。

湖州市人才发展报告

□ 湖州市委人才办

2014 年,湖州市紧紧围绕全面实施创新驱动发展战略、加快建设创新型城市目标,以服务发展为导向、深化改革为动力、重大工程为抓手,加快人才集聚、支持人才创业创新,取得了良好成效。

一、主要做法和成效

(一)突出宏观管理、改革创新,党管人才工作得到新加强

一是进一步完善党管人才运行机制。围绕市委、市政府"项目建设"、"五水共治"等中心工作,谋划制定《2014 年度人才工作要点》,把年度重点工作任务细化为 26 个项目,完善县区党政领导班子、市级有关部门人才工作目标责任制考核,建立绩效导向、分级分类的考核指标体系,实行每月例会交流、季度通报制度,有力促进目标任务落实。市财政人才专项资金同比增长 14.3%,各县(区)人才专项资金同比增长 47.3%,市、县(区)两级人才专项投入均达到本级公共财政收入的 1.8% 以上,有效保障人才工作的顺利开展。二是积极推进人才工作改革创新。开展深化改革、领衔破难"139"专项行动,由部门、县(区)领办企业人才职称评审改革、人才项目绩效评估等创新项目,加快推动人才工作改革创新。研究制定《关于在湖州经济技术开发区建设人才管理改革试验区的若干意见》,启动人才贡献奖励年金、政府购买人才公共服务等试点工作,进一步打破人才体制机制障碍。三是着力营造重才爱才氛围。召开"南太湖精英计划"暨浙江省南太湖创新发展研究院招募计划新闻发布会,组织开展全市人才工作集中宣传活动,《浙江日报》刊登整版报道湖州市人才工作,《湖州日报》人才专刊由月刊改版为半月刊,全市人才工作在省级以上媒体宣传 25 篇次、市级媒体 100 余篇次。同时,通过人才工作简报、"南太湖先锋"官方微博等渠道,广泛宣传人才工作,有效扩大了湖州人才工作的影响力。

（二）突出高端引领、优化结构，高层次人才引进取得新突破

一是深入实施"南太湖精英计划"。拓宽引才途径，与国家"千人计划"专家联谊会、海创智库建立引才合作机制，成功举办"千人计划"医疗器械专家湖州行等活动。组团赴欧洲、北美、澳洲招才引智，对接洽谈海外高层次人才 514 人次，签订人才项目合作协议 50 项，新聘海外院士专家 8 名、海外"引才大使"3 名。建立"南太湖精英计划"常态评审、绩效评估、动态晋级、正常退出四大机制，2014 年以来已开展 2 次动态评审，引进创业团队 54 个、创新领军人才 22 名，其中外省"千人计划"、"万人计划"人才 13 名，与民营企业合作项目 13 个，人才项目质量层次明显提升。全力抓好"千人计划"申报工作，17 人入选省"千人计划"，位列全省第三。二是大力引进各类紧缺急需人才。突出现代物流装备、新型动力电池等六大重点行业，建立企业引才清单，实施"菜单式"引才，分产业组织企业赴香港、北京、武汉等地开展招聘活动，共引进各类人才 16625 人，其中高层次人才 972 人、"南太湖紧缺急需人才"608 名。三是加快集聚院士专家智力。加强与"两院"院士联系，建立院士专家库、培育企业库和技术需求库，邀请符合湖州市产业导向的院士 30 名来湖与企业合作洽谈，新建市级院士专家工作站 9 家。新入选省级工作站 3 家，占全省入选总量的 15%，位居全省第二。专门组建"五水共治"专家服务团，从全国范围选聘 25 名治水领域的顶尖专家，由院士领衔服务湖州市治水工作。

（三）突出人才强企、统筹推进，各类人才队伍培养取得新进展

一是加强企业经营管理人才队伍建设。围绕"四换三名"等重点，分层分类开展专题培训，先后举办汽车零部件行业企业高层研修班、现代人力资源管理高级研修班等主体班次，培训经营管理人才 2.16 万人次。实施《湖州市新生代企业家培养"311"领航计划》，选派 7 名新生代企业家到市级部门挂职锻炼。深化市校人才开发合作，引进 22 名浙江大学青年教师担任湖州企业"管理咨询师"。二是加大高技能人才培养力度。围绕企业发展需求，进一步健全和完善高技能人才培养体系，加快推进企业高技能人才自主评价，新增自主评价企业 301 家，深入实施技能大师工作室评选、"有突出贡献南太湖新技师"选拔等工作，新建市级技能大师工作室 11 家、省级 3 家，1—10 月新增高技能人才 1.45 万人。三是加快推进其他各类人才队伍建设。推进湖州农民学院提升建设，与中国社科院农发所合作建立农村新型人才培育实验基地，加大农村实用人才培养力度，前三季度已培训 6600 人次。加强社会工作专业人才队伍建设，建成社区社会工作站（室）20 家，新培育社会工作服务机构 5 家，新增助理社工师和社工师 143 名。积极实施"宣传文化优秀创新团队 345 培育计划"，举办全市基层文艺骨干培训班，遴选培育宣传文化优秀创新团队 22 个、培训各类文化人才 350 余人次。实施医疗卫生"135"优才工程，引进硕士以上卫生医疗人才 65 名。加大名师名校长培养力度，加强"双师型"教师队伍建设，1—10 月培训 1.04 万人次。加强大学生村官培养使用，新选聘大学生村官 46 名，举

办大学生村官骨干培训班,开展"践行群众路线,争当'泥腿子'村官"主题实践活动,大学生村官队伍整体素质进一步提升。

(四)突出精细服务、软硬结合,人才创业创新环境得到新提升

一是健全人才服务网络体系。建立市、县区全覆盖的高层次人才"一站式"服务平台,设立人社、科技等部门审批服务专窗,整合集聚项目申报、贷款融资等服务事项 20 项,引进入驻猎头、创投等中介服务机构 25 家,建立"线上+线下"同步服务网络,累计组织融资沙龙、上市培训等各类活动 80 余次,服务人才 2400 余人次。二是开展助推产业化专项行动。实施"南太湖精英计划"创业项目成长助推七大行动,制定"一企一策"服务举措,选派 109 名市管后备干部担任人才服务专员,"一对一"结对帮扶创业领军人才,与复旦大学合作举办创业辅导培训班,组织湖州银行等金融机构开展专项信用评级,有效助推人才企业快速发展。2014 年以来,"南太湖精英计划"创业项目实现产值 8.04 亿元、销售收入 6.7 亿元,同比分别增长 70% 以上。三是落实人才服务政策。抓好《湖州市优化企业人才服务十条举措(2013—2017 年)》、湖州服务"绿卡"等政策的贯彻执行,建立人才服务"绿色通道",带动金融机构对人才项目贷款授信 2 亿元,一批产品纳入政府采购目录,为 11 名高层次人才解决子女就学问题。四是提升人才平台建设管理。加快推进高层次人才创业创新平台建设,湖州开发区、吴兴区启动国家级留学人员创业园创建工作,德清县投入 1.5 亿元推进首期 5 万平方米的省"千人计划"产业园建设,长兴县"千人计划"产业园首期 5 万平方米用房完成基建,安吉县完成国家级科技企业孵化器申报工作,南浔区科创园成功列入省级留学人员创业园。大力引进大院名所共建政产学研合作平台,与中国科学院、浙江大学等高校合建科技创新载体 12 家,新认定市级企业技术中心 24 家、省级 11 家。

二、工作展望

2015 年全市将全面贯彻落实中央和省、市委关于人才工作的新精神新要求,准确把握经济新常态赋予人才工作的新使命新任务,围绕"集聚用好人才、引领创新驱动"主题,突出高端引领,注重统筹兼顾,牢固树立精准理念,持续精准发力,强化精准服务,大力提升人才工作绩效,不断增强人才区域竞争力,为加快建设"四个湖州"提供强有力的智力支撑和人才保证。

(一)目标任务

——人才引进方面。全年人才资源总量新增 4.2 万人,其中引进人才 2 万名以上,培养人才 2.2 万名以上;刚性引进高层次人才 1200 名左右,引进"南太湖精英计划"创业创新领军人才和团队 100 个左右,其中领军型创业团队 40 个左右,领军型创新团队

20个左右,创新长期、短期领军人才40名左右;新增国家、省"千人计划"和"万人计划"人才15名以上;全市研发人员数达到1.55万人年。

——人才培养方面。选拔"1112人才工程"学术技术带头人培养人选和后备人选100人左右,培训专业技术人才1.3万人次,培训企业经营管理人才1.35万人次,培训鉴定高技能人才1.2万人左右,培训农村"两创"实用人才8000人次,培养职业农民2000人,新增助理社工师、社工师140人以上,文化、教育、卫生等各类人才队伍素质进一步提升。

——人才项目产业化方面。"南太湖精英计划"企业产值、销售收入、利税、利润四项指标均增长70%以上。

——人才环境优化方面。市、县区财政人才专项投入达到本级公共财政收入的2%以上;人才服务业加快发展,人才平台承载能力明显提升,新建院士专家工作站10家左右,入选省级1家以上。

(二)重点举措

1. 需求牵引、精准对接,大力集聚产业发展急需高层次人才

以"南太湖精英计划"为主抓手,围绕产业创新和企业转型,集聚一批领军型创业创新团队和紧缺急需人才。一是提升"南太湖精英计划"。整合"南太湖特聘专家计划"、"365优秀创新团队培养工程",大力实施领军型创新团队引进培育计划,构建海内海外并举、创业创新共引、团队个体并重、长期短期衔接的引才体系,重点引进高精尖人才和顶尖团队。二是完善产业招才引智工作机制。围绕重点行业技术创新综合试点、信息经济发展等中心任务,编制现代物流装备、新型动力电池等6大行业高层次人才和团队需求目录,建立"9360"紧缺急需人才引进战略合作联盟(锁定北京、上海、广州、杭州、西安、哈尔滨、武汉、南京、合肥等9大重点区域,与30所高校、60个细分专业建立紧缺急需人才引进长期合作关系),实施针对性靶向引才。加强与海内外专业协会组织合作,与海创智库联合举办国家"千人计划"专家湖州行活动,发挥海外"引才大使"作用,继续组团赴北美、欧洲等地招引高端人才。推进院士专家工作站扩面提质,探索建立国家级学会湖州服务站,柔性引进高端智力。三是优化项目评审办法。主动对接"大好高"项目引进标准,继续实行人才项目常态化评审机制,完善评审办法,进一步突出产业化成熟项目、重点产业配套项目、本土企业合作项目、风投进入项目"四个优先"导向,着力以人才引项目、以项目兴产业。四是全面开展人才项目绩效评估。建立健全"南太湖精英计划"项目绩效评估制度,引入第三方机构,实行项目入选、资金拨付、年度绩效全程评估,科学评价人才项目实施绩效,建立人才项目评优晋级和淘汰退出机制。加强人才资助资金监管,建立创业人才项目资助资金专项管理制度,实行单独建账、独立核算;探索建立人才券制度,对创新人才项目采取购买科研服务、购置研发设备等方式予以定向补助。

2. 集聚要素、精准服务，着力打造人才生态最优城市

突出高层次人才项目服务重点，加大政策引导，集聚市场资源，营造优质创业创新环境。一是充分发挥高层次人才服务中心作用。实行市、县（区）高层次人才服务中心人才服务清单、服务流程和服务网站"三个统一"，为人才提供"全托服务"。深化完善人才服务季度例会制度，联合人社、科技、金融等部门和社会组织，建立高层次人才服务联盟，实行"123"人才服务日制度，每月定期在市、县（区）高层次人才服务中心开展服务，实现部门人才"面对面"、服务对接"零距离"。二是深入实施"南太湖精英计划"创业项目成长助推行动。深化"一企一策"部门组团服务，充分发挥人才服务专员作用，实行企业人才自主"点单"、服务专员"跟单"办理、职能部门"接单"兑现，对重点问题解决采取销号管理。建立投资人信息库、人才融资需求库，定期开展重点行业人才资本对接活动，积极推进人才资本嫁接。依托高层次人才服务中心，分行业开展小班化创业培训。深化人才创业企业信用评级，推动市、县科技银行创新金融产品和服务，启动实施辅导上市培育工程，加快培育一批"双高"（高技术、高成长）企业。三是加强人才平台建设管理。重点指导推进湖州开发区创建国家级留创园、德清县创建省级"千人计划"产业园。推广长兴县校地科技人才合作模式，推动民营科技型企业孵化器建设，加快创新平台与人才平台融合开发。四是加快人才中介组织发展。加强本地人才中介组织的管理、培养，加大市外知名猎头公司、培训机构引进力度。启动建设市人力资源服务产业园，构建"1＋N"人力资源服务网络，促进全市人力资源服务业集聚化、规模化、专业化。

3. 分层分类、精准施策，统筹推进各类人才队伍建设

突出企业人才优先开发，坚持分类指导，整体提升各类人才队伍素质。一是加强企业经营管理人才培养。分层分类开展企业家培训，重点办好工业设计、质量品牌标准、信息化建设等专题培训班，深入实施"名企名牌名家"培育工程、新生代企业家培养"311"领航计划，继续组织新生代企业家部门挂职锻炼，深入开展浙江大学青年教师担任湖州市企业"管理咨询师"活动。二是加强企业科技研发人才队伍建设。认真组织实施"青年科学家培养计划"，创新企业博士后工作站建设举措，加大在站博士科研、生活经费资助，吸引高校优秀人才为湖州市企业服务，力争入选省级以上博士后工作站3家以上。扎实推进"1112人才工程"，实施重点培养对象与省"151"人才导师帮带制，深入实施专业技术人才知识更新工程，分批组织举办专业技术人才高级研修班。继续开展科技成果转化奖、湖州市优秀发明人等评选活动，激发科技人才创新活力。三是加大企业技能人才培养。建立健全"6＋6＋n"（围绕六大重点行业，建强全市六所技职院校，培育n家专业培训机构和培训基地）高技能人才培养体系，完善高技能人才企业自主评价和直接认定办法，鼓励企业建设技能大师工作室，举办各类技能大赛，力争高技能人才占技能人才比例达到25％以上。四是加强农村和社会事业发展人才队伍建设。深化市校合作人才开

发,发挥湖州农民学院、各县农民学院分院作用,大力加强农村实用人才培养。制定落实加强社会工作专业人才队伍建设的实施意见,加大培养社会工作专业人才。深入实施"宣传文化优秀创新团队345培育计划",新培养文化创新团队15个左右。积极推进"名师名校长"培养计划、卫技人才培养计划,开展法律、旅游等人才教育培训,大力提升各领域人才素质。加强大学生村官培养管理,举办骨干培训班,促进有序平稳流动。

4.问题导向、精准发力,不断深化人才体制机制改革创新

积极创新党管人才工作方式方法,构建协调高效的运行机制,不断增强人才发展推动力。一是认真研究制定"十三五"人才规划。总结评估中长期和"十二五"人才发展规划实施情况,组织开展全市人才队伍建设和各支人才队伍建设调研,根据"十三五"经济社会发展规划要求,研究起草全市"十三五"人才发展规划,进一步强化对人才工作的宏观管理。健全重点指标常态化监测评估制度,定期开展人才资源统计,完善重点人才数据库。二是完善党管人才工作机制。认真贯彻落实完善党管人才工作格局意见,加强统筹指导和协调服务,推进部门各司其职。完善人才工作目标责任制分类量化考核办法,落实项目化管理,坚持定期督查通报,形成导向鲜明、目标明确、责任清晰、执行有力的工作运行机制。修订完善人才专项资金管理办法,按照"公开、透明、绩效"原则加强人才专项资金管理。加大县区、部门人才工作干部系统培训,提升业务能力和综合素质。三是积极推进人才管理改革创新。扎实推进湖州开发区人才管理改革试验区建设,积极探索职称评审改革、人才贡献奖励年金、人才股权分红激励、政府购买人才公共服务等改革举措。探索建立人才工作权力清单、责任清单,提高人才工作法治化水平。推行县(区)人才工作创新项目管理,鼓励基层加强人才工作创新、打造区域特色品牌。四是进一步浓厚人才工作氛围。继续办好《湖州日报》人才专刊,注重借助声屏报网、微信、微博、手机APP等多种渠道,加大对湖州创业创新环境、人才工作政策、人才工作典型的宣传力度,营造良好的人才工作氛围。组织开展"两代表一委员"视察人才项目活动,在全社会营造识才、爱才、敬才、用才的良好氛围。

绍兴市人才发展报告

□ 绍兴市委人才办

2014 年,绍兴市围绕全面落实"重构绍兴产业、重建绍兴水城"战略部署和创新驱动发展战略,以高层次人才、高技能人才和民间人才为重点,统筹推进各类人才队伍建设,在集聚高端人才智力、深化民间人才队伍建设、完善人才政策机制、优化人才发展环境等方面取得了新的成效,为加快建设现代化绍兴提供了较有力的人才支撑。

一、主要做法和成效

(一)海外高层次人才加快集聚

围绕战略性新兴产业培育和传统产业转型升级,深入实施"330 海外英才计划",组织开展第九、第十批"330 海外英才计划"评审,举办科技攻关项目海外高层次人才擂台赛,新入选"330 海外英才计划"人才 104 名。组团赴美国、加拿大开展引才活动,先后在旧金山、纽约、多伦多等地举行 6 场招聘会,与 178 名海外高层次人才进行了对接,实地考察了纽约、硅谷两家科技孵化器。做好国家、省"千人计划"推荐申报工作,目前通过国家"千人计划"企业创新人才评审答辩 3 人,入选省"千人计划"专家 8 名(其中 2 名直接认定)。为打造海外高层次人才集聚平台,在滨海新城试点建设市级海外高层次人才创业园,建成投用一期科创中心(建筑面积 14.5 万平方米),加快配套设施建设,完善人才政策机制,对"330 海外英才计划"人才按规定给予政策扶持外,滨海新城根据产业化情况再给予 200 万~300 万元的配套扶持。

(二)"名士之乡"人才峰会提升实效

2014 年人才峰会共组织开展院士专家治水科技成果发布会、"赢在绍兴"海内外高层次人才创业创新大赛等 6 项活动,最鲜明的特点是实施精准引才,摸排汇总了一批"重构绍兴产业、重建绍兴水城"的人才需求、技术需求、项目需求,有针对性地联系对接院士专家、海内外高层次人才,采取成果发布、对接洽谈、大赛评审、联合攻关等方式,构建以企业为主体、问题为导向、项目为纽带的引才用才机制,为产业转型升级和现代水城建设提供人才支撑。一是聚焦"五水共治",遴选 67 名治水专家成立"五水共治"专家服务团,启动专家服务团服务基层专项行动,发布绍兴市 32 个治水技术需求项目,收集 48 个院士专家团队治水科技项目,组织绍兴市治水技术需求企业与院士专家团队进行对接洽谈。二是助推转型升级,举办海内外高层次人才创业创新大赛,共有 27 名海内外高层次人才入围,对应科技攻关项目需求企业 22 家,同时评审产生"创业在袍江"创业项目比赛金奖 5 名、银奖 10 名。举办绍兴市首届工业设计大赛,从 201 件作品中评审产生 20件获奖作品,组织工业设计需求对接活动,助推"绍兴制造"向"绍兴智造"转变。举办人才项目与资本"相亲会",组织 28 家创投机构、上市公司、商业银行与全市 17 个人才项目进行对接,为科技型企业初创期融资搭建平台。三是实施精准引才,创业创新大赛发布35 个总投资在 500 万元以上的企业关键技术攻关项目,海内外高层次人才根据科技攻关项目需求选择申报,27 名入围人才与企业对接洽谈,由企业选定合作对象,共有 21 家企业与人才签订初步合作协议,在一个月之内签订正式协议启动联合攻关。此外,人才峰会还通过举办"天生我才"民间人才才艺秀,展示 18 位民间人才风采,营造人人皆可成才的良好氛围;通过举办"相约高校·创业绍兴"人才招聘会,推出 9000 多个岗位面向2015 届高校毕业生招聘,促进企业引才与高校毕业生就业。四是坚持节俭办会,认真贯彻落实群众路线教育实践活动和中央、省、市关于作风建设的要求,注重实效,厉行节约,人才峰会经费比 2013 年缩减 1/3 以上,做到节俭而不减成效、节俭而不失精彩。

(三)民间人才"万人计划"深入推进

一是加强宣传引导。面向全社会组织开展民间人才漫画标语征集活动,共征集到500 余项漫画标语作品,经过初评、网评和专家评审,评选出 29 条(篇)文字类作品、45 幅漫画类作品。在此基础上,组织开展民间人才"万人计划"标语、漫画获奖作品进村(社区)宣传活动,深化基层干部群众对民间人才工作的认识。广泛摸排各类民间人才典型,举办"天生我才"民间人才才艺秀,协同做好拍摄民间人才微电影的有关工作。各地也积极加强宣传引导,如越城区开展民间人才主题月活动,柯桥区制作民间人才典型人物展板在各镇街文化广场巡展,嵊州市开展"民间人才工作示范点"培育创建活动,营造了浓厚的民间人才工作氛围。二是完善评鉴机制。指导各地搭建形式多样的评鉴载体,分层组织开展各类比赛展示活动,提高通过比赛或现场展示评鉴产生民间人才的比例。2014年以来全市共开展各类比赛、展示活动 2836 次,累计评鉴产生各类民间人才 66.9 万名,星级晋升 13585 名。如柯桥区组织开展幸福水乡才艺秀、"欢乐大家庭"企业晒文化、"大地欢歌"农民排舞大赛、纺织面料与花样设计大赛等系列评鉴活动。嵊州市先后组织了越乡小笼包制作技能比武、越乡龙井炒制大赛、民间工艺作品展,并指导乡镇(街道)按照

"一季一活动"的要求组织各类评鉴活动。三是培育社会组织。新建、规范和提升一批民间人才社会组织,发挥在民间人才自主管理、优化基层社会治理中的作用。全市已培育各类民间人才协会(联谊会、工作室、专业合作社)2187个,新建710个,覆盖到30%以上的民间人才。如越城区分类建立民间人才协会,把一些热心社会事业、技能高超、有一定组织能力的民间人才选为协会负责人,提供一定的活动场地、资金来源,帮助建立相应的评鉴、管理、活动、服务社会等制度,全区目前已建立各类协会200多个。四是加强管理激励。注重激励培养,全市共发放证书7.08万张,挂牌9.36万户,奖励资金418.8万元,创业信贷8027万元,选拔1901名民间人才作为入党积极分子,1589名民间人才列为村级后备干部培养对象。开展教育培训,组织开展学习培训、技术传授、经验交流、成果推广等各类活动866次,培训5.1万人次。加强联系服务,普遍建立镇村干部联系民间人才制度,共联系19.6万名民间人才,通过经常性走访,把民间人才团结和凝聚在党组织的周围。促进作用发挥,全市共组织2万多名民间人才开展1700多次志愿服务活动,发挥民间人才在丰富群众文化、推进产业发展、促进社会和谐等方面的作用。

(四)引进培养各类紧缺人才成效明显

一是加大招才引智力度。推进"绍兴网上大学城省市引才行活动",先后组织200多家企事业单位赴北京、西安、武汉、上海、南京等地开展招才活动,达成意向1766人次。2014年以来共举办各类招聘交流活动520场次,引进各类人才4.5万人,其中硕士研究生及副高以上人才2371名。加快国外智力引进,组织17个国家20个专家组织的31名代表与全市57家企业进行了对接洽谈,新建浙江(绍兴)外国专家工作站5家,新建绍兴驻澳大利亚外国专家联络站,确立22名"海外工程师"年薪资助项目,执行国家级和省级海外引智项目61项,其中国家级引智项目20项。首次以专家团队形式引进4名法国专家来绍兴市一景乳业执行项目,通过绍兴驻德国外国专家联络站,帮助浙江金盾链条公司等企业引进3名德国专家。二是加强本土高层次人才队伍建设。筛选确定53名高层次人才赴英国牛津大学、中国香港大学、美国克利夫兰医学中心等知名高校和重点实验室进修深造,分别给予2万~10万元的经费资助,12月中旬还组织40多名高层次人才赴江苏举办专题培训班。认真做好省级重点人才项目评审推荐工作,新昌制药创新团队入选首批浙江省领军型创新创业团队,金盾控股集团马夏康、菲达集团舒英钢入选第四批省特级专家,入选省151人才工程培养人员6人。加强高层次人才联系服务,组织市高级专家、拔尖人才、创新团队带头人等50多名高层次人才赴福建厦门、桂林漓江等地疗休养,组织200余名高层次人才进行年度健康体检。三是加强高技能人才培养。围绕制造业改造升级,建立覆盖全市的职业培训和职业技能鉴定补贴制度,扎实推进公共实训基地(二期)建设,加强高技能人才分类培训,推行技能人才企业自评,开展国际焊接师(IWS)等国际化技能人才培养认证工作。截至2014年9月,全市高技能人才总量达到 25.5 万人,列全省第二位,高技能人才占技能人才的比重由 2009 年的 16% 上升到 24.5%。四是统筹抓好其他人才队伍建设。加强企业家培训,通过举办"转型升级与战略强企"、"两化"深度融合等高级研修班,以及"金融市场发展与产业转型升级"等高层论坛,组织企业短期考察培训,全市共培训企业经营管理人才 1 万余人次。推进"万名实用人才培养工程",培训农村实用人才 1 万余名,开展大学毕业生现代农业"十佳创业标兵"评选。加强社会工作人才队伍建设,培训社会工作人才 1000 余人次,培育专业社工服务机构 5 家,设立城市社区社会工作室 56 个。重视抓好到村任职高校毕业生队伍建设,市、县两级签订责任状,扎实做好大学生村官选聘、薪酬待遇、期满流转等方面工作。

(五)人才创业创新环境不断优化

一是创新人才政策。制定《关于加强社会事业高层次人才队伍建设的若干政策意见(试行)》,加大名师、名医、名家、名教练员的引进培养力度。制定《绍兴市博士后管理工作实施细则》,加大博士后工作站建站资助、科研补助的支持力度。制定《关于加强企业技能人才队伍建设的实施意见》,在国际化技能人才培养、企业技能人才评价等方面进一步加大支持力度。二是拓展人才平台。在战略性新兴产业专项资金中切块 2 亿元用于扶持市直各开发区科技企业孵化器建设,目前,全市共有科技孵化器 18 家,场地总面积超过 70 万平方米。加强院士专家工作站、博士后工作站规范化建设和绩效考核,新建市级院士专家工作站 5 家,入选省级院士专家工作站 2 家,新引进博士后 9 人,入选省博士后择优资助项目 3 个。三是强化住房保障。全市先后建成各类人才住房 44 万平方米,发放购租房补贴 8728 万元,其中,市本级兑现购租房补贴 379 万元。加快推动绍兴人才村和"智汇大酒店"专家楼建设,根据市政府常务会议精神,会同城投集团提出绍兴人才村功能定位、套型改造、配套设施等建设方案。四是完善工作机制。加大人才工作投入,2014 年全市人才专项资金占公共财政收入的比例不低于 1.8%,保障各类人才政策和人才工程的顺利实施。强化工作考核管理,把人才发展投入、引进海外高层次人才、高技能人才培养和到村任职高校毕业生有序流转等重点工作纳入市委、市政府年度目标责任制考核,进一步增强了各级领导干部抓人才工作的自觉性、主动性和积极性。

二、工作展望

2015 年,绍兴市将深入把握中央、省委对人才工作提出的新要求,深入把握经济新常态下人才工作的新态势,深入把握推动人才工作向纵深发展的新挑战,围绕全面落实"重构绍兴产业、重建绍兴水城"战略部署,以问题为导向、改革为动力,精准施策、精准对接、精准发力,为促进经济社会又好又快发展提供有力的人才支撑。

（一）提升"330海外英才计划"绩效

围绕"五水共治"和战略性新兴产业培育，加大海外专项招才力度，加快引进先进制造装备、生命健康、通用航空、涉水治水、城市规划设计等方面的海外高层次人才与创新团队，全年新入选"330海外英才计划"人才100名以上、国家和省"千人计划"专家12名以上。一是改进引才方式。更加重视团队式、靶向式、中介式引才，大力引进与绍兴市产业发展契合高、能突破关键技术的创业型人才和重点技术创新团队。发挥企业主体作用，加强对重点骨干企业的政策对接，调动引才的积极性。发挥市场主导作用，推动高端猎头与企业的合作，提高引才的精准性。同时，完善海外人才评审机制，在增加总量上下功夫，在提高注册落户率上下功夫。二是强化后续保障。创业资金短缺、市场开拓能力不足是制约海外人才创业的主要瓶颈。会同金融办研究创业投融资扶持办法，探索设立一定资金规模的科技创业贷款担保基金，为海外人才创业企业贷款提供担保。推动绍兴民营资本与海外人才对接，合作创办企业或进行股权投资，充实管理和营销团队，弥补企业运行与市场开拓的短板。三是创新政策机制。结合探索建设人才管理改革试验区，推进滨海新城海创园建设，借鉴宁波和镇江的做法，在人才创业配套资助、产业化扶持、专业化服务等方面进行创新突破，加快海归企业创业发展。四是提升服务实效。建立有效的运作机制，真正发挥发挥金融、法律、会计事务、创业导师等四个高层次人才服务联盟的作用。建立海外高层次人才联谊会的经常性活动机制，提升对海外人才的服务力、凝聚力。

（二）扎实推进民间人才队伍建设

以四个"专项行动"为抓手，深入实施民间人才"万人计划"，提升民间人才工作的实际成效。一是舆论宣传专项行动。推进民间人才"万人计划"标语、漫画进村（社区）宣传工作，开设民间人才访谈、微电影选播等专栏专题，举办民间人才风采拍客大赛，提高民间人才工作社会知晓度和群众参与度。汇编民间人才工作经验做法、理论成果、典型案例等，指导基层开展工作。二是才艺展示专项行动。组织市、县、乡三级开展形式多样的集中性评鉴活动，提高通过比赛或现场展示产生民间人才的比例，全年评鉴产生五星级人才不少于350名，四星级人才不少于3500名、三星级人才不少于35000名，全市80%以上的家庭有成员获得"民间人才"称号。开展民间人才志愿服务社会活动，在联系服务群众中展示才能、体现价值。三是社会组织培育专项行动。制定加强民间人才社会组织建设的指导性意见，新建和规范一批民间人才社会组织，覆盖到50%的民间人才。加强对民间人才社会组织的联系、指导和保障，激发社会组织活力，充分发挥在民间人才自主管理、优化基层社会治理中的作用。四是乡土精英培育专项行动。发挥民间人才师资库作用，组织开展形式多样的民间人才培训活动。加大民间人才培养力度，把民间人才培养成党员、把党员培养成民间人才、把优秀民间人才党员培养成社会组织负责人和村级后备干部,不断壮大基层治理主体力量,增强基层组织凝聚力、战斗力。

(三)加强本土高层次人才队伍建设

组织开展"五水共治"专家治水团服务基层专项行动,突出项目攻关、技术对接和技术培训,破解一批基层治水难题,培养一批基层治水骨干。出台市级重点创新团队动态管理办法,评选表彰第四批市高级专家、第九批市拔尖人才,选派 60 名左右高层次人才和创新团队带头人赴国内外著名高校和重点实验室进修深造,做好高层次人才和创新团队年度科研经费资助工作。举办传统产业转型升级与创新驱动、生命健康产业高层次人才培训班,探索境外培训模式。制定落实社会事业高层次人才政策实施细则,加大教育、卫生、文化、体育等领域高层次人才的引进培养力度。

(四)积极推进企业人才优先开发

一是推动人才向企业集聚。举办第六届"名士之乡"人才峰会,重点围绕企业需求、产业重构,精准设计活动载体,加强企业、开发区与院士专家、国内外高端人才的对接合作,进一步构建以问题为导向、企业为主体、项目合作为纽带的引才用才机制。根据企业人才需求,充分发挥"网上大学城"作用,加大赴上海、杭州、武汉等重点高校聚集地招才力度。依托绍兴籍硕博联络站和外国专家工作站、海外联络站,吸引更多硕博人才回乡创业发展,积极引进国外专家智力。二是加强企业人才培养。加强企业家培训,通过与国内知名高校联合办班、举办企业家论坛等途径,提升企业家的战略思维和国际化视野。加大紧缺技能人才培养,以国家级公共实训基地为龙头开展技能人才培训,推进企业自主评价工作,加大校企合作培养技能人才力度,推进国际化技能人才培养工作。三是推进创业创新平台建设。加快推进科技企业孵化器建设,完善科技企业孵化器建设管理办法,加强日常管理与绩效考核,探索引进专业化的服务团队,引导和扶持民营资本投资建设科技企业孵化器,提高对高端人才的承载力。加快推进院士文化向院士经济转变,优化日常服务,强化考核激励,加快推进院士专家创新成果产业化。四是发挥典型示范引领作用。按照"五个有"的要求,培育一批企业人才工作示范点、梳理一批人才强企典型案例,召开企业人才开发现场会,提升全市企业人才开发的规范化、科学化水平。在抓好企业人才开发的同时,统筹抓好农村实用人才、社会工作人才等其他人才队伍建设。认真做好到村任职高校毕业生选聘、流转工作,落实薪酬待遇,加强日常管理。

(五)进一步优化人才创业创新环境

一是强化人才工作责任。通过调研、座谈、出席重大活动等方式,争取市主要领导加强对人才工作的谋划和推动。加强联系沟通,争取市直开发区和有关职能部门负责人更加重视、支持人才工作。完善年度重点人才工作年度考评机制,增强"一把手"抓"第一资源"的意识。二是加大人才发展投入。市本级及各区、县(市)当年可用人才专项资金占当年公共财政收入的比例不少于 2%。完善人才经费管理制度和绩效考评制度,提高资金使用效益。健全多元的人才投入体系,调动民营企业、民间资本投资人才的积极性。三是推进人才政策创新。修订完善人才住房政策,加快"绍兴人才村"及各类人才公寓和专家楼建设,制定"智汇大酒店"专家楼和"绍兴人才村"入住管理办法。突破现有政策瓶颈,探索研究与海外人才引进相协同的国内高端人才引进政策,在引进国内高端人才上取得新突破。四是建立人才服务平台。依托"绍兴人才村",高起点规划建设市本级高层次人才服务中心与创新成果展示中心,打造绍兴人才工作窗口,建设"一站式"服务平台,提升人才服务品质。

金华市人才发展报告

□　金华市委人才办

2014年,金华市人才工作认真贯彻落实党的十八大、十八届三中全会和习近平总书记系列讲话精神,紧扣"重大人才项目突破年"主题,以"扩大人才工作成果、提升人才服务成效"为主线,加快推动形成人才产业集群,人才工作在服务创新驱动、转型升级方面取得较好成效。

一、主要做法和成效

（一）高端人才引进持续晋增

围绕"晋位增量"目标,大力度推进"千人计划""双龙计划"。2014年,国家"千人计划"新增人数有望再创佳绩;省"千人计划"新增人数取得历史最好成绩,共入选15名,累计申报入选"千人计划"专家53名,年度新增数和累计入选总量在全省地市排名持续前移;评审产生第二批"双龙计划"人才项目31个,其中创业领军人才项目18个、创新领军人才13人,涵盖信息网络经济、先进制造、生物医药、新材料、新能源等金华市重点支持的战略性新兴产业,吸引了包括上榜福布斯杂志的石一等一批优秀创业人才。据统计,创业类项目预计注册资金1.58亿元,计划总投资9.1亿元,达产后预期实现年产值10.7亿元,年纳税1.01亿元。

（二）本土人才培育稳步推进

注重加强本地实用人才队伍建设,统筹推进各领域人才均衡发展。举办拔尖人才创新能力提升培训班两期培训100人,评选第三批科技创新领军人才10名。深入实施高技能人才队伍建设三年行动计划,年度新增1.88万名高技能人才,评选第二批金华市首席技师10名,建成技能大师工作室51个、名师工作室33个、技能人才培训基地35个。加强工艺美术等地方特色人才培养开发,世界工艺美术文化节在东阳举办,选送工艺美术大师到中国美术学院培训深造,联合市经信委举办工艺美术培训班培训 100 余人。

（三）引才品牌效应持续提升

紧扣"情系八婺、崛起浙中"主题,市县联动高频率推出重大活动。举办省海高会电子信息峰会暨"千人计划"智汇义乌高端项目对接会,59 名来自海内外电子信息界的顶尖专家学者共谋金华市网络经济发展。市长暨军民率团赴加拿大、美国、澳大利亚三国揽才,现场正式签订人才引进、合作项目 23 个,达成初步意向 60 余个。赴武汉举办第三届"百家名企进名校"专项活动,当场签约硕士以上高层次人才 120 名。赴杭州参加国际人才交流大会,达成初步合作意向 83 个。据统计,全年开展各类招才引智活动 70 余次,达成人才项目合作意向 304 项,引进高层次人才 807 人。

（四）服务中心大局成效明显

坚持围绕中心、服务大局,紧扣党委政府战略部署谋划推进人才工作。针对信息网络经济产业发展实际,制定实施《加快网络经济人才发展的若干意见（试行）》和《网络经济特殊人才认定办法》,加快集聚网络经济人才助推"电商换市"。根据企业转型升级需求,启动实施"百博入企计划",首批选聘 50 名高校博士到 38 家企业,开展为期两年的产学研合作,已累计达成合作项目 68 项,投入科研经费 2.09 亿元,申报专利 52 项。围绕"五水共治"要求,发动企业经营管理人才捐款 1200 余万元,在全省率先组建"五水共治"专家服务团,开展科学治水万里行活动,分两批选聘王浩院士等 71 名专家,包案结对63 个治水技术难题,为基层一线治水节约资金 500 多万元。

（五）人才平台建设加力推进

义乌"千人计划"产业园取得实质性进展,已引进培养"千人计划"专家领衔项目 34个,其中 20 个已经完成注册。浦江科创园、武义科技园建设步伐加快,兰溪人才科技园启动建设。着眼于嫁接国家大院名校,积极开展校地、校企合作,共建技术转移中心,搭建技术合作平台。全市已累计建成海外高层次人才创业创新基地 10 家、院士专家工作站 36 家、博士后科研工作站 19 家、省级企业研究院 16 家。

（六）人才服务水平优化提质

注重发挥领军人才发展服务联盟作用,选派 121 名"人才服务专员",开通"8890"人才服务热线,为人才提供一站式服务。建成"金华人才广场",在经济开发区的支持下,专门在金华网络经济中心划出 1000 多平方米场地,建成集人才工作宣传、创业创新成果展示、人才联谊交流为一体的高端人才服务平台。制定出台人才住房新政,推出两批次高端人才申租房,为人才安居乐业创造条件。

（七）大学生村官管理规范有序

围绕"争优、创业、发展"主题,稳步推进大学生村官培养管理工作。创新大学生村官选聘方式,选择金东区江东镇和兰溪市云山街道进行试点,引入企业化面谈方式,聘请镇、村干部担当评委,择优选聘了 48 名涉农、涉水等专业村官。制定实施《大学生村官电商创业富民"百人计划"》,探索建立县、乡、村三级服务体系,开展"全员培训",举办电商创业大赛,支持大学生村官电商创业。目前创业 72 人,其中 10 人营业额达百万元以上。制定实施大学生村官量化积分管理制度,选择婺城、金东、兰溪、东阳等地开展试点,推进大学生村官日常管理精细化。组织开展"争当'泥腿子'村官"活动,选树优秀村官典型,着力营造扎根基层、干事创业的氛围。

二、工作展望

2015 年,金华市将贯彻落实党的十八大和十八届三中、四中全会精神,紧紧围绕全市人才强市、创新驱动发展战略,牢固树立精准理念,紧扣"人才红利释放提速年"主题,以"一学二强三发力"为主线,抓牢人才和项目两个根本,发挥平台和企业两个作用,扭住政策和服务两个关键,着力在精准引才、精准用才、精准励才上聚焦发力,努力使人才工作水平得到新提升、人才红利得到最大限度释放,为推进赶超发展、建设"两美"金华提供强有力的人才支撑。

(一)聚焦产业发展需要,精准实施重点人才工程

按照"缺什么、补什么"原则,组织开展"走百家企业、访百名人才"活动,开展人才项目需求专项调查,形成紧缺急需"人才清单"。坚持引才与育才相结合,做到"两手抓、两手硬":一手抓高层次人才引进。紧扣金华市战略性新兴产业,采取产业链招才、点对点招才、蹲点招才、挂职招才等方式,精细化推进"千人计划",保持"千人计划"总数晋位增量的赶超态势。改进和完善"双龙计划"遴选机制,注重发挥企业引才主体作用,争取在引进高端创业人才、团队上实现新突破。巩固和扩大"情系八婺、崛起浙中"招才引智品牌,组织开展"国千"智汇金华人才峰会等系列活动,努力提升招才引智品牌效应。探索与上海人才大厦、宁波江东"人才广场"等人才聚集地建立战略合作协议,借力引进一批紧缺急需人才。一手抓高技能人才培养。对应衔接国家、省"万人计划",启动实施"八婺名家"工程,力争用 5 年时间,遴选支持 1000 名重点产业和重要社会领域的杰出贡献人才。健全完善金华市拔尖人才管理机制,探索实行拔尖人才联谊交流服务机制,市县联动、每季一次组织开展"金英"论坛,搭建拔尖人才沟通交流、作用发挥平台。联合经信、农业、教育、民政等部门,依托在金高校等教育资源,加大本土人才培养力度,提高本地实用技术人才存量。

(二)着眼激发人才活力,精准建设重大人才平台

围绕打造"浙中人才谷"目标,加快推进重大人才平台建设,着力提升吸纳、承载和集

聚高端创新资源的能力。围绕"两个带头"，强化高端创业创新平台建设。市区带头加快推进。有效整合中国科学院金华科技园与高新技术产业园，尽早落实机构编制，完善支持政策，努力打造成院地合作的重要基地。经济发达县（市、区）带头走在前列。按照国内领先、创出特色目标，大力推进义乌"千人计划"产业园，在集聚高端人才、发展高新产业上发挥示范引领作用。引导和推动浦江、武义科技（创）园拉高发展标杆，加强规范化建设，努力打造成县域人才高地。突出企业主体，强化企业科研平台建设。研究制定促进企业人才作用发挥的政策，把企业人才绩效、研发载体建设等指标实施情况与人才强企创建进行"捆绑"，引导企业更加重视人才发展和人才平台建设。用好用活院士博士工作站，深入开展"院士博士专家金华行"活动，努力构建更为紧密的校企产学研合作关系和科技成果共享机制。依托院士、博士资源优势，注重发挥"传、帮、带"作用，努力将工作站打造成培养本地人才的平台。

（三）紧扣赶超发展大局，精准提高人才工作绩效

紧紧围绕"五水共治"、"四换三名"、"四破攻坚"、创新驱动等转型升级的重点工作，深化完善人才工作载体，以服务支持经济社会发展的实际成果来衡量和检验人才工作成效。拓展专家服务团作用。深入开展科学治水万里行活动，根据治水进展情况，结合各地需求，及时调整一批环保、水利等治水相关工作的人才，进一步充实"五水共治"专家服务团力量。拓展延伸专家服务团的服务范畴，围绕"三改一拆"、"四破整治"等重点工作，再选派一批熟悉规划、建设、经济等领域人才组建服务团，到一线开展指导服务工作，更大范围、更深层次地服务中心工作。深化"百博入企"活动。做好首批"百博入企"阶段性工作验收，深入开展第二批下派工作，坚持需求导向，尝试实行"挂题招才"，切实提高人才与项目的契合度。加强与高校产学研联盟中心联络对接，规范挂职博士日常考核，探索实行动态管理，根据考核及企业生产经营实际，及时调整和增补挂职对象。探索实行绩效跟踪评价机制。借鉴"千人计划"专家人才项目绩效评估做法，将"千人计划"、"双龙计划"和高新技术企业单列，突出入选后企业营业收入、纳税总额、科研项目投入等指标，更加直观清晰地反映人才工作与经济社会发展的适配度。

（四）致力打造人才生态，精准提升人才服务水平

致力于打造服务最优、审批最快、成本最低的人才发展软环境，以良好人才生态服务人才、成就人才，努力把金华建设成创业创新热土、乐土。健全完善人才服务机制。加强人才服务联盟体系建设，在行政服务中心、人才广场增设人才服务专窗，通过政府购买服务途径安排人才服务专员，主动为人才协调解决创新创新过程中的实际问题。引导吸收社会中介服务组织力量参与人才服务联盟，吸纳更多专业的人从事人才服务工作，提高人才服务联盟社会化、专业化水平。依托"金华人才广场"服务平台，实行市（区）轮值制度，定期开展才富对话、资智对接、联谊交流活动。探索建设金融扶持体系。推动

市有关部门抓紧研究制定支持人才科技项目的系列金融措施,设立风险投资引导基金、创业投资基金,引进知名风投、创投公司,调动民间资本投入人才项目积极性,鼓励支持银行、担保等金融机构开发适应"双龙计划"等高层次人才特点的金融产品,探索成立人才科技银行,推动人才、资本深度融合,助力人才项目健康发展。

(五)坚持党管人才原则,精准创新人才体制机制

主动适应改革发展新形势新任务,着眼于破解束缚和制约人才发展的体制机制障碍,推动人才工作提档升级。健全人才工作运行机制。深化完善招才局工作模式,坚持市委人才工作领导小组例会、市领导联系高层次人才、人才服务专项例会制度。探索实施人才工作项目化管理机制,由人才工作领导小组成员单位分头领衔推进一批重点人才工作,强化人才工作力量整合。探索实施人才评价办法。坚持重业绩、重贡献导向,试行完善网络经济特殊人才认定办法,推行人才分类考核评价,研究制定商贸服务、影视文化等领域人才认定办法,逐步构建社会化、专业化、科学化的人才评价体系。完善人才工作考核体系。用好考核"指挥棒",改进县(市、区)党政领导人才工作目标责任制考核,适当提高考核权重,增加人才项目落地、作用发挥、平台新建等实绩指标。参照先进地区的做法,将人才工作作为党委政府单列的专项述职内容,强化和落实"一把手"抓"第一资源"责任。

(六)立足从严管理要求,精准落实大学生村官各项工作

按照"调优结构、从严管理、激发活力、畅通出口"总要求,着重在四个"求"字上下功夫,推进大学生村官队伍精细化管理。选聘上求"实"。立足新农村输送一批专业技术人才,根据镇村实际需求,继续选聘一批涉水涉农、城镇化建设类高校毕业生。同时,采用企业化面谈方式,让基层干部群众当考官,以能否在村工作为首要考量,真正选农村需要的人才。培养上求"宽"。开展争做"四有村官"活动(有奉献精神、有分工承诺、有创业项目、有服务行动)。全力支持大学生村官开展电商创业,实施"百人计划",建立三级电商服务体系,打造电商工作室孵化平台,引导大学生村官带头创业、带动服务。推动东阳花园村与浙江农林大学村官学院合作,拓展大学生村官培养基地。管理上求"严"。探索实施村官"二次分配",根据乡镇管理情况和村官发展需求,对大学生村官进行跨乡镇双向选择、竞争上岗,把大学生村官安排到少数党建基础较好、领导重视把控能力较强的乡街,进行集中管理、规范管理。在兰溪、东阳试点基础上,全面推行量化积分管理制,并将积分运用到定向招考事业编制人员中,考核权重不得低于30%。流动上求"活"。实施有序流动"10条意见",一方面,引导大学生村官留村任职,担任村务工作者,探索培养"职业村官";另一方面,发挥大学生村官创业就业促进会作用,着力打通入企发展、自主创业等体制外通道。

衢州市人才发展报告

□ 衢州市委人才办

2014年,衢州市人才工作认真贯彻落实党的十八届三中、四中全会和全省人才工作座谈会对人才工作的新要求、新部署,坚实不移实施人才强市战略,着力提高人才工作科学化、精准化和效益化,以更宽视野引才、更大力度育才、更加诚心留才,充分激发区域创新活力,全力打造"浙西创业港",为衢州市创新驱动、追赶跨越提供了更加坚实的人才支撑和智力支持。

一、主要做法和成效

(一)建立"三位一体"考核机制,提升人才工作聚合力

高度重视人才工作考核机制建设,建立了点上考一把手、线上考市直部门、面上考县(市、区)三位一体的考核体系,形成牵头有序、抓总有力、推进有效的格局,促使各地各部门更好地抓好重点人才工作的落实。一是年度述职考"一把手"。实行人才工作述职制度,县(市、区)和市委人才工作领导小组成员单位"一把手"向市委常委会述职人才工作,接受"背靠背"评议,差评率达到1/3的,由市委书记约谈。二是重点项目考部门。主要考核市委人才工作领导小组成员单位,根据成员单位职能任务,年初分解下达人才工作重点项目考核目标,年终进行考核评价。同时把"高端人才引进"项目纳入市委对市级机关部门的年度综合考核,加分"上不封顶"。2014年有17个部门为引进高层次人才牵线搭桥,全年共引进博士、硕士研究生234人,比2013年增长16%,逐渐形成全社会争相引才良好氛围。三是量化指标考县(市、区)。将人才工作纳入市委、市政府经济社会发展综合考核体系,根据年度人才工作重点,分别量化设置经费投入、高端人才引进、"千人计划"入选等10~12项指标,并设立特色工作加分项,考核结果作为领导班子和领导干部年度考核的重要参考依据。2014年新入选省"千人计划"专家4人,其中县(市、区)2人。

(二)创建"三园一院"大平台,增强引才聚才吸附力

把搭建平台作为引才聚才的"一号"工程,依托衢州特色产业,着力构建"三园一院"大平台,形成海外与海内信息直通、研发与生产紧密衔接、产业与人才互促共赢、引资与引智组合发力的"引才链"。一是加快建设衢州海创园。创全省首举,在杭州未来科技城建设衢州海创园,该园占地1.8公顷,总建筑面积近7万平方米,融合总部经济、技术研发、企业孵化等功能,积极探索高端人才"工作生活在杭州,创业贡献为衢州"的异地聚才模式。坚持边建设、边招商、边引才的思路,围绕打造信息产业园、金融总部园、研发孵化园、创业创意园的目标,建设衢州"人才特区"。目前已洽谈引进艾维新能源、洞察力数据技术等12个高新技术项目。二是对接浙江中关村科技产业园。建立招才引智与招商引资全程对接的机制,组建"中关村衢州人才工作站",深度承接中关村云计算、大数据、节能环保等高科技产业,形成"研发在杭州、转化在衢州、生产再研发"的环式产业。整建制引进了中建材衢州金格兰石英研究院,吸引了中国制浆造纸研究院设立衢州分院。三是建设衢州"千人计划"创业园。出台《关于建设衢州"千人计划"创业园的若干意见》,给予海外高端人才200万~600万元的创业资助。2014年已组织两批评审共产生16个推荐项目,其中11个项目由"千人计划"专家领衔。为配套"三大平台"建设,开创全省先例,成立"浙江省绿色产业发展研究院",内设100个混合编制,实行"政府给编制、企业给待遇"的双聘制,促进人才在体制内外自由流动、发挥作用。目前,已推荐聘用1名企业高级工程师。点线相连、网式覆盖平台体系的形成,延揽了一大批高层次专家落户衢州。同时也带来高新技术成果230多个,创办科技型企业15个,累计创利3个多亿,带动了50多项新技术开发,推动了衢州市自主创新和产业培育的"裂变"。

(三)深化政产学研合作,提高技术成果转化力

坚持不求所有、但求所用的引才理念,吸引大批"候鸟"专家到衢州攻关技术难题,转化科研成果。一是广泛开展市校市院合作。在与浙江大学、浙江工业大学、中国科学院等全面合作的基础上,深化与中国人民大学、中国农业大学、北京理工大学等在京高校的人才项目合作,在重点骨干企业组建了20个博士研究生实践基地,先后组织三批共50多名研究生到企业进行技术实践和应用研究。二是实施"百家专家工作站"计划。整建制引进高校和国家级科研院所的创新团队,到衢州设立工作站或工作室。2014年新建院士专家工作站4家、市级专家工作站28家、市级重点创新团队10家。全市已建有院士专家工作站19家、市级专家工作站94家,柔性引进"两院"院士、省特级专家、"千人计划"专家等领军型人才112名。三是实施"海外银龄"计划。面向美国、德国、日本等发达国家,发动企业主体引进高校、科研院所和国际知名企业即将退休或已退休的高水平专家来衢担任首席专家或技术顾问。2014年共申报国家和省引智项目43个,合作开发高新技术项目52个。

（四）实施人才多样化培养，激发人才创新内生力

坚持引进增量、盘活存量和提升质量同步推进，深化具有本地特色的人才培育重点工程，统筹抓好各类紧缺实用人才开发。一是大力培养技术创新人才。深化"技术人才"晋升计划，市、县联动建立专业技术人才信息库，组织200多人次赴英国、新加坡、中国台湾等国家和地区培训进修。配套国家和省级重点人才培养工程，开展新一轮市"115"人才评选工作，评选产生市"115"人才282人，累计培养了2300多名创新型人才，产生20位享受国务院特殊津贴专家和浙江省有突出贡献中青年专家。二是大力培养技能实用人才。深化"高技能人才培养"计划，全面启动"千名技师带高徒"活动，举办了20多个紧缺工种的"技能竞赛月"活动。2014年新增省级高技能人才实训基地、国家级技能大师工作室2个；新入选省"151"人才第二层次3人，培养高技能人才10043人。三是大力培养乡村基层人才。深化"万名农村人才拜师学艺"工程，以城乡教师"青蓝"工程、"千名医生支援农村卫生"工程、"农技人员三千挂联"活动为主载体，继续发动市、县两级高级专业技术人才与基层农村人才结对帮扶，解决农村人才青黄不接、流失严重的问题。加强大学生村官的培养与管理，新选聘大学生村官136人，目前全市有504名大学生村官。开展了以"代办便民、治水惠民、创业富民、文化悦民、结亲暖民"为主要内容的为民服务专项行动，创建了大学生村官"电商创业联盟"，成立了大学生村官科普协会，多途径提高大学生村官服务基层的本领。

（五）优化人才发展环境，夯实爱才留才承载力

秉持"不拼金钱拼机制"的理念，走差异竞争之路，通过多种途径营造一流的人才发展环境，激发人才创新创业的活力。一是营造人有我优的政策环境。全面落实并兑现"人才新政30条"，让人才享受到真正的实惠。2014年兑现人才安家补助、人才津贴1967万元，"千人计划"专家、教授、博士、技师等各层级人才切身体会到了政策的惠利。建立高层次人才住房公积金优惠制度，对"千人计划"专家、高级专业技术人才、紧缺急需高级技师等高层次人才购房给予公积金贷款优惠，已有10名引进人才申领到500万元的公积金优惠贷款。二是营造支持干事的关爱环境。完善党政领导联系高层次人才制度，市、县两级共联系人才438名，帮助协调解决难题683人次。关心人才的学术生活，定期举办人才学术学科论坛，加强人才间的技术学术交流。三是营造尊贤重才的包容环境。坚持选树先进典型，市委、市政府评选表彰了市拔尖人才、市民间工艺大师、市首席技师、市十佳农村实用人才，在各领域各行业树立了一批人才典型。将引进人才纳入评选范围，共推荐112名引进人才列入市"115人才"工程，推荐参评浙江省特级专家1名，使引进人才更快融入衢州，更好地发挥才智。开展以"创新驱动、人才引领"为主题的人才宣传月，在《中国组织人事报》、《大学生村官报》、《浙江日报》以及本地主流媒体集中宣传人才发展新理念和优秀人才生动事迹。

二、工作展望

2015年,衢州市人才工作要以学习贯彻习近平总书记关于人才工作的重要批示精神为主线,全面落实全省人才工作推进会提出的新要求,紧紧围绕市委六届五次、六次全会的总体部署,精细育才,精确引才,精准用才,精心留才,全面提升人才工作精准化,倾力打造四省边际人才生态先行区,为建设生态屏障、幸福衢州提供更加坚实的人才保证和智力支持。

(一)实施"金篮子"工程,致力于把衢州海创园建成引才聚智桥头堡

加强聚才平台建设,以衢州海创园为枢纽,实施"金篮子"工程,围绕信息经济、金融服务业和新兴产业发展,大力吸引海内外高端人才及团队入园创新创业,实现高端人才"工作生活在杭州、创业贡献为衢州"的新模式,使衢州海创园成为高端人才和高新技术产业的"金篮子"。一是打造三个特色园。金融总部园。深度对接中关村和上海金融中心,引进经济实力强、产业带动力强、发展后劲强的电商、金融、证券、基金类企业入园设立总部,建立衢州科技金融产业融合的示范区。研发孵化园。瞄准省内外、海内外的大院名所和知名高校,引进高水平创新团队入园设立研究院或研发中心,培育孵化一批能跟踪世界前沿、国内领先的高新技术成果,实现技术研发在杭州、成果转化在衢州。人才创意园。借助杭州高校集中、大学生集聚的优势,组建人才俱乐部、人才沙龙等平台,既吸引大学生入园开展工业设计、动漫设计和文艺创作,培育一批创意产业,又能就地就近满足入园人才的业余文化生活需要。二是出台强有力政策。坚持高于同地段、保持竞争力,制定出台人才、科技、金融、基金等方面的优惠政策,形成政策"洼地"效应,使衢州海创园成为人才创新创业的优选地。三是提供更细致服务。用好浙江省绿色产业发展研究院的金字招牌,对符合条件的高层次人才可为其解决事业身份,促进人才的自由流动,激励人才发挥作用。建立服务"窗口",开辟绿色通道,简化办事程序,为人才提供"妈妈式"的精心服务。2015年,力争引进领军型创新团队10个,领军型创新人才100人,实现科研成果产业化20个;力争引进金融、电商、基金等总部经济5个,大学生孵化项目20个。

(二)打造浙西"人才氧吧",借力生态优势吸纳人才

打造浙西"人才氧吧",就是以独特的生态旅游、良好的生态环境,吸引高端人才到衢州休闲度假,让人才享受生态福利,让衢州享受人才红利,形成以生态资源引才引智的新局面。在国内外大院名所、知名高校建立人才联系点,吸引"两院"院士、"千人计划"和"万人计划"专家、省级专家等高端人才到衢州进行一段时间的休闲、度假或疗养。期间,组织当地企业与来衢专家面谈,邀请专家现场指导,或聘请专家担任技术顾问,开展难

题攻关,举办科研讲座等,为企业近距离接触高端人才和智力创造条件。结合国家生态休闲度假旅游实验区和国家东部公园的创建,规划建设1~2个专家休闲基地,满足专家开展学术沙龙、研发小试、健身养生等需要,建成全省首个立足一流生态、打造一流服务、面向一流人才的人才度假区。

(三)实施"精英团队引进"计划,助力产业转型升级

立足新材料、先进装备制造等主导产业,以重点企业、高新技术企业为重点,依托省级企业研究院、院士专家工作站、专家工作站、重点创新团队建设、博士后科研工作站等载体,整建制引进国内外"1+N"结构的高水平创新团队,既团队由1名带头人和若干名稳定合作的核心成员组成,带头人的学术水平、创新能力、影响力在国内同行中处于领先地位,核心成员一般具有硕士学位或高级职称。计划五年引进100个左右,2015年引进"两院"院士、国家"千人计划"专家、"万人计划"专家等领衔的团队5个,省特级专家、钱江学者特聘教授、学术带头人、高级专业技术人才等领衔的团队15个。

(四)开展"服务企业、服务人才"专项行动,提升人才工作服务精准度

以人才工作服务企业为切入点,组织开展"服务企业、服务人才"双服务活动,帮助企业破解转型难题,提升人才工作精准度。一是认真指导企业做好省"千人计划"申报工作,帮助对接联系专家教授,制订网评、面试答辩全程服务方案,提高入选率,力争年初既定目标。做好衢州"千人计划"创业园首批入围项目的跟踪、谈判及落地服务工作,加强浙江中关村科技产业园落地项目的人才服务,及时兑现奖励资助政策,促进项目早实施、早产出。二是开展"百名专家进百企解百难"行动。根据企业提出的制约转型发展的难题,以推广先进适用技术为重点,组织市内市外100名科技专家到100家企业开展一对一服务,破解关键技术难题。同时,鼓励企业通过短期聘用、合作经营、技术入股、人才租赁等方式,深化活动、形成机制。三是实施"农民技师培训"计划。以城郊失地农民为重点,加强用工信息和技能培训的衔接,通过职业技术学院、工程技术学校等基地的培训,使失地农民转型为企业"预备技师",既解决失地农民"出路",又帮助企业解决招工难问题。四是举办高层次人才主题沙龙。定期举办高层次人才主题沙龙、论坛等,把人才沙龙、论坛办成政府与企业之间、企业与院校之间、不同企业之间、不同人才之间相互交流的平台,促进各类优秀人才相互交流、情感交融、思想碰撞、携手共进,凝聚衢州创新驱动、转型发展的智慧。

(五)深入实施重点人才工程,推动本土人才提质扩量

紧扣基层需求,坚持自主培养,打造一支永不撤走的本土人才队伍。一是探索建立人才积分制管理制度。实行量化积分制度,加强人才绩效考核,考核结果与人才享受的津贴、奖励等挂钩,激发人才创新创业活力。开展人才幸福指数评价,全面评估人才机制

创新、政策支持、平台搭建、生活保障、氛围营造、居住环境等,构建人才幸福指标体系,不断优化人才生态。二是选拔新一轮市"115 人才"。实施市"115 人才"工程,坚持周期考核、滚动培养、竞争退出的原则,做好市"115 人才"的周期考核,并新选拔 300 名左右的本土人才进入培养队伍。举办好"115 人才"论坛,分学术、学科组织专业技术人才开展基层服务和学术讨论等活动。三是实施好高技能人才培养工程,举办技能大赛,选拔发现一批企业紧缺急需的技术能手,为工业企业输送实用人才。四是加强企业家培养,组织 25 名左右企业家赴德国参加现代企业管理培训班,开阔视野,提升能力。支持企业家参加工商管理总裁班的进修学习,培养战略型企业家,不断壮大"衢商"队伍。

舟山市人才发展报告

□ 舟山市委人才办

2014 年,舟山市人才工作紧紧围绕服务保障新区建设,聚焦体制机制创新这一主线,突出平台载体、引进培养、管理服务三大重点,以平台聚人才、以需求育人才、以事业用人才、以环境留人才,为新区跨越发展提供强有力的人才保障。据不完全统计,仅市人才办投入使用的专项人才经费已达 5600 万元。市财政局委托第三方对 2013 年人才专项经费进行了绩效评价,评价得分 9.56 分。

一、主要做法和成效

(一)以北京大学舟山海洋研究院为代表的重点平台建设有了新的突破

2014 年 10 月 17 日,由省政府和北京大学合作共建的北京大学舟山群岛新区海洋研究院正式签署协议落户舟山,这是舟山依托知名院校共建高能级平台的一个重要突破。研究院聚焦海洋战略、海洋科技、海洋文化等问题,主要致力于应用研究和科研成果的转移转化,并确定了"一院三所五中心"发展目标和北京大学海洋产业园、健康产业基地、高端人才培养基地、高端学术交流平台、学生联合培养等五大同步共同推进项目。积极推进与上海交通大学合作,12 月双方签署以海试基地、共建舟山船舶海工高新技术产业园、人才交流合作、战略咨询等为主要内容的校地合作协议。推进特色平台载体建设,中国交通集团公路规划设计院舟山分院和长大桥研发基地正式落户舟山。此外,全年新建院士专家工作站 5 家,入选省级院士专家工作站 1 家。

(二)以科技人才创业为主线的"5313"行动计划有了新的成效

一方面,坚持主动出击抓引进,2014 年以来,新落户科技创业领军人才(团队)12 个,注册资本 1 亿元。尤其是围绕 2011 年落户的舟山维特新材料有限公司聚酰亚胺溶液的产业化,2014 年新引进了以黄健博士为领衔人的浙江塑盟特新材料有限公司(生产聚酰亚胺粒子)和浙江聚能碳材科技有限公司(利用聚酰亚胺材料生产导热石墨膜),初步形成了一条以聚酰亚胺为原材料的新材料产业链。另一方面,突出重点项目抓培育,通过开展二次招商、组建创富联盟等方式,一批领军人才企业不断发展壮大,如浙江达人环保科技有限公司,2014年营业收入可达1亿元以上,力争2015年在新三板挂牌;舟山恒辰新材料有限公司新租赁了企业厂房,购置了全套生产线,进一步扩大产能,等等。全市已累计引进落户70个领军人才项目,注册资本累计4.19亿元,累计实现营业收入4.71亿元,新入选"省千"4人。

(三)以体制机制创新为特点的招才聚才模式有了新的进展

实施了紧缺高端人才引进计划,围绕重点领域、重点产业和重点项目,共引进首批紧缺高端人才23人,其中全职引进12名、挂职2名、柔性引进新区顾问9名,并对部分引进人才采用了"身份封档、高薪聘用、绩效考核"管理模式,第二批引才计划已于11月10日正式公布,共有22个单位推出29个岗位。加强人才储备中心建设,运用事业编制统筹机制,通过统招统配和先试用后入编方式,新招聘了14名高层次人才,提升了引进人才的适岗性。同时,在省编委的大力支持下,浙江省海洋经济创新发展院正式获批,并下达专项事业编制100名。同时,组团参加北京、上海、武汉、西安、宁波等地人才招聘会。

(四)以能力水平提升为目标的本土人才培养培训有了新的拓展

技能人才培养培训体系更趋完善,围绕新区特色,新组建了浙江舟山群岛新区旅游与健康职业学院,成为全国首个以健康为主题的职业学院;舟山技师学院(筹)正式获批,新校区和公共实训中心将于2015年8月正式投入使用。继续深入广泛开展职业技能"大培训、大练兵、大比武"活动,共涉及海洋电子信息、船舶机械、港口物流等6个行业18个职业(工种)。组织开展了高技能人才队伍建设推进年活动,发布了《紧缺职业(工种)目录》,到目前,全年已新增高技能人才4561人。加强专业技术人才队伍建设,选派了29名紧缺专业人才赴知名高校院所进行为期半年的进修深造,开办了华东政法大学自贸区法治建设法律硕士研究生班;开展了海洋经济和海洋文化创新团队评选活动,经过层层筛选,共有17个团队进入现场答辩;围绕专技人才作用发挥,制定了《关于建立高层次人才联系服务基层工作制度的意见》,提出了"一基地五计划"工作方案。

(五)以人才安居工程实施为重点的人才生态环境有了新的改善

实施了人才安居工程,制定出台了《舟山市人才安居工程实施办法》及实施细则,构建起了"全覆盖、多模式、一体化"的人才住房保障体系。目前,全市共认定各类人才900余人,申请购房补贴200多人,推出第一批人才公共租赁房460套,于12月入住。推行了高层次人才证制度,对符合条件人才发放高层次人才金银卡,在金融、生活、休闲、创业等方面提供高效便捷服务,第一批 4000 余张金银卡已投入使用。创建了人才俱乐部,通过政府搭台、社会参与、人才自主、市场运作方式,全年累计举办 100 多场次人才活动,增强了引进人才的融入度和归属感。

(六)以民情比武大赛为亮点的大学生村官队伍建设有了新的提升

举行了全市大学生村官民情比武大赛。出台了《舟山市大学生村官年度综合考评办法》和《关于大学生村官考录全市机关事业单位工作人员的若干规定》,印发了《大学生村官成长手册》。组织开展第四届优秀大学生村官评选活动。

二、工作展望

2015 年,舟山市将认真学习贯彻习总书记关于人才工作的系列重要讲话精神和省委、市委的总体要求,紧紧围绕服务保障新区建设这一主线,突出科技人才和科技创业两大重点,抓好平台载体建设、人才项目集聚、体制机制创新三大领域,努力探索走出一条人才引领、创新驱动发展之路,打造人才生态最优示范区。

(一)彰显海洋特色,打造高端平台

无论是科技人才的集聚,还是科技创业的发展,归根到底都需要有一流的平台做支撑。一是打造校地合作平台。依托舟山的区位优势和资源优势,重点要推进三大平台建设。北京大学舟山海洋研究院,重点在推进落户建设上下功夫,一方面,组建专门筹建办,明确任务清单,加快推进研究院建设,力争早日投入实质性运作,确保五年内建成"一院三所五中心";另一方面,在加快筹建的同时,大力引进高端人才,聚焦新区重点产业,同步开展项目合作,加强应用技术研究和科技成果转移转化,力争早出成果。浙江大学海洋学院,重点在用好用足用活上下功夫,既要通过激励政策,鼓励和引导科研人员到新区创业创新;又要运用浙江大学品牌影响,通过建立浙江大学海洋学院人才驿站、特聘专家制度等,加快引进新区发展急需的高端人才;同时,还要加强需求对接,吸引浙江大学海洋学院毕业生更多地留在新区工作。上海交通大学舟山船舶海工高新技术产业园,重点促进上海交通大学向新区转移转化科技成果,促进新区船舶海工产业的创新发展,同时,以此为平台,大力引进船舶海工高端人才,打造区域特色人才高地,更好地助推海洋产业发展。二是打造科技创业社区。继续坚定不移地推进产业集聚区、海洋科学城、定海、普陀四大科技创业社区建设,集聚优势资源向科技创业社区倾斜,根据功能布局和产业定位,尽快建成一批科技创业孵化器、加速器、中试基地,创建一批公共实验室、研发中心、技术创新中心,有效集聚一批科技创业人才、科创企业和科技产业化项目。同时,加大年度综合绩效考核的权重,把科技创业社区建设作为各区块"一把手"工程,真正形成加快推进科技创业的整体合力。三是拓展平台建设模式。在坚持政府主推的同时,制定优惠政策,鼓励和吸引社会资本、民营资本参与科技创业社区建设。充分运用各种有利条件,适当平台前移,通过"飞地"等模式,在北京大学、上海交通大学等重点科研院校或是重点区域探索建立科技项目孵化和转移中心。创新科技创业社区建设开发模式,通过加强与国内成功科创园区的对接合作,引进专业化的建设、招商、运行和管理团队,共同开发建设科创园区。同时,大力推进院士专家工作站建设。

(二)围绕海洋产业,推动科技创业

新区建设,关键还是要大力引进和培育一批海洋新兴产业。一是优化科技创业招引模式。完善引才网络体系,在上海、北京等城市设立引才站,开展全天候的招才引智工作;建立北京大学、上海交通大学、浙江大学等知名高校与舟山互派干部人才挂职制度,及时物色、对接科技项目,并定向引入到舟山进行孵化、产业化;聘任一批引才顾问(专员),尤其是通过现有的领军人才以才举才、以才引才、以才带才。创建招才引才平台,举办人才创业大赛、产业人才项目合作交流会、舟山籍人才对接会等,吸引各类高层次人才来舟山创业创新。改进招引模式,积极探索招商引资和招才引智相融合的引进机制,注重引进大团队、大项目,并积极探索按产业链进行招才引智,提升招才引才的针对性。加大宣传推介力度,通过"走出去"与"请进来"相结合,继续组团赴海内外开展招才活动,同时,主动邀请海外人才团体来舟山考察交流,拓展海外引才渠道,积累海外人才资源。二是加大科技创业扶持培育。按照"缺什么、帮什么"的原则,制订不同领军人才(团队)项目个性化的培育孵化方案,加速项目的产业化进程,尤其是"千人计划"项目,提高科创服务的专业化和精细化。做大做强市科创基金规模,不断增强基金功能,并建立社会化的科创基金,积极引导社会资本向科创企业投入。加强科创企业人才引进培养,引导高校、技师学院培养多样化新兴产业人才。围绕领军人才企业的资金、技术、管理和市场需求,开展科创项目的二次招商。完善科创项目资金拨付、绩效评价等管理机制,探索建立落户项目淘汰机制。建立"5313行动计划"信息管理系统,构建涵盖初始申报、评选筛选、注册落户、办公入驻、研发孵化和产业化全过程。三是完善科技创业政策体系。探索制定鼓励各类优秀人才来新区创业创新的扶持激励政策,吸引高校院所科技人才和国内外各类人才来新区创业创新;制定出台科技项目和科技人才推荐奖励制度,鼓励各类人才、各类群体、各类社团向新区推荐科技人才和科技项目;制定出台浙江省海洋经济创新发展院管理办法,鼓励市内外优秀专业人才到企业创业创新,推进各类人才在不同体制间的流动。

(三)强化牵头抓总,完善工作机制

构建起完善高效的工作运行机制,是确保各项人才工作有序推进的重要保证。一是组建人才服务联盟。围绕高层次人才创业创新和服务保障,设立市级高层次人才服务联盟,整合市人才办、市人社局和市科技局工作力量,选择合适场所,集中办公(整合领军人才引进专项办公室),实行实体运作,设立服务联盟总窗口,并在相关市属部门设立服务专窗,构建以服务联盟为总平台、部门服务专窗为节点、市县(区)联动的服务网络,打造总窗集中受理、专窗限时办结、项目绿色通道、全程跟踪督办、部门协同协作、联盟统筹协调的服务机制,为高层次人才提供全过程、全天候的优质服务。同时,参照湖州做法,设立领军人才(团队)企业服务专员,每一家领军人才(团队)企业配备一名市管后备干部,并建立服务专员、服务专窗(县区联盟)、市级服务联盟三级工作体系,推动领军人才(团队)企业尽快实现产业化。二是强化工作考核机制。充分发挥人才工作考核的导向和"指挥棒"效应,根据各县(区)、功能区的实际,聚焦平台载体、科技项目、科技人才等重点项目,制定量化考核目标,纳入新区办年度综合考评体系,并与奖惩相挂钩。三是完善工作推进机制。完善人才工作领导小组成员单位,并由市人社局、市科技局、市住建局、市财政局等部门分管领导兼任市人才办副主任,进一步加强部门间的统筹协调。建立市人才办主任和高层次人才服务联盟主任联席会议制度,定期分析人才工作推进过程中存在的问题,并及时加以分析解决。建立重点人才工作督查机制,及时分析破解工作中存在的问题,确保重点人才工作按期推进。

(四)突出工作重点,加强统筹协调

人才工作点多面广,要在聚焦重点、弹好钢琴上下功夫,做到有所为有所不为。在人才引进上,要重点抓好紧缺高端人才引进工作,特别是围绕绿色石化、航空产业、跨海公铁、新区规划等平台和重大项目,以团队、项目等方式引进一批紧缺高端人才。优化浙江省海洋经济创新发展院运行机制,拓展功能,创新模式,制定出台管理办法,切实加大引才聚才力度,使其真正成为优秀专业人才集聚栖息平台,同时,理顺人才储备中心与创新发展院的关系。在柔性招才引智上,重点要在优化挂职干部人才选派模式上下功夫,根据新区不同岗位需求,加强与省委组织部沟通,有选择性地从省级机关、高校院所和金融行业进行选派,并试行重点项目、重点工程岗位弹性挂职机制,既确保挂职干部人才质量,又确保挂职干部人才有干事创业平台。在专技人才队伍建设上,重点是组织开展第七届专业技术拔尖人才的选拔工作,并抓好以"海洋之星"为载体的专家人才服务企业、服务基层工作,全年新增高级专业技术人才 200 名左右、中初级专业技术人才 3000 名左右。在高技能人才队伍建设上,重点是组织承办好第三届中国海员技能大比武活动和市级技能大比武活动,确保全年新增高技能人才 5000 名左右。在大学生村官队伍建设上,既要按照选优选好要求,新选聘一批大学生村官;又要在强化日常管理上下功夫,确保村官各项日常管理各项制度落到实处。适时举办大学生村官创业大赛,参加全省大学生村官民情比武。

台州市人才发展报告

□　台州市委人才办

2014 年以来,台州市人才工作在省委组织部和市委领导下,坚持党管人才原则,深入实施人才优先发展战略,大力推进人才重点工程,不断优化人才发展环境,全力提高服务人才水平,为台州市新一轮深化改革、转型升级提供强有力的人才支撑。

一、主要做法和成效

(一)全力以赴做好"千人计划"引才工作

认真开展 2014 年度国家、省"千人计划"申报工作。2014 年全市省"千人计划"共申报人选 93 名,申报人数创历年之最。邀请 21 名相关领域专家对申报材料进行把关预审,提出建议与意见,提高申报材料的竞争力。在评审答辩前,我们举办了省"千人计划"模拟答辩培训工作,邀请评委专家对 24 位参评人选进行一对一的现场答辩指导。据目前掌握情况,2014 年台州市共有 10 人入围省"千人计划"。国家"千人计划"计划引才取得历史性重大突破,预计入选国家"千人计划"13 人,相比前两年实现翻番,经济发达县(市、区)实现国家"千人计划"专家全覆盖。做好高层次人才对接洽谈工作,接待了来自美国、法国、瑞典、新加坡、澳大利亚、北美浙大校友会等 6 批博士代表团,开展洽谈和联系工作;与千人计划网、中华英才网、北美留交会、中美科技交流中心、台州电信、升蓝文化传播等进行合作洽谈,加大人才政策宣传力度,拓宽引才渠道。

(二)深入实施"500 精英计划"引才工程

为提高工作的针对性和实效性,调整了"500 精英计划"专项办公室组成人员和职责分工,制订了《"500 精英计划"工作实施方案》,召开"500 精英计划"专项办会议,发挥各部门自主性,明确分工与职责。加强"500 精英计划"宣传力度,通过报纸、广播电视和网络等各类媒体配合互补宣传,2014 年"500 精英计划"人选申报公告在国家、省、市新闻媒体上发布,取得了良好的宣传效果。继续抓好项目落地工作,认真做好前三批"500精英计划"入选人员的后期跟踪服务工作,确保入选人员和项目及早落户落地并兑现政策,目前已注册创办40余家企业。成功举办了2014中国·台州国际人才合作洽谈大会暨中国科协海智计划项目接洽会。有14个国家和地区的176位海内外专家,以及海外华人科技社团、国内高校院所、创投风投机构、台州市有关企业负责人500多人参会,共评选出89个创业项目,达成合作意向52个,签约项目41个,现场签约20个。

(三)统筹抓好各支人才队伍建设

做好第七届拔尖人才评选工作,下发了《关于开展台州市第七届拔尖人才选拔工作的通知》(台市委办发电〔2014〕95号),计划在全市评选100名拔尖人才。深入实施优秀人才培养资助计划,2014年共遴选资助42位中青年优秀人才参加培训进修、学术交流和出版著作。深入实施企业创新团队推进计划,发布《台州市企业重点创新技术创新团队考核评估办法》,2014年度全市创新团队共申报19家,申报企业涉及生物医药、机械电子、新能源、新材料、金属制造等多个行业,呈现出了骨干企业转型发展,新兴企业实力初显的特点。启动认定第五批台州市院士专家工作站,选拔认定2家,目前全市共有20家。开展技能大师工作室建设项目考核评估工作,重点考核成果产出和社会贡献等方面,评估成效显著。筹建全市治水人才库,分专业在岗、专业非岗、市外邀请三类,开展全市治水人才排摸统计,目前全市三类人才人数分别为256人、31人和8人。

(四)稳妥推进大学生村官工作

完成第九批大学生村官选聘工作,共选聘了59名高校毕业生到村工作,其中,两项计划人员8名,择优选聘25人(面向全国"985"、"211"高校应届毕业生、普通高校硕士以上应届毕业生或本科以上涉水专业毕业生进行择优选聘),公开选聘26人。做好大学生村官自查工作,对大学生村官工作进行全面总结,并形成自查报告。2006年以来台州市累计选聘大学生村官3077人,目前在岗总数946人,在流出的大学生村官中,进入公务员队伍的1013人,事业单位人员699人,进入国企和金融机构的137人。做好推荐大学生村官参加中组部组织的示范培训班工作,推荐5名人选赴嘉善大学生村官创业培训班,5名人选赴北京韩村河村学习培训。开展大学生村官"一人一证"职业技能培训工作,提高大学生村官的职业技能。与台州电大合作开展培训,2014年共有233名大学生村官报名参加,其中高级育婴师考试已经结束,23人参加考试,通过20人。

(五)进一步优化人才发展环境

制定《党政领导班子成员联系高层次人才制度》,进一步落实完善人才工作机制。下发《关于研究起草有关人才政策的通知》,开展文化、卫生、教育系统引进高层次人才的政策调研。召开人才工作领导小组第十八次会议,部署年度人才工作。会议讨论通过了

《2014年人才工作要点》,对重点人才工作进行责任分工,并下达了相关考核指标,调整了人才工作领导小组成员单位,吸收市农办、团市委为人才领导小组新成员,调整"500精英计划"专项办公室组成人员和职责分工。开展人才工作集中宣传,围绕台州市创新驱动、实干兴市的主题,在台州电视台、台州日报社集中宣传人才工作的好经验好做法,宣传对台州市经济转型升级、自主创新做出重大贡献的优秀人才典型,宣传人才强县和重才爱才典型,宣传"500精英计划"创业优秀项目等,营造人才工作良好氛围。在全市高层次人才中发放"台州市英才服务卡",为高层次人才提高免费公共服务和优惠社会服务。先后组织开展"千人计划"专家联谊活动和两批次高层次人才疗休养等活动。

二、工作展望

2015年全市人才工作,以全面贯彻落实党的十八届四中全会、习近平总书记关于人才工作重要论述和全省人才工作推进会精神为主线,以服务市委发展大局为导向,以全面深化改革为动力,以实施重点人才计划为抓手,进一步推进重大人才工程和人才平台建设,大力推动人才发展实现新突破,为建设"两富"、"两美"台州提供强有力的人才智力支撑。

(一)更大力度引进海内外高层次人才

一是全力以赴抓好"千人计划"工作。组织召开"千人计划"引才工作业务培训会,进一步提高意向引才单位负责人的引才积极性和引才能力。加大与中国科协海智办、海外引才工作站、海外科技社团、猎头公司等机构组织的工作联系,不断拓宽海外高层次人才的寻猎渠道,力争新引进"千人计划"申报人选100名以上。认真开展"千人计划"人选推荐申报工作,优化人选分类结构,做好申报服务工作,进一步提高入选率,力争实现发达县(市、区)国千专家全覆盖和高校省千专家零突破。二是持之以恒推进"500精英计划"。继续改进完善"500精英计划"专项工作运行机制,进一步提升宣传、科技、教育、卫生、经济等部门参与度,提高实施效率和工作规范性。认真做好新一批"500精英计划"申报人选的引进认定工作,力争新引进申报人选300名以上、新评定入选人员100名以上。三是千方百计搞好创业项目引进落地工作。举办2015中国·台州国际人才合作洽谈大会,围绕机电或医化行业,吸引一批海内外高层次人才带资金、带技术、带项目来台参评"500精英计划"。抓好"500精英计划"入选创业项目落地工作,强化考核机制,经常性开展签约项目落地情况检查,落实工作进度每季通报制度,力争全年新创办"500精英计划"企业40家以上。建立"500精英计划"创业企业服务专员制度,选派市、县经济部门后备干部到服务企业挂职副总经理,专职帮助解决处理企业在初创期发展过程中的有关问题。

(二)更高水平建设人才发展平台

一是新建一批博士后科研工作站(含试点单位)、市级博士后创新基地,加大进站博士后研究人员引进力度。二是进一步推进企业与院士团队合作,新建一批省、市级院士专家工作站,推进联合培养应用型高层次人才试点。三是依托台州经济开发区科技创业园建设市级"500 精英计划"产业园,全力打造"500 精英计划"创业企业集中落户基地。以台州市科技人才发展基金为示范,鼓励县市区组建各种创投引导基金,进一步加大对高层次人才在台领创办科技型企业的支持力度。四是进一步加快科技创新团队、企业技术创新团队和文化创新团队建设,大力引进领军型创新创业团队,组织评选新一批市级重点创新团队,申报推荐一批省级领军型创新创业团队和重点创新团队。五是加强名师名医名家工作室的日常管理和届期考核,新建一批名师名医名家工作室,进一步提高工作室的运行质量。

(三)更实措施培养本土高层次人才

一是继续实施优秀人才培养资助计划。遴选资助一批中青年人才参加培训进修、学术交流和著作出版,积极为中青年优秀人才提升创业创新能力创造良好条件。二是从第七届拔尖人才中遴选确定重点资助人员,选聘权威导师结对,给予成长扶持经费,一对一制订培养方案,作为国家"特支计划"、省特级专家推荐申报预备人选进行跟踪培养。三是精选各类培训专题,牵头举办"千人计划"专家、第七届拔尖人才、精英企业家、首席技师、农技标兵等高级研修班,进一步开阔各类高层次人才的视野和思维,提升创业创新能力。四是认真做好大学生村官的培养工作。继续实施"一人一证"职业技能培训计划,提高大学生村官服务基层的本领和再就业的能力。积极推荐大学生村官到国企、银行、大型民企等单位工作,改进事业单位定向招考程序和方法,努力拓宽出口。

(四)更大力度夯实人才工作基础

一是坚持县市区委书记人才工作专项述职会制度,探索召开市委人才工作领导小组成员述职会议,进一步创新"一把手抓、抓一把手"的工作机制。二是出台《2015 年重点人才工作考核指标》,继续推行重点人才工作情况通报和定期督查制度。三是研究探索领导小组成员单位分类考核办法,以更有力的机制推动人才工作责任落实。四是开发台州市高层次人才申报平台及信息管理系统,切实提高人才工作管理的信息化水平。

(五)更高质量服务高层次人才

一是全面推行英才服务卡,不断充实持卡服务内容,为全市高层次人才享受公共事业、金融、生活等服务提供绿色通道和优惠待遇。二是经常性开展"千人计划"专家联谊活动,丰富海外高层次人才在台业余生活,打造拴心留人的生活氛围。三是做好市管高级专家理论研修、休假疗养、走访慰问、健康体检等工作,及时落实好高层次人才的各项政策待遇。四是开展高层次人才助推台州创新转型活动,经常性组织"千人计划"专家、拔尖人才、211 人才下基层为有需要的企事业单位把脉会诊、提供服务。

丽水市人才发展报告

□ 丽水市委人才办

2014年,丽水市人才工作围绕贯彻习总书记绿水青山就是金山银山的战略指导思想,坚持党管人才原则,深入实施人才强市战略,全面落实人才发展规划,统筹各类人才队伍建设,为丽水经济社会平稳较快发展提供了有力人才支撑和智力保障。

一、主要做法和成效

(一)创新体制机制,吸纳人才投身"绿色发展"事业

把体制机制创新作为人才工作的首要任务来抓,不断探索符合自身实际的人才引进和开发模式,吸引各类英才汇聚丽水。一是实施高端人才引进计划。在2011年启动实施了"绿谷精英550引才计划",力争五年内引进50名(个)高端人才或团队。全市已通过"绿谷精英550引才计划"签约海内外高层次人才35人,90%以上在新兴经济领域创新创业。2014年,丽水市有6人入选"省千",是2013年的三倍,同时,还有望再增加1名"国千"专家。引进的17名北京大学、清华大学毕业生,结合乡镇工作实践,编写了《"工作十法"理论研究及典型案例汇编》,得到了省委书记夏宝龙的批示表扬。二是组建招才引智局。紧密衔接招商引资工作,成立招才引智局,局长由人才办主任兼任,副局长从市直和县(市、区)优秀后备干部中抽调,主要承担千人计划、绿谷精英等高层次人才引进和服务工作。一年来,赴外组织参加招才引智活动10余次,对接企业人才需求90余次,联系引进100多名高端紧缺人才来丽考察,直接引进国家"千人计划"专家孙寿鹏、省"千人计划"专家满志红等高端人才10多人。三是改进人才工作考核办法。制定下发了《2014年度全市人才工作考核办法》、《市委人才工作领导小组成员单位2014年重点人才工作项目分工方案》,将工作任务分解到各有关部门,完成情况纳入年度综合考核。还建立"双招双引"一体化责任考核体系,将"绿谷精英"、"千人计划"等指标纳入招商引资

考核体系,借助招商机构、招商队伍开展高层次人才引进工作。

(二)创造优秀平台,集聚人才加快"绿色发展"进程

把平台载体建设作为人才资源聚集、人才资本再生的有效抓手,大力推进一批创业园区、创新基地、创新平台和创新载体建设。一是举办 2014 年人才科技峰会。连续第三年成功举办丽水"人才·科技"峰会,邀请两院院士、"千人计划"专家、海外高层次创业创新人才 100 多位人才,成功将其打造成为丽水招才引智的一张金名片。同时,通过峰会活动,也直接或间接地吸引了一批人才落户丽水创业创新,现场签约高层次人才项目 7 个。已建立院士专家工作站 17 家,引进院士 19 人。二是推进机器人产业基地等特色平台建设。2014 年 4 月 30 日,浙江省首个针对机器人产业的系统性扶持政策——《丽水市人民政府关于推进丽水机器人产业基地建设的若干规定(试行)》正式出台,这标志着丽水将凭借生态优势和区位优势,集中力量打造机器人产业基地。目前已在丽水经济开发区建立机器人科创园,陆续有 10 余家机器人研发制造企业以及配套企业入驻。同时,还重点推进两大特色平台的建设,一个是浙江生态经济发展研究院,已开展第一批人才的入院工作。另一个是杭州未来科技城丽水海创园,2015 年年初开工建设。三是积极搭建招才引智平台。组团参加杭州国际人才交流会,宁波人才科技周等大型引才活动,共对接人才 260 多人,初步达成意向 60 多人,已有 30 多人来丽实地考察。2014 年组织 10 多家重点企业和用人单位分赴美国、加拿大开展海外引才,成功举办了 5 场推介活动,共吸引 200 余名留学人员、专家学者参加。连续第四年到武汉举办专场人才招聘会,共吸引了武汉万余名求职者入场应聘,当场达成意向 694 人。还在西安、长春、河北医大等地举办人才招聘活动,引进了一批急需紧缺人才和高层次人才。

(三)创显丽水特色,培育人才参与"绿色发展"实践

坚持人才发展"两条腿"走路,一方面加强外来高层次人才的引进,另一面立足于对本土人才的培养与挖掘,两类人才一样重视、一样关心、一样投入。一是实施"丽水农师"培育工程。基本形成了"构建平台、创新模式、全面覆盖、打造品牌"的农村人才培育体系,走出了一条以丽水农师队伍建设为龙头,打造出"1+X"丽水特色品牌为重点的农村实用人才开发模式。三年来,共投入资金 7500 多万元,培训农民 21 万余人,形成农村实用人才品牌 16 个。2014 年"缙云烧饼师傅"声名鹊起,在社会上引起极大关注和影响,共开示范店 50 余家。2014 年将开展第二批"丽水农师"评选活动。二是实施"丽水三宝"人才开发工程。落实《丽水市传统工艺美术产业发展规划》,进一步加大"丽水三宝"特色人才开发力度,组织开展首批绿谷新秀(丽水三宝)人才评审选拔,共评选绿谷新秀(丽水三宝)人才 25 名,并组织绿谷新秀(丽水三宝)人才培训班,赴浙大"充电"。积极推荐申报浙江省工艺美术大师,有 36 人入选。三是实施杰出人才选拔工程。2014 年,出台《丽水市"首席专家"选聘与管理办法(试行)》,在重点产业、学科选聘"首席专家"50

名。出台《丽水市"五养"技能大师评选管理办法》,每三年选拔 60 名"五养"技能大师。开展第九批丽水市拔尖人才、第二届绿谷新秀、新一批绿谷精英等重点人才和重点企业创新团队评选工作,为地方经济社会发展选拔培养了一批高素质的专业领军人才。还将浙江省名中医和浙江省特级教师等民生人才纳入第四类人才管理体系,落实相关政策。2014 年,全市有 14 人入选省特级教师。

(四)创优发展环境,激励人才融入"绿色发展"行动

坚持人才资源优先开发、人才结构优先调整、人才投入优先保证、人才制度优先创新,进一步深化人才服务工作,营造开发灵活、公平有效的人才发展环境。一是切实提高人才待遇。2014 年市本级财政投入人才专项资金 5000 多万元,为实施人才重大工程、推进人才工作项目等提供了资金保障。市、县(市、区)财政人才专项投入占当年本级公共财政收入比例均达到 1.5%以上,且人才专项投入年增幅不低于当年本级公共财政支出增幅。其中,发放高层次人才政府岗位津贴 2300 万元、绿谷精英创业资助 1400 多万元,各类人才奖励 750 多万元,安家补助经费 520 万元等,启动 2014 年度高层次人才健康体检,解决多位高层次人才子女入学问题,市区配租人才公寓 80 余套等工作。二是切实做优服务品牌。充分发挥绿谷人才综合人才服务中心的阵地作用,设立高级人才会客厅,对引进的高层次人才,实行"一站式"、"一条龙"服务。发挥高级人才联合会和博士联谊会的作用,积极组织各类活动。建立网上审批制度,实现高层次人才服务网络化,提优服务品质。2014 年,还为全市第一至三类高层次人才颁发"丽水市高层次人才钻石卡",该卡是丽水市创新高层次人才服务的一项新举措,首批 9 名人才已领取"钻石卡"。继续强化人才宣传,做好《丽水日报》、丽水电视台"人才强市"专栏组稿。三是切实执行服务制度。认真落实领导联系人才制度,明确要求:市领导主动联系人才,听取意见建议每年不少于 2 次,市有关单位领导主动走访用人单位联系人才每月不少于 2 次,市招才引智局及人才办干部主动对接企业人才需求每月不少于 2 次。同时,通过领导联系重点项目的方式,借力推进各项重大人才工程。目前市级党政领导联系了 42 名四类以上优秀人才和 21 个重大人才项目。

二、工作展望

2015 年,丽水市人才工作将认真学习贯彻习近平总书记人才工作重要讲话精神以及党的十八届三中全会、省委十三届四次全会关于人才工作创新机制改革有关精神,深入实施中长期人才规划纲要,积极创新人才发展体制机制,切实抓好各类人才队伍建设,着力优化人才创业创新环境,为丽水创新驱动发展提供强有力的人才支撑与保证。

（一）研究制定重点引才留才政策

根据人才政策中期评估情况，对已出台的部分人才政策进行调整和补充，同时结合形势任务发展需要，重点研究制定三方面的政策。一是领军型创业创新团队引进政策。在"绿谷精英550计划"基础上，引进并支持一批由海内外创业创新领军人才领衔的掌握国际先进技术、能引领产业发展的高端创业创新团队。二是探索推广人才储备金制度。针对当前丽水市留才难的现状，推广庆元等县的做法，在市区和各县（市、区）全面推广人才储备金制度，从制度层面保障人才待遇、解决人才大量外流问题。三是制定人才定向培养政策。通过与高等院校联合办校、办班的形式，在技工、卫生、教育等领域，按照需求有选择地定向培养一批人才，解决企业、特色产业发展和民生领域的人才缺乏困境。

（二）发挥人才引导企业创新发展的作用

坚持企业在现创新发展中的主体作用，积极发挥人才政策和人才工程的拉动作用，引导企业通过发挥人才和科技作用，实现自身的转型和升级。一是深入实施"两项计划"。就是要继续集中力量，通过"双招双引"的模式，坚持不懈地抓好"千人计划"和"绿谷精英计划"的组织实施，要扩大"千人计划"及项目的覆盖面，提升"绿谷精英"质量和效益。二是实施"双百引领计划"。从2015年开始，分批选派100名左右博士（副高以上职称人才）到全市100家左右企业挂职，通过成果转化、项目合作、技术指导、科技攻关等方式，实现"转化一批技术成果、攻关一批技术项目、培养一批技术人才、形成一批服务基地"的目标。三是抓好技能型人才开发。全面实施《进一步加强企业技能人才队伍建设的实施意见》，切实发挥好"首席技师"、"技能大师工作室"、技能大赛、技能人才培养基地等政策措施的作用，加快技能型人才的培养开发。

（三）加强地方特色人才队伍开发

紧密结合丽水实际，积极整体资源、创新开发思路，大力培育一支特色鲜明、优势明显的地方人才队伍。一是抓好"丽水农师"工程建设。坚持"1＋X"品牌开发思路，总结推广"缙云烧饼师傅"的成功做法，全面开展"丽水农师"县域子品牌的打造。二是推进"丽水三宝"人才开发。会同人社、经信、文化等部门，围绕"丽水三宝"产业发展和技艺传承目标，研究探索"丽水三宝"人才品牌推广、人才资质认证、人才培养基地建设的政策措施。三是激活"华侨"人才资源。加强联络，整合资源，充分利用海外华人华侨的资金、技术和人才优势，探索建立华侨创业创新基地、华侨创投基金、海外引才工作站等平台和载体。

（四）强化人才创业创新服务工作

坚持把服务和保障人才创业创新作为一项基础性、关键性的工作抓实、抓好，努力在营造人才环境方面探索出欠发达地区的经验。一是加大人才发展投入。保证市、县两级人才专项投入比例不低于当年财政支出增幅,要进一步发挥好财政资金的使用效益,集中资金到大项目、周期性项目上。二是建好人才发展的平台。全力推进绿谷人才综合服务中心、浙江生态经济发展研究院、杭州未来科技城丽水海创园建设,为人才发展搭建好创业创新平台。三是开展人才创新资源"四个库"建设,着眼于服务人才发展,着手建立"创业创新专家智库"、"四类以上高层次人才数据库"、"重点创新性企业数据库"、"外地丽水籍高层次人才库"。

ZHUANTIPIAN

专题篇

浙江杭州未来科技城(海创园)人才发展报告

□ 杭州未来科技城(海创园)管委会

2014 年,杭州未来科技城紧紧围绕省、市关于实施创新驱动、全面深化改革的重要精神,从容应对挑战,奋力攻坚克难,全年工作基本实现预期目标,在建设体制改革试验区、高端人才集聚区、科学发展先行区的道路上,迈出了坚实的一步。

——主要指标稳步上升。1—11 月,实现技工贸总收入 823 亿元,其中服务业营业收入 783 亿元,完成税收 65.9 亿元,同比分别增长 62%、65%和 54%。完成固定资产投资 112.3 亿元,其中政府投资 43.5 亿元,产业投资 68.9 亿元,同比分别增长 44.2%、52.5%和 39.4%。

——人才集聚成效显著。1—11 月,新引进海外高层次人才 461 名,累计总数达 1178 名。新入选省"千人计划"15 人,累计集聚"国千"63 名,"省千"85 名。成功举办三次海创园项目评审会,262 个海归项目参加评审。新拨付人才奖励 3978 万元,海创园项目启动资金补助和办公场地租金补助近 7000 万元。

——产业发展快速推进。1—11 月,新引进企业 700 余家,入驻企业总数近 1700 家。梦幻银泰城、中国电信创新园(西区)项目成功落户,森禾总部、浙能科技园、利尔达科技园等顺利竣工。累计注册科技型中小微企业 370 家。海归项目产业化进程加速,361 个海归项目中 1/3 进入产业化阶段。

——城市功能日益健全。10 万平方米科创中心二期、10 万平方米精装修人才公寓即将投入使用,未来科技城第一小学、幼儿园、浙医一院余杭院区、文二西路、海曙路等重大民生项目顺利推进。重点建设区域范围内完成征地 274 公顷、拆迁 486 户,"梦想小镇"先导区块建设全面启动。

——服务体系不断完善。累计引进股权机构 53 家,海归企业融资规模超过 21 亿元。支持浙达精益等在新三板挂牌,7 家企业列入区上市培育计划,金融风险池为企业提供信贷资金超过 4000 万元。生物医药公共技术平台进入试运营阶段,创建未来科技城官方 APP、政企服务平台、资产管理系统,推行企业信用评估管理办法。制定或完善《企业创业辅导实施方案》、《海创园项目评审管理办法》等 15 项扶持政策。

2015 年,杭州未来科技城工作将紧紧抓住"人才引领、创新驱动"的主线,进一步明确发展的总体战略、内涵和产业发展定位,努力成为国内具有重要影响力的创新创业中心,培育和发展战略性新兴产业的核心载体,转变发展方式和调整产业结构的重要引擎,现代服务业发达的生态新城。

——主要目标。经济指标方面:实现技工贸总收入 1085 亿元,其中服务业营业收入 1035 亿元,完成税收 87 亿元,增幅分别达到 28%、29% 和 30%。招商引才方面:全年实际利用外资 2.8 亿美元,市外内资 25 亿元,浙商创新创业投资 15 亿元。新引进海外高层次人才 600 名,累计超过 1800 名,国家、省"千人计划"人才总数达到 200 名。项目建设方面:全年完成固定资产投资 148 亿元,其中政府投资达到 55 亿元,产业投资达到 93 亿元,增幅分别达到 21%、10% 和 29%。梦想小镇建设:2015 年建成面积达到 17 万平方米,集聚创业人员超过 4000 名,互联网创业项目突破 600 个,确保产业化项目达到 60 个,管理服务体系搭建完成并顺利运营。

——主要思路和举措

(1)全速推进梦想小镇,增添发展新活力

坚持"两镇联合、产城融合、统分结合、虚实互动"的思路,采取"项目化、责任制、时间表、路线图"的模式,努力把梦想小镇建设成智慧与资本的融合地,高端人才实现梦想的新家园,互联网创新创业产业的集散地,科技城实现跨越式发展的突破口。核心区块按照"逐步搬迁,逐步开工,逐步投用"的思路,于 2015 年初完成施工图设计及调查摸底工作,4 月开始启动征迁,8 月底前完成并开工建设。

(2)始终坚持人才引领,激发创新驱动力

开展招才引智战略行动,深入贯彻落实人才战略,大力引进研发总部和科研机构等顶尖人才落户平台,建设高层次人才创新创业的核心载体,示范和引领全区乃至省、市产业的优化升级和转型发展。加快创新创业项目实质性落户,全年力争引进海归创业项目 110 个。推进政府"购买服务"模式,组建运行高层次人才创业创新服务联盟。搭建资智融合平台,2015 年计划新增股权投资机构 60 家,资产管理规模新增 200 亿元,总量突破 300 亿元。

(3)打造最优生态,提高产业吸引力

继续深化改革,围绕电子信息和生物医药等主导产业板块,探索建立服务于高新技术产业发展的技术创新体系和科技服务体系。启动"科技服务体系创建工程",搭建完善的公共服务平台、公共技术平台、技术交易平台和创新创业平台。全年计划引进项目

500 个以上,其中世界 500 强投资项目 1~2 家。推进重点科创园建设,力争全年引进科技型中小微企业 350 家,累计总数超过 1000 家。

(4)努力扩大有效投资,增强经济原动力

牢牢抓住"产业投资"的牛鼻子,进一步扩大有效投资,紧紧围绕"产城融合"的发展目标,以梦想小镇建设为契机,抓好一批重大产业项目、一批重大基础项目、一批重大创新项目。跟进梦想小镇一期、欧美金融港、永乐影视等 54 个续建项目,全年计划投资 39.8 亿元。全年实施政府投资基础设施项目 55 个,完成计划投资 40.2 亿元。安排中国电信、贝达药业、梦想小镇二、三期等 16 个新建项目,计划投资 25.2 亿元。

(5)秉承产城融合理念,提升城市承载力

以建设国际一流社区为目标,多措并举、统筹推进,进一步完善城市功能配套,提升综合管理水平,构筑先生态、后生活、再生产的"三生共赢"发展空间,打造更有激情、更富创意的创业生态系统。继续完善科技城整体规划编制,做好专题规划的深化细化研究,进一步提升城市整体形象。加快融入主城步伐,紧贴入驻人才和企业需求,研究合作办学模式创新、医保系统升级。

浙江青山湖科技城(科创基地)人才发展报告

□ 杭州青山湖科技城(科创基地)管委会

2014年是青山湖科技城奠基建设第五年,青山湖科技城以"争创国家高新区、打造千亿大平台"为目标统领,着力抓好人才科技资源集聚、创新创业平台建设、院企重点项目攻坚、政策引领示范带动、人才发展环境优化等重点工作,人才工作取得新的成效。

——坚持高端引领,重抓人才科技资源集聚。高标准推进招强引优、招院引所、招才引智"三招三引"的深度融合。积极拓宽高层次人才招引渠道,精心举办"绿色硅谷"青山湖科技城人才峰会,邀请200余名海外高层次人才参会,达成合作意向63个,现场签约人才项目5个。充分发挥青山湖科技城海外引才友好使者作用,专门举办海外引才友好使者项目推介会,推介人才项目30个。成功举办"创客创业创新"论坛推介活动,发布创客项目58项,达成技术合作近30项。全年引进各类高层次人才310余名和创业创新团队11个。认真组织申报"千人计划"、杭州市"521引才计划",全年共推荐56人参加各类重点人才工程的申报评选,杭州市"521引才计划"入选者实现零突破。加快引进各类高端科技创新资源,累计引进香港大学浙江科学技术研究院、中国地质大学浙江研究院等大院名所和网新创新、盾安环境、菲达环保等企业研发机构和高校46家。同时,重抓浙商研发总部和科技型中小企业产业化基地建设,引进高端产业项目42个,总投资超过200亿元。

——突出项目带动,重抓创新创业平台建设。围绕产业发展导向,坚持"宁缺毋滥"的理念和"生态、科技、税源"标准,积极规划建设智慧装备、网络和信息安全、生物医药、节能环保四大"科技园",为项目招引、人才集聚、创新创业提供更为丰富的平台载体。网络和信息安全研究院、青山湖科技城网络和信息安全科技园正式揭牌成立,中国科学院计算所、浙江省工业经济研究所、广达通信、软通动力、网络空间技术研究院等签约入驻。院所及产业化项目加快建设,香港大学浙江科学技术研究院建成启用,交通运输部科学研究院等5个项目完成内部装修,中国科学院长春应用化学研究所等6个项目主体结顶,西子电梯等 6 个项目建成投产,恒涛实业等 3 个项目主体完工,浙江省科技厅青山湖科技城孵化基地、杭州电子科技大学信息工程学院、青山湖科技城创业广场(浙商研发总部一期)等 10 个项目开工建设。同时,科创大楼、创新服务中心、大学生创意园等一批公建配套项目相继建成投用。

——强化政策落地,重抓人才政策引领效应。进一步完善鼓励高层次人才入驻青山湖科技城创新创业政策,制定出台青山湖科技城人才认定及管理、高层次人才创新创业项目评审等具体实施办法,积极通过各类大型宣传推介活动、运用各类新闻媒体进行广泛宣传,提高政策知晓度、影响力。精心组织开展 3 批次高层次人才创业"四个 600 万"政策扶持项目的公告发布、资格审查、评审等工作,塞利仕科技、聚力氢能、卓永信息、利珀科技等 4 个项目获得"四个 600 万"政策扶持,投入各类人才项目扶持资金 2500 余万元,为吸引高层次人才到青山湖科技城创业创新起到了良好的引领示范带动效应。强化政策落地生效,及时兑现企业引进高层次人才专项补助资金,80 名高层次人才获得总计 150 余万元的引进人才专项补助。

——注重服务提升,重抓人才发展环境优化。专门设立人才服务中心、科技创业服务中心和行政服务中心,全面服务人才招引、项目推进和院所企业。加强人才住房保障,面向青山湖科技城重点企业和高层次创新创业人才推出 60 余套人才专用房,提供 46 套人才公寓用于人才租住。实施人才金卡制度,开通服务人才创新创业的"绿色通道",率先开展"访企解难题、服务零距离"活动,深入走访企业、人才,主动为 30 余名引进人才解决配偶就业、子女入学等方面的困难和问题。开展优秀人才评选表彰活动,评选表彰 10 名十佳创新创业人才、30 名企业优秀创业人才,进一步营造良好的人才发展氛围。

2015 年是青山湖科技城进入第二个五年发展阶段的起始之年,面临加快推进建设理念由"建区"向"造城"转变、发展方向从大建设向大发展转变、工作重心从集聚高端要素向推进科技成果产业化转变的新形势、新要求。青山湖科技城人才工作将围绕发展需求,坚持问题导向,聚焦重点工作,破解困难问题,落实精准发力,着力打造人才工作"升级版",加快形成人才汇聚、科技创新、产业发展的高地。

——加强规划引领。围绕青山湖科技城发展定位和产业发展导向,在充分调查研究的基础上,科学编制青山湖科技城人才发展规划,进一步明确今后一段时期内人才工作主要目标、重点任务、重大项目,细化具体实施方案,强化责任分解落实,切实发挥规划引领作用。

——打造"创客小镇"。按照"产城并进、融合发展"理念,积极引入"技术导师＋商业导师＋资本支撑"模式,规划建设青山湖"创客小镇"。突出创客学院、创客实验室、创客园区、创业社区、创业街等重点区域节点建设,推进省科技孵化基地、创业广场、锦江科技广场等重点工程建设,吸引国内外创新组织和创业人才来青山湖"创客小镇"创业,逐步打响"创客小镇"品牌。

——深化"三招三引"。进一步推进招强引优、招院引所、招才引智的深度融合,实现引进海内外高层次人才及团队、高水平研发机构、大院大所大企业新突破。积极通过"走出去"、"请进来"等方式,办好青山湖人才峰会、创新创业论坛等活动,推进以院引企、以企引才,紧盯"大好高"项目,探索把"人才"纳入项目招引评估指标,力争全年新引进大院大所大企业研发中心 5 个以上、"大好高"产业项目 5 个以上、"千人计划"人才 5 名以上、创业创新团队 10 个以上,入驻孵化器科技企业 100 家以上。

——加快平台建设。加快科研院所项目建设,确保中国科学院长春应用化学研究所浙江研究院等 14 家院所项目建成投用,海洋二所等 5 家院所项目主体完工,推进杭州电子科技大学信息工程学院等 6 家院所项目建设。充分发挥现有院士、博士工作站和企业研究院、研发中心等平台功能,吸引更多海内外高层次创新创业人才。力争新建省级重点企业研究院 2 家,新增博士后、院士工作站 2 家。积极加大"一镇四园"宣传推介力度,推进以产业发展聚集人才。

浙江余姚、嘉善、义乌
"千人计划"产业园建设发展报告

□ 浙江省委人才办

近年来,浙江大力推进"千人计划"产业园建设,着力在产业发展定位、领军人才及高端项目引进、配套服务体系完善等方面找准靶心、精准发力,大力推动"产业、人才、项目"实现一体化发展,园区、中心建设呈现出快速发展的态势。

一、"千人计划"余姚产业园建设情况

(一)注重"新""旧"融合,优化产业布局

1. 找准传统产业转型升级方向

紧密结合本地发展实际,注重发挥家用电器、机械五金、塑料模具、化纤纺织等传统支柱产业以及天然资源禀赋的比较优势,在坚持守住"传统"、夯实根基的基础上,突出差异化和特色化定位,全面布局新装备、新材料、新能源与节能、电子信息、医疗器械与生物医药等战略性新兴产业,为巩固提升传统产业拓展空间。开展以"机器换人"为主的产业集群和技术改造,推动传统制造业向高端跃升。

2. 推动新兴产业自主创新突破

紧跟国际科技前沿,主动对接国家重大战略需求,坚持以前瞻性视野谋划和推动重点产业的自主创新突破。打造创新型产业集群,加快提升本土产业核心竞争力,比如,以吴景晖博士领衔的"创润新材料"团队,经过多年的自主创新和产业积累,顺利产出国内首创电子级低氧超高纯钛第一炉并正式投产,一举打破美国、日本企业在超高纯钛领域对中国长期以来的限制和垄断,成功填补国家空白,为加快实现从"中国制造"到"中国智造"的转型和跨越添砖加瓦。比如,2013年引进的"治水专家"钟路华博士,领衔"阿凡柯

达"团队自主研发"可完全生物降解技术",先后投入4000余万元对余姚市境内近50千米长的8条河道水环境进行生态修复,目前各条河道的水质已经得到显著改善,为加快推进余姚市"五水共治"工作提供了强大的智力保障和技术支撑。

(二)注重"内""外"并举,拓宽引才路径

1.对内精准挖掘潜力

注重发挥在姚"千人计划"专家的积极作用,通过聘请担任"引才大使"、特聘为市决策咨询委员会委员等方式,最大限度地发挥他们"以才引才"的链式效应,从而吸引更多的"千人计划"专家和高层次领军人才抱团落户。近年来,先后引进以甘中学、刘科、潘今一、周怀北等为代表"重量级人物",领军人才引领产业发展的效应正在逐步显现。同时,坚持将各类创新创业团队中的核心人才列为优先引进目标,尤其重视引进一批"自带项目、自带技术、自带资金"来余姚市创办或领办企业的全球高端团队带头人或核心成员,以此推动实现人才、资金、技术等关键生产要素的"捆绑式引进"。

2.向外积极对接资源

通过连续承办"千人计划"专家联谊会能源、资源与环境专业委员会2012年会和化学化工专业委员会2013年会以及2014年成功举办"千人创业"余姚论坛等形式,坚持把"千人计划"专家请进来。同时,注重发挥企业在项目引进过程中的主体作用,依托余姚市民营经济发达、资本实力雄厚、市场经验丰富的优势,积极搭建交流平台,推进"海智"和"民资"深度对接。已有11个国家"千人计划"人才项目与本地企业实现合作。

(三)注重"量""质"齐升,加快项目落地

1.加快提升引进项目总量

重点围绕产业链上下游及其关键领域,有针对性地引进一批科技含量高、附加值高的重大产业项目和战略支撑项目,通过产业链式发展模式加速项目聚集,逐步实现倍增效应,从而进一步延伸产业链、壮大产业集群。近年来,以"江丰电子"为龙头,在新材料产业的上下游,以及横向相关产业,集聚了一批如潘杰、周华、吴景晖、钟伟华、刘炳宪等"国千"、"省千"专家,涌现出"江丰精密"、"江丰生物"、"创润新材料"、"甬菱德盟新材料"等一批高新技术企业,形成了铜、铝、钛、钼、钽等靶材的整条产业链。园区已签约或正在跟踪洽谈的海外高层次人才项目已达98个,其中国家"千人计划"项目69个,省"千人计划"项目8个,已注册落户项目30个。

2.严格把关引进项目质量

以提高项目准入门槛为目标,不断完善由专家评审、部门会审、市政府分管领导审定等环节组成的"三级联审"机制,严格制定科学的评审标准和规范的评审流程,突出项

目筛选的科学性和专业性,坚持将拟引进项目与余姚市产业发展匹配度作为评审侧重点,统筹考虑项目团队综合实力、项目技术水平、企业发展前景、产品市场竞争力等因素进行量化分析和具体论证,进一步提升引进项目的质量和层次。同时,注重合理运用评审结果,及时按"3个500万"政策规定兑现扶持资金。已有5批次30个项目通过"三级联审",累计发放补助资金1.27亿元。

(四)注重"软""硬"兼施,完善服务体系

1. 强化硬件设施建设,提升园区承载能力

立足园区持续发展需要,着力破解土地指标、建设资金、征地拆迁等制约因素,按照产业规划布局,倒排工期,科学调度,全力推进园区道路、供电、供水、排污等各类基础设施和生活服务配套设施建设进度,进一步优化园区发展硬环境,不断提高园区承载力和吸引力。目前,2013年9月开工建设的产业化基地启动区块首批7个项目标准厂房2014年年底可交付使用,周边道路、绿地以及水、电、通信等基础设施项目已完成工程量的50%。集展示、接待、洽谈、会议于一体的"千人计划"专家综合服务中心已经进入装修的收尾阶段。

2. 提升软服务水平,优化园区整体环境

深化完善"3个500万"政策,逐步加大人才专项资金投入。坚持和完善市领导直接联系项目、市委常委会、书记办公会专题讨论会、定期项目协调推进会、服务人才专项例会以及四套班子集体调研人才企业等一系列服务机制和举措,及时协调解决项目落户、建设过程中存在的实际困难以及亟待解决的矛盾与问题,推动项目早落地、早投产,形成项目攻坚的强大合力。坚持每季度召开一次"千人计划"专家联谊活动,目前已累计举办专家联谊活动7期。完善高层次人才创业创新服务联盟的日常运行机制,加快推进"千人计划"专家综合服务中心建设,全面推行模拟审批、联合验收服务,落实专人为各类高层次人才提供从洽谈引进到注册落户、创业创新到生产生活的"全托式"服务。

二、"千人计划"嘉善项目转化中心建设情况

(一)突出党管人才,加强人才工作宏观指导

一是强化领导机制。构建党委统一领导、组织部门牵头抓总、职能部门各司其职、社会力量广泛参与的人才工作格局。建立转化中心工作协调领导小组季度例会工作机制,定期研究汇报工作。二是完善"三化"融合运行机制。加快"孵化器+加速器+产业园"一体化平台扩容提质,新建7.7万平方米科创中心二期和2.2万平方米加速器投入使用。转化中心40公顷示范区基本建成,二期建设现已完成初步规划,规划面积2平方

千米,其中1平方千米建设医疗器械产业园,1平方千米建设电子信息产业园。三是健全考核督查机制。实施人才工作差别化考核,指标任务根据各主体情况"量身定制",在转化中心涉及的镇(街道)设置人才工作专职副主任。开展重点人才工作督查,定期了解工作进展,协调解决问题。

(二)突出高端引领,打造人才集聚竞争优势

一是加大招才引智力度。转化中心被命名为浙江省首个欧美同学会·中国留学人员联谊会留学报国基地,也是目前全国唯一设在县一级的基地。聘请欧美同学会副会长、教育部原副部长吴启迪领衔的18位欧美同学会成员为引才顾问,成立浙江省首个欧美同学会人才顾问团。举办欧美同学会嘉善行、北京海外学人中心嘉善行,组团参加2014浙江·杭州国际人才交流与项目合作大会、2014美国(中创协会、硅谷基金)海外高层次人才嘉兴行等活动10余场。承办了中国县域人才发展论坛,进一步打响嘉善人才品牌。转化中心累计引进海外高层次人才项目52个(其中"千人计划"项目21个),总投资为11.94亿元。新引育"千人计划"人才7名(其中"国千"人才3名、"省千"人才4名),累计引育"千人计划"人才39名(其中"国千"人才25名、"省千"人才14名)。二是加强面向上海引才工作。积极承接上海科技人才资源外溢,搭建人才项目"孵化在上海,转化在嘉善"、"起步在上海、发展在嘉善"通道。设立上海自贸区嘉善项目协作区,选派3名干部赴自贸区开展驻点招商、招才工作。建立了与上海莘闵高新技术暨回国留学生科技创业园区合作关系,成立上海交通大学技术转移中心嘉善分中心。目前,全县有85%的人才项目来自上海。三是强化服务中心工作导向。积极搭建活动平台,发挥高端人才智力优势,与中国科学院、同济大学等单位合作科技治水,举办"千人计划"专家光电水质检测系统推介会,领军人才聚智"五水共治"座谈会等活动,引导已落户人才项目为全县"五水共治"工作提供技术和人才支撑,已实施治水项目5个(如"千人计划"专家李华博士携物联网水质环境监测治理项目参与罗星街道河道治理工作),工作取得一定成效。

(三)突出要素保障,加快转化中心项目建设

一是强化金融扶持。开展中国大陆、香港、台湾、澳门四个地区共同参与的创业大赛,即"2014(第三届)中国天使投资与创业教育高峰会",举办"项目与资本对接会"。对转化中心实施财政体制封闭运行,开展首批科技银行试点,成立嘉善县私募基金园,设立风险补偿基金4000万元,成立由民资组成的慧谷股权投资中心,构建"民资+银行+融资机构"三位一体的金融支持体系,已为转化中心内3个人才项目完成融资助力,拨付资金1300余万元。2013年已拨付财政补助资金的13家"千人计划"人才企业亩均销售收入428.57万元,亩均税收49.15万元,为全县平均的6.9倍。二是强化项目推进。开通项目审批"绿色通道",全面推行"保姆式"服务,选派专员开展全程代办服务,确保项目

早落户、早开工、早投产。2014 年新增销售收入超千万领军人才企业可达 4 家,全县"千人计划"项目总产值可以达到 1.76 亿元。目前,转化中心已供地项目 16 个,开工项目 16 个,竣工投产项目 8 个,1 家"千人计划"人才企业进入创业板待发阶段。三是强化配套建设。制定出台《嘉善县创业创新领军人才"生活绿卡"制度暂行办法》等制度,出台个人所得税奖励政策。加强人才公寓建设和管理,在新城区核心位置新购 484 套商品房作为人才公寓,人才配套设施进一步改善。

三、"千人计划"义乌产业园建设情况

（一）"孵化＋储备＋产业化"：打造"一园多点"式平台

产业园建设启动以来,按照"高起点、重整合、聚产业、创特色、树品牌"总体要求,分线分块齐抓共管,园区腾空、扩建、改造工作多点同步实施,三大基地建设稳步推进。一是加快孵化基地建设,孵化基地由"科创园"、"高创园"和"英才创业园"组成。孵化基地通过"腾笼换鸟"、扩建改造等举措提升而来,总占地面积 27.27 公顷,现有建筑面积 47.12 万平方米。目前,已引进 4 家科研机构,已注册的 20 个"千人计划"项目中,创业项目 18 个、创新项目 2 个;其中,来自外省的"国千"专家 5 名、国家"青年千人"计划专家 2 名、义乌自主培养"国千"1 人、"省千"3 人。二是鼓励支持镇街创建创业创新基地,各镇街工业园区划出专门区块,建设创业创新基地,打造成为"千人计划"创业项目的"蓄水池",储备人才。如佛堂镇,利用创新基地研发大楼和人才大厦等平台,有力推动人才项目落地。三是布局规划产业化基地,计划在工业园区和经济技术开发区各规划 3～5 平方千米,用于项目孵化成功后的产业化生产。产业化基地实行分类布局,经济技术开发区重点引进新材料、新能源、装备制造等产业,工业园区则重点引进生物医药、电子电器等产业。

（二）"人才＋项目＋资金"：实现链条式引才

产业园按照"引进一名领军专家、催生一个新兴产业、拥有一个经济新增长点"思路运作,力促"人才、项目、资金"同步落地、"人才平台、产业平台、科技平台"互动发展。一是打响人才工作品牌。出台"义乌英才"计划,明确 5 年扶持期内,对海内外高层次创业人才、创新人才和社会事业发展紧缺人才分别给予最高 5000 万元、2000 万元、400 万元的奖励扶持,吸引一批海内外高层次人才前来咨询、考察、对接。启动"义乌英才"申报评审工作,首批"义乌英才"计划共有 27 个项目入选,已在 3 个孵化基地注册落地,蓝宇数码等 7 个项目获得首批扶持资金 1740 万元。完成第二批专家评审工作,共有 19 个项目通过评审,其中由"千人计划"专家领衔的项目 11 个。二是搭建资智对接平台。开展海外高层次人才"智汇义乌"暨海高会电子信息分会 2014 年会、中国旅美专家协会专家"海

外高层次人才义乌行"和2014"相约义乌·成就梦想"旅外博士专家高端项目对接会等3次规模较大活动,以"千人计划"专家为主体的120余名海外高层次人才带着项目与义乌市180余名企业家进行"资智"对接洽谈,40多位专家与该市企业达成合作意向。三是拓宽引才工作渠道。建立市、镇(园区)、企三级联动机制,在各镇街成立16个人才工作站,在规模以上企业聘请300余名人才工作联络员,在德国法兰克福和上海等人才密集城市建立7个人才工作站,聘请18名引才专员。设立人才信息库,收录2096名高层次人才信息。打破地域"围墙",建立虚拟研究院,选派沈阳自动化所义乌中心等12名博士专家为工业科技特派员,与电子行业协会、网上协会等结对破解难题,助推企业转型升级。

(三)"创业+生活+发展":提供暖心式服务

吸引人才不易,留住人才更难。在园区建设过程中,义乌市始终以广大人才满意为第一标准,优化人才"生态环境",提升人才服务水平。从诚信和诚意上下功夫,让高层次人才在"千人计划"产业园安居乐业。一是实行专人负责制。高层次人才只需提供相关的材料,其余环节由专人"一对一"代办,提高"点对点"服务的精准度和项目落地的时效性。二是优化人才安居环境。相继制定人才子女就学、人才住房保障等10余项人才配套服务政策,切实解决人才的实际困难,使引进人才在较短时间内能够"本地化"。重点解决17类人才的子女就学问题,符合条件的156位人才子女均已安排到位。计划出资10亿元用于资助人才购房,对企业实用人才、"211工程""985工程"高校毕业生及以上人才给予额度15万~140万元不等的购房优惠,人才住房保障政策正在实施中,目前已有1180人提交申报材料。三是开辟联系绿色通道。建立市领导联系重点人才制度,定期开展高层次人才座谈会或联谊活动,听取意见建议,协调解决创业中的实际困难。对具有世界一流水平的创业创新团队,一事一议、特事特办。

浙江省 2014 年组团赴美澳引才报告

□　浙江省委组织部　浙江省人力社保厅

为了深入实施创新驱动发展战略,加快引进海外优秀人才,2014 年 11 月,省委组织部(省委人才办)、省人力社保厅、省外侨办联合在美国纽约、硅谷和澳大利亚悉尼举办了 2014 浙江海外高层次人才引进活动。此次引才活动前期准备充分,行程安排紧凑,组织衔接周密,交流洽谈深入,在大幅缩减参会单位和人数情况下,参与洽谈会人才数、达成人才项目合作意向数和人才签约数均创历年活动新高。

本次引才活动,全省共组织 18 个创业平台、72 家企业、16 所高校院所参加,共推出了人才岗位需求 1193 个、项目合作需求 177 项。此外,还有 310 家未参会的企事业单位委托县、市组织人事部门代为洽谈招聘。主要在纽约、硅谷和悉尼分别举办了三场大型高层次人才洽谈会。据统计,共有 1200 多名海外人才和外国专家参加洽谈,现场达成人才项目合作意向 965 项,比 2013 年增加 62.2%;当场确定人才引进协议 131 人,比 2013 年增加 204.5%;当场确认项目合作协议 99 项,比 2013 年增加 52.3%,参会人数、达成意向数和签约数均创历年活动新高。在纽约、硅谷和悉尼分别举办了三场海外高层次人才恳谈会。以浙江大学校友会、清华大学校友会为代表的 20 家留学人员协会组织负责人,以美国院士戴宏杰和澳大利亚院士章亮炽等为代表的近 40 名海外高层次人才代表以及部分我国驻外机构负责人参加了恳谈。参会人员围绕着如何更好地吸引人才回国来浙,更好地服务人才创新创业的主题开展了热烈讨论,畅谈了海外人才创新创业的所思所想所虑,并对浙江省引才工作提出很多好的意见建议。

此次引才活动的主要特点是:

——及早部署,对接充分。为确保活动取得实效,2014 年 6 月,就着手研究活动整体方案,精心制定路线行程,省委常委、组织部长胡和平多次听取情况汇报,并亲自审定方案,对活动组织工作提出了明确要求。省委组织部、省人力社保厅多次进行专题研究,并召集市地组织人事部门反复沟通,认真做好各项筹备工作。省外侨办多方协调为各市团组及时办理各项手续,确保团组顺利成行。各市分团高度重视项目前期对接,对本市重点企业引才需求进行详细摸排,积极通过各种渠道与海外意向人才开展联系对接,精心谋划分团活动方案。如杭州市通过驻硅谷引才工作站,在美国提前数月就开展活动宣传、人员邀请等各项准备工作;宁波、温州、台州等市充分发挥在外侨团作用,广联各路人才,积极加强沟通接洽。本次活动得到了浙江大学校友会、清华大学校友会以及各类留学人员组织的大力协助,依托协会组织渠道开展重点人员邀请,并在当地网站、中文报纸提前发布人才项目需求和活动信息,这些都为引才活动的成功举办奠定了良好基础。

——行程紧凑,务求实效。本次活动紧紧围绕引才主题设计各项活动。团组在外共计10日,行程跨越东西、南北半球,活动内容充实,安排极其紧凑。除去近60小时航程时间,在外期间共组织开展公务活动14场。主场活动之外,各市根据各自引才需求,举行了各具特色的小型对接活动、座谈会22场。如湖州分团在纽约举办湖州海外院士专家顾问团成立暨项目签约仪式,聘请了6位美国科学院院士专家成立海外专家顾问团,签约了一批重点技术创新及领军人才项目。金华分团在硅谷举行了金华籍海外高层次人才座谈会,邀请了海外金华籍人才共聚一堂,共话友谊,以情引才。嘉兴市利用已引进的国家“千人计划”专家,举办高层次人才Party,近距离深入交流,以才引才。市地分团与省直分团活动有分有合,相得益彰,丰富了活动形式内容,扩大了引才活动覆盖面和影响力,为此次活动取得实效发挥了重要作用。

——提高效率,突出主体。在活动组织初始,就明确提出本次活动要务求实效,严格控制参会单位和人数,省内单位数控制在80家左右,总人数控制在80人左右;要求参加此次引才活动人员必须“手中拿着协议,怀里揣着名单,眼睛盯着市场”。同时,充分发挥企业、高校和科研院所的主体作用。在充分发动基础上,各用人单位报名踊跃、积极参与,并推出了一大批吸引力强的人才岗位;企业负责人对活动十分重视,参加现场洽谈对接活动的多为引才单位一把手。据统计,董事长、总经理代表出访的企业占此次引才企业总数的93%,引才企业占引才单位总数的68%。企业负责人与海外人才直面洽谈,不仅有效提高了项目洽谈效率,减少了沟通环节,大大提高了现场签约率,同时也给海外人才留下了浙商重才爱才、浙企求才若渴的深刻印象。本次洽谈活动还邀请了赛伯乐基金、海邦基金等风投机构参加,为海外优质项目来浙创业提供市场化融资渠道选择。

——宣传浙江,增进了解。行程前,精心制作有关宣传材料,并通过北加州中国高校联合会成员单位网站以及留学英才网、中美创新协会、华美信息存储协会等多家科技团体网站发布浙江引才需求信息,宣传介绍浙江。针对首次在澳大利亚开设主场引才的情况,早在2013年就派员前去宣传浙江创新创业环境,并做好初步对接工作。活动期间,除了在纽约、硅谷、悉尼分别组织三场海外高层次人才洽谈会和三场恳谈会外,每到一座停留城市都安排拜访当地侨领,还专门安排拜会了安大略省、新泽西州,宣传浙江发展活力、创新创业平台以及丰富的民营资本、完善的引才政策、细致的服务保障,增进了相互间的友谊,有效地开展了外交和侨务活动。这次海外引才,香港凤凰网、澳洲中文电视台等新闻媒体分别报道了硅谷、悉尼高层次人才洽谈会,宣传了浙江,为浙江省今后更好地开展海外引才活动起到了积极的作用。

2014 浙江·杭州国际人才交流与项目合作大会报告

□ 杭州市委人才办

2014 年 11 月 5 日至 7 日,由浙江省委、省政府主办,省委组织部、省人力社保厅和市委、市政府承办的 2014 浙江·杭州国际人才交流与项目合作大会成功举办。本次大会继续坚持"高起点、国际化、重实效、创品牌"的办会原则,突出"交流、合作、创新、创业"的办会主题,邀请 25 个国家和地区的 509 名海外留学人员,携带 676 个项目参会洽谈,杭州市签约项目 168 个,签约金额 16.5 亿元,项目签约数和签约金额均比上届大会增加了 20%。

此次大会的主要特点是:

——人气更旺。2014 年海外人才参会热情高涨,共有来自美国、德国、英国、日本等 25 多个国家和地区的 835 名海外留学人员报名。在此基础上,通过"海选"、精选,509 名海外人才受邀参会,参会人数创历史新高。开幕当天,全市共组织民营企业、风投机构、科技园区和留创园等 1300 余家单位 2000 余人参会进行资智对接,参会单位数、参会人数均超往届。

——层次更高。为了突出实效,对高质量项目的持有人突破了"首次参加"原则的限制,即允许具有国际领先水平且符合杭州信息经济、智慧经济战略导向和经过前期对接已基本达成签约意向的项目持有人参会。经层层把关、精心筛选,2014 年参会的海外人才层次更高、项目质量更优。509 名海外人才中,博士有 358 人、占 66.35%,硕士有 151 人、占 32.57%;海外工作 10 年以上 20 年以下的 231 人、20 年以上的 104 人。这些人才均具有丰富的海外创新创业经验,具备较高的科技创新能力,其研发水平、创新成果达到国际国内领先水平。676 个创新创业项目中 90% 以上属于杭州市信息经济、智慧经济领域,普遍具有前瞻性和较高技术含量。

——形式更新。"梦想天堂"海外人才创业沙龙成为 2014 年大会新亮点,400 余名留学人员与杭州市风投机构、知名企业负责人等相聚西子宾馆草坪，省委组织部副部长、省委人才办主任姚志文，副市长谢双成做了热情洋溢的讲话，推介了浙江杭州的创新创业环境。贝达药业股份有限公司董事长兼首席执行官丁列明、聚光科技（杭州）股份有限公司CEO姚纳新、龙骑科技有限公司CEO朱晓康等在杭成功创业的海归代表以及阿里集团和蚂蚁金服集团人力资源副总裁曾柏松分享了各自的创业经验，极大激发了海外人才来浙来杭创业的热情。2014年的海外社团创新创业重点项目发布活动继续受追捧，美华药协、欧美科技产业联盟等10个海外社团和专业协会现场发布32个优秀项目，与杭州市100余家企业、风投机构进行对接洽谈，达成初步合作意向20余个。大会以"时光隧道"为背景主题，其中用"01"计算机源代码组成一轮轮圆形隧道，借喻服务于发展信息经济、智慧经济"一号工程"，时光光束连接起地球和中国地标，寓意海外各地人才汇聚浙江杭州创新创业，彰显了国际大会的品牌。

——机制更活。大会首次引入分会场竞争机制，西湖、拱墅区通过竞争承办分会场活动，形成了"5＋2"分会场格局，并对分会场预期目标完成情况和实际效果实施绩效考核奖励政策。省、市、县、园区四级联动，各地各部门加强配合，积极组织发动当地企业参会对接海外人才和项目，形成了统分结合、上下推动、多方配合的工作运行机制。大会前两个月起，坚持每月定期召开例会，回顾和部署阶段性工作，强化组织协调，为办好大会夯实组织保证。

这次大会取得了丰硕成果：

——项目签约再创新高。杭州市签约项目168个，签约金额达16.5亿元，项目签约数和签约金额均比上届大会增加了20%。其中，留美博士王兆霖的"吸入类药物产品研发项目"与富阳市海正药业成功签约，签约金额达1个亿；留日博士刘玉宇的"全融智能化视频管理系统项目"与杭州未来科技城成功签约，签约金额达6500万元；留日博士蔡云清的"发芽糙米汁健康饮料项目"与下城区、留美博士陈国柱的"云能电力系统项目"与杭州经济技术开发区、留美博士张靖的"轮廓建筑工艺暨3D建筑打印项目"与临安青山湖科技城成功牵手。签约项目多属"五水共治"、"信息经济"、"智慧经济"、"机器换人"、"文化创意"等杭州市产业发展的重点领域。

——招才引智成绩喜人。大会成为集聚高层次人才的重要平台，本次大会共有835名海外留学人员报名参加。根据浙江和杭州的产业发展需要，我们择优邀请了509名留学人员前来参会。大会新面孔比较多，首次参会人员占73.7%以上。通过洽谈，达成人才合作意向的有200余人。2014年5月、7月，杭州市分批组团赴欧美等海外留学人员集聚地招才引智引项目，推介大会和杭州创新创业环境。经过海外招聘、大会洽谈对接和辐射效应，预计杭州市引进人才可达600名。这届大会，杭州市和省内其他10个地市又延揽了一批海外高层次人才。

——海外交流日益紧密。会前积极借助海外媒体、中国驻外使领馆、国家外专局驻外办事处、市海外人才联络处、海外人才工作顾问推介大会，发布人才项目需求，加强与海外的联系。各区、县（市）也通过建海外工作联络站、聘请海外引才顾问等方式，加强与海外社团和人才的联系，高新区（滨江）聘请了 12 位海外引才工作顾问，并正式开通了"5050 计划"网加强海外政策推介。萧山区新建英国伦敦海外人才工作联络站、欧美科技产业联盟驻萧山海外高层次人才联络站，并聘请欧美科技产业联盟主席邵青山、杭州汉宇科技有限公司总裁乔建民博士为萧山区海外高层次人才创业创新工作特聘顾问。

——城乡人才统筹发展。大会立足杭州，辐射浙江，省内其他地市均组团参会，杭州市各区、县（市）参会热情越来越高，纷纷要求承办分会场活动。高新区（滨江）成功举办硅谷精英沙龙，与近 80 个项目达成初步合作意向，与 28 个项目签约，签约总金额达 1.2 亿元人民币。萧山区资智合作对接会吸引了 250 多位海外高层次留学人才与萧山的部分民营企业家、风投机构等交流洽谈，签约项目 23 个，初步达成合作意向项目 60 个。杭州未来科技城推介会全面展示了余杭及未来科技城的投资创业环境，共签约项目 28 个。临安市通过举办"绿色硅谷"青山湖科技城人才峰会，与包括 3D 建筑打印在内的 5 家高科技公司与青山湖科技城签订了落户协议。在"相约东部人才港"推介会上，开发区与海邦人才基金合作成立总规模为 5 亿元的生物医药专项基金。"紫金创新·情系西湖"海外人才创新创业大会、"相约运河·智慧拱墅"海外高层次人才对接会充分展示了西湖区和拱墅区深厚的历史文化底蕴和一流的创业园区环境，现场签约项目均创下新高。

——重才形象广受赞誉。开幕式上，杭州市为入选市"521"计划的 18 名人选代表颁发了证书，树立了杭州重才爱才、求贤若渴的良好形象。对 247 位已报名但未受邀参会的留学人员，我们一一寄送了感谢信，并要求区、县（市）参照执行，这一人性化做法受到海外人才好评。围绕"汇聚海外英才，发展信息经济"宣传主题，运用大会公众微信平台、新媒体社交平台 QQ 群等信息化手段，助力大会宣传发动、信息发布和项目对接各项工作，《人民日报》、中央电视台、新华社、新浪网、《美国侨报》、欧洲联合新闻网等海内外媒体，与《杭州日报》、杭州电视台等本地媒体联手密集报道，营造了浓厚的氛围，进一步树立了杭州重才爱才的良好形象，增强了大会的影响力和美誉度。从新西兰留学回国的宋星在会上被授予杭州"521"人才，他由衷地说："我不是浙江人，在这里却找到了家的感觉，在这里创业感觉很棒！"

2014 中国浙江·宁波人才科技周报告

□ 宁波市委人才办

　　为充分发挥人才科技在实施创新驱动发展战略中的引领和支撑作用,全力打造高端人才荟萃、创新要素集聚、创业激情涌动的"蔚蓝智谷",在国家有关部委和浙江省委、省政府的有力指导和大力支持下,宁波市于9月19日至25日成功举办了2014中国浙江·宁波人才科技周(第九届)。本届人才科技周在延续前八届引人才、引智力、引技术、引项目、引机构、引理念"六引并举"的基础上,从改革创新的视角进行全面筹划、筹备和实施,活动内容更加注重服务大局,更加紧扣中心工作,更加紧贴创业创新,在搭建人才科技平台、集聚人才科技项目、促进科学技术发展、推动经济转型发展等方面发挥了重要作用,达到了预期目标。

　　本届人才科技周由浙江省人民政府主办,中共浙江省委人才工作领导小组、中共宁波市委、宁波市人民政府承办,教育部、中国科学技术协会、光明日报社给予大力支持,开展了高层次人才引进洽谈会、海外留学人才创业行、国侨办重点华侨华人创业团队宁波行、第四届"百校千企"人才培养合作交流大会、高新技术成果交易洽谈会、中国科技创业计划大赛、"3315计划"海外(伦敦)创业创新大赛、中国宁波"镇海杯"国际创新设计大赛暨高峰论坛、国内外院士企业行、海智宁波之旅、全国学会宁波行、中国宁波"大学校长与企业家"高峰论坛、"才·富"对话、中国宁波创新要素对接洽谈会、综合签约授牌资助仪式等4大板块15项主要活动,设各类展位2300余个,参会企事业单位4000余家,550多项科技合作项目展示推介,参会总人数近3.5万人(次),达成人才引进意向6500余人(次)、人才培养合作意向近1600人(次)、科技合作意向360余项。

　　这次人才科技周的主要特点和成效是:

　　——紧扣中心,引才聚智,着力推进创新驱动发展。本届人才科技周突出城市经济、"五水共治"、新材料、电子商务等领域高层次人才、智力和科技项目的引进、培育和交流合作,全力服务经济社会转型发展。一是"四高一新"人才引进成效明显。高层次人才开放式洽谈会有733家单位设展位777个,推出高学历人才需求5240余名,吸引了上海、武汉、南京、厦门等地高校在读硕博士、在职高职称等"四高一新"(高学历、高职称、高技能、高级经营管理、创新型)人才7400余名前来对接洽谈,其中硕士4000多人、博士近300人,达成就职意向6100余人(次)。高端创新人才封闭式洽谈会组织了银亿集团、金田铜业等80余家大型企业参会,推出年薪15万元以上岗位300余个、需求人数500名,其中年薪50万以上岗位14个,最高达120万元,引进或达成意向400余人次,为企业引进储备了一批转型发展急需的创新型高层次人才。二是高新科技项目引进合作质量提升。高科技成果展示交易洽谈会6个展示洽谈区550多项科技成果项目参加展示交易,1200余家企业参会对接洽谈,达成合作意向51项,现场签约科技合作和研发机构共建项目9个,总投资超过2.1亿元;来自俄罗斯、白俄罗斯的8位新材料领域专家与中国科学院宁波材料所、兵科院宁波分院达成合作意向9项;国侨办与宁波市政府首次举办重点华侨华人创业团队宁波行,来自10多个国家的60多个重点华侨华人创业团队的36个高科技项目到宁波考察对接,14个项目达成合作意向;韩国电子通信研究院、中国科学院和复旦大学的48项科技成果前来现场推介和对接洽谈,成效良好,增强了浙江省和宁波市战略性新兴产业的发展动力。三是院士高端智力问情咨政取得实效。与中国工程院环境与轻纺工程学部合作开展"问情·咨政·服务"院士宁波行活动,邀请钱易等10位院士专家举行了"五水共治与海洋环境治理"院士咨询会,邀请张全兴院士作了"四明学堂"院士专题报告会,分赴象山县、镇海区、江北区等地考察座谈,实地了解企业节能减排、工业废水处理、重点河段治理等情况,为宁波市海洋经济、生态建设和传统产业转型等难题出谋划策。

——突出主题,整合创新,着力推进人才科技资本融合。本届人才科技周突出打造"蔚蓝智谷"这一主题,整合活动内容,创新整体设计,集聚创新要素,进一步推进人才科技资本合作互融、共创共赢。一是首次举办新老甬商"才·富"对话。以电视录播形式,根据新老甬商、人才资本融合发展这一主线,通过对话互动、嘉宾点评,展示企业引进人才实现转型发展的成功典型、人才与资本合作实现双赢的成功案例、海外人才在宁波艰辛的创业历程,促进了新老甬商合作互融、互学互进,进一步丰富和深化了宁波"蔚蓝智谷"的精神内涵。二是多层面开展创新创业大赛。首次举办"3315计划"海外(伦敦)创业创新大赛,中国宁波"镇海杯"国际创新设计大赛、中国科技创业计划大赛参赛作品数量达到3280件,创历届新高,进一步扩大了宁波"蔚蓝智谷"的影响力。三是全方位进行创新要素对接。举办海外留学人才技术项目展示推介对接洽谈会,20多个国家的352名海外人才携带300个技术项目与600余家企业、园区和高校院所洽谈对接,达成初步合作意向120项,生物传感器技术、纳米改性材料技术、可穿戴智能产品创意设计等26个项目达成合作或落户意向;期间留学人才携带105个需求项目与投融资机构、会计税务师、律师事务所、知识产权中介等各类服务要素对接,达成合作意向 50 余项。进一步增强了宁波"蔚蓝智谷"对留学人才创业创新的吸引力。

——紧贴需求,精准服务,着力推进企业转型升级。紧贴企业人才、项目和技术服务需求,集聚资源精准发力,使企业成为活动参与和受益的主体。一是摸准需求精准引才育才。通过调研走访 580 多家企业和机构,确定 22 个领域 587 个岗位人才和 271 类培训项目供需状况,研究发布人才紧缺指数、紧缺人才培训导向目录和《宁波人才发展报告(2014)》,为人才市场提供科学准确的供求信息和开发导向。二是深化校企合作加强企业人才培养。举行第四届"百校千企"人才培养合作交流大会,108 家海内外高校(高职)、科研院所和知名品牌培训机构参与,1010 家企事业单位前来对接洽谈,首次引入中国《培训》杂志联合举办全国性的企业培训服务展和培训服务产业发布会,共达成人才合作培养和技术服务意向 84 项,签订意向协议 50 项,台湾大学进修推广部、同济大学、浙江工业大学等 6 家培训机构与市相关单位现场签订人才培养合作协议。三是引进高端人才智力服务企业。院士宁波行、全国学会宁波行邀请 8 位院士、20 多名顶尖专家,知名高校博士教授宁波行活动邀请北京大学、上海交通大学、四川大学等知名高校材料学、机电工程、医药学等专业的 183 名博士、教授,海智宁波之旅活动邀请 16 个国家 43 个海外科技团体的 70 多位社团负责人和海外专家,深入企业考察交流,帮助企业突破技术壁垒,加快新产品开发,开展人才培养合作,促进行业企业整体升级。如美国底特律的汽车发动机专家苏克博士,携带发动机进气系统设计项目与企业达成合作意向,该项目将提升发动机效能 3%~7%;美国康涅狄格大学毕业的王卫平博士,携带的地下管网非开挖修复项目受到多家企业关注,当场达成合作意向。

——多方联动,广泛宣传,着力凝聚引才育才用才合力。广泛开展省、市、县活动联动、省内外媒体宣传联动、境内外专家学者交流联动,凝聚人才科技工作合力,营造鼓励人才创新创业的社会氛围。一是高端论坛推动理念创新。宁波国家职业教育与产业协同创新试验区推进会暨教育服务经济发展高峰论坛,汇聚了台湾龙华科技大学、北京科技大学、浙江大学等高校领导和企业家 200 余人,探讨交流教育与产业协同创新、加强校地共建服务产业转型升级、促进科研成果转化等问题,推动了宁波职业教育和产业转型升级的战略融合。中国创新设计高峰论坛,路甬祥、薛群基等院士专家做主题报告,为企业家提供转型新思路。科技成果转化转移专题论坛,邀请专家解读国际、国内技术转移和成果转化政策和运作模式,着力推进产学研融合。二是省、市、县联动扩大引才成效。省直和兄弟地市积极参加相关活动,组织 178 家企业设摊招聘"四高一新"人才。宁波各县(市)区、开发区主动接轨,深入发动企业参与各项主题活动,奉化市、镇海区、鄞州区等地同步举办人才科技交流活动,取得丰硕成果。三是深度宣传提升品牌影响力。制作《广聚博纳》前八届人才科技周成果宣传册,组织海内外媒体开展人才科技周专版专题和形象广告宣传;举行综合签约授牌资助仪式和宁波"3315 计划"成果展,宣传推介优秀创业创新人才项目;邀请新华社、中央电视台、新华网、凤凰卫视等 110 家海内外媒体 160 多名记者跟踪采访,刊(播)发新闻 600 余篇(条),专版专题 20 多个,图片 300 余幅,微博 500 多条,全方位、多层次、多角度宣传展示了宁波人才发展环境,提升了人才科技周品牌影响力,为活动的成功举办营造了良好的舆论氛围。

浙江省 2014 年组团赴北京、西安、武汉、上海举办引才报告

□ 浙江省委组织部 浙江省人力社保厅

为推进创新驱动发展、助力经济转型升级、加强人才强省建设,2014 年 10 月至 11 月,浙江省委组织部、省人力社保厅分别在北京、西安、武汉、上海举办了四场引才活动,共组织全省 800 多家企事业单位,推出 24800 多个岗位,进场应聘 31000 多人,达成初步意向 9000 多人,现场签约 630 多人,取得各方面积极成效。

——北京高层次人才洽谈会情况。北京高洽会是浙江省连续第 18 次举办,已经形成品牌效益。2014 年的高洽会,共有 202 家企事业单位参加,推出岗位 4000 余个,进场应聘 4913 人次,达成初步意向 1858 人次,其中现场签约 96 人,为历年来现场签约人数较多的年份。

——西安人才招聘大会情况。西安人才招聘大会为浙江省近年来在西部地区首次举办的大型引才活动,以招揽应届毕业生为主。共有 377 家企事业单位参会,推出各类岗位 8000 余个,进场应聘 1 万余人次,达成初步意向 1920 人次,现场签约 126 人,在西安高校产生了广泛影响。

——武汉人才招聘大会情况。武汉人才招聘大会也是浙江省近年来首次举办,主要招揽对象为应届毕业生和技能型人才,共有 403 家企事业单位参会,推出各类岗位 8000 余个,进场应聘 7200 人次,达成初步意向 2203 人次,现场签约 254 人。

——上海高层次人才洽谈会情况。上海高洽会是浙江省连续第 13 次举办,主要招揽高层次人才,近 300 家企事业单位参会,推出各类岗位 4800 余个,进场应聘 9200 人次,达成初步意向 3100 人次,现场签约 158 人,其中博士和副高以上人才达 91 名。

2014 年四场引才活动的主要做法和经验是:

——坚持需求导向,搞好前期对接。一是摸清"需",省人社厅在"百名干部联千企,服务企业助创新"活动中,组织 108 名厅处级干部结对联系 1055 家企业,通过走访调研,

较为准确地掌握了企业人才需求信息。四场引才活动中,共有320家联系企业到招聘现场揽才。二是搞好"供",在传统纸质媒体基础上,积极运用新媒体介入活动宣传,通过手机短信定向邀约、微信微博提前发布、校园网信息公开、人才市场报发送等方式,让人才第一时间掌握招聘信息,参加招聘活动。三是搭好"桥",招聘活动前,省人社厅领导带队到招聘地走访了180余家高校,介绍引才活动安排和人才政策,建立和巩固了长期合作关系。

——围绕产业转型升级,实现精准引才。围绕浙江省"五水共治"、"四换三名"、"四大国家战略"、创新驱动等重大举措,选择在我国科技教育资源丰富、高层次人才资源密集的4个城市,组织省内科研机构、高等院校180家,新兴产业和知名企业637家,重点招揽新材料、新能源、电子通信、金融贸易、海洋生物、健康环保、高端装备等领域的"两高"人才,为浙江省经济转型发展提供人才资源支持。

——注重提升引才实效,开展分类引才。在引才活动中,注重突出重点、区分层次,提高引才的针对性有效性。其中,180所高等院校推出5000多个岗位,现场应聘1万人次,达成初步意向2000余人次;637家知名企业推出岗位10000余个、高薪职位1000余个,主要招聘经营管理、新技术研发、技能类人才,现场应聘2万人次,达成意向3000余人次。在博士后专场引才活动中,105家博士后科研工作站推出研究项目302个、岗位369个,现场接待780人次,达成初步意向354人次。此外,还组织了外籍人才招聘专场,24家企事业单位推出机械制造、软件工程、自动化应用、海洋生物医药等岗位133个,现场应聘187人次,达成初步意向86人次。

——推介创新创业环境,发出浙江声音。通过举办新闻发布会、人才恳谈会等形式,推介浙江省经济社会发展情况、转型升级的"组合拳",以及优惠的人才政策和众多的创新创业机会。新华社、《人民日报》、人民网、新华网、中国教育电视台、浙江卫视等40余家主流媒体,采访报道引才活动,宣传浙江风采。

研 讨 篇

YANTAOPIAN

推进人才发展体制机制改革问题研究

□ 浙江省委组织部课题组

人才发展的关键在体制机制,体制机制的活力来自改革创新。党的十八届三中全会做出建立集聚人才体制机制、择天下英才而用之的重要部署。推进人才发展体制机制改革,对于加快形成具有国际竞争力的人才制度优势,加快建设人才强国,支撑创新驱动发展,实现"两个一百年"奋斗目标、实现中华民族伟大复兴中国梦具有重要意义。

根据中组部重点课题安排,浙江省开展了推进人才发展体制机制改革问题研究。课题研究由浙江省委组织部(省委人才办)、省人才发展研究院负责。课题报告重点分析了推进人才发展体制机制改革的重要性,梳理了浙江在人才发展体制机制改革方面的成效经验,探讨了推进人才发展体制机制改革需要关注的重点问题,提出了相关对策和建议。

一、推进人才发展体制机制改革的重要意义

体制机制对人才发展具有根本性、长远性、战略性作用,是国家治理体系的重要组成部分。人才竞争的根本是体制机制竞争。推进人才发展体制机制改革,是加强党对人才工作领导的必然要求,是全面深化改革、全面推进依法治国的必然要求,是参与国际人才竞争的必然要求。

(一)推进人才发展体制机制改革是坚持党管人才原则,加强和改进党对人才工作领导的需要

习近平总书记指出,"实现中华民族伟大复兴,人才越多越好,本事越大越好"。人才资源是发展第一资源,人才问题是关系党和国家事业发展的关键问题。我们党要实现既定的奋斗目标,必须源源不断地吸引和造就大批高素质人才,把尽可能多的人才团结在党的周围、凝聚到党的事业中来。当前,经济发展进入新常态,我们比历史上任何时期

都更加渴求人才,全面深化改革、全面推进依法治国对党管人才提出了新的要求。自2003年第一次全国人才工作会议召开以来,经过多年的探索和实践,党管人才工作形成了许多好的经验,同时也存在不少需要改进的问题,如人才工作边界不够清晰、分工不够明确、程序不够规范、保障不够到位等等,还不能适应人才工作快速发展的需要。必须抓住时机着力推进人才发展体制机制改革,着力提高人才工作市场化、制度化、规范化水平,使人才工作与党的建设、经济社会发展相适应、相协调。

(二)推进人才发展体制机制改革是遵循市场经济规律和人才发展规律,充分激发人才创业创新活力的需要

改革开放以来,我国初步建立了适应社会主义市场经济发展的人力资源开发与管理体系。但由于体制惯性及经济社会转型影响,当前人才培养与使用相脱节、人才评价不科学、激励机制不健全、人才流动不顺畅等问题不同程度地存在。比如我国有世界上规模最大的科技研发队伍,但是结构性矛盾突出,领军人才、尖子人才不足。据汤森路透集团公布的2014年全球"高被引科学家"名单,我国(含香港、澳门地区)共有134名科学家入选,仅相当于美国的7.9%。再如,调查显示,我国2011届大学毕业生中,有14%处于低就业状态,并且在本地区月收入处于最低的25%。人才潜力是最大的潜力,人才浪费是最大的浪费。人才工作迫切需要由规模速度型粗放增长转向质量效率型集约增长,激活存量、做优增量。推进人才发展体制机制改革,有利于实现人才供需匹配,把人力资源优势最大限度地转化为人才发展优势,把人才发展优势最大限度地转化为经济社会发展优势。

(三)推进人才发展体制机制改革是增强我国国际人才竞争力,应对国际人才竞争新形势的需要

随着经济全球化深入发展,新一轮科技和产业革命的到来,人才的重要性日益凸显,人才流动不断加速。为抢占未来发展制高点,各国都在千方百计"抢人才",人才竞争日趋激烈。当前,世界经济仍处于国际金融危机后的深度调整期,总体复苏态势疲弱,中国经济有巨大的体量和韧性,正从要素驱动、投资驱动向创新驱动转变,为各类人才施展才华提供了广阔的空间,留学归国人员逐年增加。但回国(来华)高端人才还不多,吸引外裔高端人才尚未真正破题。统计资料显示,我国流失的顶尖人才数量居世界首位,其中科学和工程领域滞留率平均达87%。因此,必须加快推进人才体制机制改革,构建具有国际竞争力的人才制度优势,尽快改变高端人才"逆差"状态,在国际人才竞争中赢得主动。

二、浙江省人才发展体制机制的探索实践

体制机制改革是浙江改革发展的基本经验。改革开放以来，浙江通过体制机制的率先突破，释放了千千万万普通人的创业创新活力，实现了从资源小省向经济大省的跨越。这些年来，浙江致力于打造人才生态最优省份，围绕用好人才、吸引人才、培养人才，充分尊重人才、有效激励人才、真诚服务人才，人才发展水平走在全国前列。

（一）致力于吸引集聚优秀人才，创新海外高层次人才引进机制

2009年以来，根据中央统一部署，浙江积极探索有地方特色的引才机制，截至2013年年底，共引进"千人计划"人才939名，其中入选国家"千人计划"333名，入选总数占全国的8.0%，居全国第4位。浙江引才工作的创新之处在于：一是坚持企业主体。浙江有面广量大的民营企业，面对要素价格上升、市场需求疲弱、产能过剩加剧的形势，亟待依靠人才实现转型升级。浙江确立企业引才用才主体地位，对民营企业引进人才在配套资金、项目申报、服务保障等方面与高校院所引进人才一视同仁，目前"千人计划"人才56%分布在企业一线。二是突出产业导向。围绕浙江特色主导产业改造提升以及发展战略性新兴产业和现代服务业需要，制定引才指导目录。除关注技术先进性外，对产业链契合性和产业化前景提出明确要求，确保人才科技转化为现实生产力，目前"千人计划"人才70%分布在战略性新兴产业。三是发挥市场优势。发挥浙江民间资本丰富的特点，出台"人才＋资本"创业投融资政策，发挥财政资金杠杆作用，引导民营资本和海外人才结合。2009年以来，省财政出资6.15亿元组建10只创投基金，带动社会资本跟进投资110多亿元，投资人才高新产业项目100多项。

（二）致力于适应转型发展对人才的需求，创新人才培养机制

创新培养体制机制，以高层次人才、高技能人才为重点，统筹推进各类人才队伍建设。入选首批国家"万人计划"41人，占全国总量的5%，居全国第4位，高技能人才资源达到184.4万人。一是健全培养体系。省级层面实施13项重大人才工程，下一步还将建立有浙江特色的国内高层次人才特殊支持计划，将浙商企业家、工艺美术人才等特色人才纳入培养体系，为各类人才提供成长通道，11个市实施重大人才工程101项，形成了条块结合、梯次衔接、上下互动的人才培养体系。二是注重产学研结合。实施青年科学家培养计划，从高校院所选派青年科技人才到企业研究院从事创新工作，在为企业服务的同时，技术荣誉奖励等可作为评审专业技术资格的重要依据。选聘优秀科技企业家、优秀技师担任"产业教授"，积极推行产学研联合培养研究生的"双导师制"。三是激励企业培养人才。省财政创新强省专项资金安排50亿元，主要用于支持以企业为主体的科技创新和人才引进培养。实施领军型创新创业团队引进培育计划，所有遴选名额

全部面向企业。依托企业建立技能大师工作室,推广技能人才企业自主评价,每年培养高技能人才 20 万人以上。

(三)致力于调动人才积极性,创新人才激励机制

坚持以用为本,强化人才激励,引导人才向创业创新一线流动集聚。一是事业引领。建立和完善高校、科研院所的分类考核、多元评价制度,对从事教学、基础研究、应用研究和成果转化的不同工作进行分类评价,承担企业委托的横向项目与政府计划的纵向项目在业绩考核中一视同仁,从事技术研发、成果转让工作的事业单位高层次人才到企业工作,5 年内可以保留人事关系,引导和鼓励高校、科研院所科技人员面向市场、服务企业。二是平台支撑。集全省之力建设浙江海外高层次人才创新园,重点建设浙江大学等30 家海外人才基地,支持建设宁波新材料城、嘉兴科技城,鼓励各地建设"千人计划"产业园,在省、市、县形成了一批具有较强集聚力辐射力的人才平台。三是利益激励。对"千人计划"人才,省、市、县财政同比配套支持。构建产业化导向的科技成果评价与人才激励机制,扩大高校、科研院所成果转化处置权限,明确职务发明成果所得收益,高校可按 60%～95%、科研院所可按 40%～60%比例,划归科技人员及其团队,让一流人才得到一流回报。

(四)致力于优化人才创业创新环境,创新人才服务保障机制

按照党管人才"管宏观、管政策、管协调、管服务"的要求,加强资源的协调整合,努力解除人才后顾之忧,营造人才创业创新良好环境。一是推进简政放权。聚焦"创业难"、"审批繁"等问题,深化行政审批制度改革,建立政府权力清单、责任清单,普遍建立一站式服务平台,建立浙江"红卡"制度,使海外人才能够享受准国民待遇,努力打造审批最快、服务最优、成本最低的软环境,鼓励大众创业、大众创新。二是加强公共服务。全省普遍建立党政领导联系高层次人才制度和人才工作领导小组服务人才专项例会制度,及时协调解决人才在创业创新中遇到的困难和问题。积极创造条件,为在浙创业创新的高层次人才提供落户、子女就学、医疗、社保、住房等方面的工作和生活便利。三是促进自我服务。成立省海外高层次人才联谊会,为海外人才搭建交流合作平台,目前已建立生物医药、新材料、电子信息、能源资源与环境等 4 个专业分会,成为海外人才与政府沟通的重要纽带、以才引才的重要力量。四是发展市场服务。大力发展人力资源服务业,设立人力资源服务业发展引导资金,完善人才中介培育扶持和规范监管的政策措施。依靠社会力量建设国际化、市场化的人才服务保障体系,加强政府购买服务力度,扩大服务覆盖面。

三、人才发展体制机制改革需要探讨的几个重点问题

（一）体制内与体制外人才流动不畅问题

市场配置资源是最有效率的形式，人才资源也不例外。在我国从计划经济向市场经济转轨过程中，形成了体制内人才与体制外人才两类群体（体制内人才指：各级党政机关、国有企事业单位所有的人才）。由于人才制度改革相对滞后，导致目前人才体制内与体制外人才流动不畅，人才活力未能得到充分释放。主要表现在：一是分布不均衡。目前大部分高层次专业技术人才集中在体制内的高校、科研单位。根据中国人才资源统计报告（2010），非公有制经济领域有专业技术人才2319万人，但是经国家评定专业技术职称的只有608万人，仅占26.2％。从浙江看，高等院校与县级以上公有R&D机构拥有的中高级职称R&D人员比例均占50％以上，显著高于工业企业比例，而工业企业的中高级职称R&D人员占总数不到20％。二是规则不统一。在人才的培养开发、评价发现、选拔任用、流动配置、激励保障等方面制度差异明显。体制内人才的人事管理制度统一、规范，职业稳定，晋升通道和收入预期明确，在社保和住房等方面有优势。体制外人才，除了大中型企业有较规范的人事管理制度外，大多数中小微企业人事管理制度不规范、不健全，中低层技术人员、技能人才、一线员工等大多数人才薪酬也不高，职工福利待遇、社会保险金、住房公积金等参差不齐。三是流动不顺畅。一方面，体制内人才的流动意愿不足，人才闲置和企业一线有效需求得不到满足并存。以浙江为例，对省内65所高校和科研院所、100家规模以上企业人力资源部门进行典型调查的结果显示，2012年高校平均人员流出率为2％，科研院所为3％，其中流向企业的仅占38％。推进国家治理体系和治理能力现代化，需要从体制外吸收高层次人才，但目前选拔任用工作的开放性、多元化还不够，存在各种各样制度"门槛"，制约了体制外优秀人才向体制内流动。由于体制内外人才制度不统一、相互分割，抑制了人才活力，阻滞了人才结构调整。2013年，我国R&D人员居世界总量的25.3％，但是衡量国际技术地位的重要指标PCT专利总量仅占10.5％，相当于美国的37.6％，日本的49.1％。

推进人才发展体制机制改革，必须打破体制内与体制外人才的制度藩篱，激活"两个体制的人才"。党的十八届三中全会强调，建设统一开放、竞争有序的市场体系，是使市场在资源配置中起决定性作用的基础。为此，加快完善现代人才资源市场体系尤为重要。要遵循人才发展规律和市场经济规律，创新完善现行人才流动机制，让人才各得其所、大展其长。一是破除身份壁垒，统一人才资源价格体系。加快推进机关事业单位工资福利制度改革、国有企业薪酬制度改革、养老、医疗等社会保障制度并轨，剥离附着在身份上的各种隐性利益，引导人才在价格信号下理性选择。二是加强市场基础建设，

保障人才流动。完善公务员招录与党政领导干部公开选拔制度,积极推进政府雇员制、聘任制公务员等试点,畅通体制外人才进入体制内的渠道。促进机关事业单位人事档案的开放,为用人单位选人用人提供参考,加快建立体制内人才向体制外流动社保转移接续的具体办法,消除后顾之忧。完善企业人才人事工作政策法规,指导企业建立健全规范的人力资源管理开发制度。三是树立竞争择优导向,激发人才活力。进一步加强预算管理、促进预算公开、强化预算约束,完善公务员考核管理和事业单位绩效工资制度,形成能上能下、能进能出、优胜劣汰的常态机制,保持一池活水。

(二)引进海外人才与开发国内人才不协调的问题

引进海外人才既是提升创新能力、实现赶超跨越的有效途径,也是参与国际人才竞争、激发国内人才活力的重要举措。同时,做好国内人才资源的开发是发挥人才资源大国优势、实现可持续发展的必然要求。引进海外人才与开发国内人才应当并重,但目前两者存在一定程度的不协调。一是重视程度有差异。近年来,从中央到地方大力实施海外引才计划。由于引进海外人才较少涉及对原有人才工作利益格局的调整,阻力比较小,相对易于推进、出成绩,导致一些地方和部门形成重引进轻培养、重海外人才轻国内人才的倾向。国内人才开发由于条条块块参与单位多,都有一套相对成型的培养模式和工作机制,大的创新与突破比较少。二是政策不平衡。不少地方针对海外人才设置优惠政策,如重金支持、税收返还、绿色通道等"超国民待遇",一些国内本土人才对此有意见,认为"厚外薄内"。同时引才政策开放度又不够,海外人才无法享受一些基本的国民待遇,如签证、居住证办理、子女就学、配偶就业、买房、买车、社保等,在市场准入上面临不少障碍。

建设人才强国,需要择天下英才而用之,统筹开发利用国际国内两种人才资源,既要大力引进海外人才,做优增量,又要大力开发国内人才,激活存量。一是更大力度实施"千人计划"。进一步增强人才政策开放度,简化出入境审批手续、拓宽绿卡发放范围、提升绿卡含金量,研究"双重"国籍制度,营造与发达国家(地区)接轨的人才制度环境,吸引和集聚更多海外优秀人才回国(来华)工作。二是更大力度实施国内人才开发"万人计划"。把"万人计划"与"千人计划"放到同等位置来抓,把"千人计划"引进、评审、管理、服务工作中的成功实践、体制机制推广运用到"万人计划"工作中,使国内人才与海外人才一视同仁、竞相发展。三是更大力度抓好统筹与结合。随着中国国力增强,各方面改革深入推进,市场经济体制机制逐步完善,我国将逐渐由"人才洼地"变为"人才平地",由"人才回流"发展为"人才环流"。因此,在制定政策、分配资源、推进工作中需要始终注意引进海外人才与开发国内人才的衔接,各有侧重,相得益彰。

(三)高端引领与统筹推进脱节的问题

经济社会发展需要各种层次、各种类型的人才。从层次上看,合理的人才结构应该是金字塔形,高层次人才起引领带动作用,各类基础型、应用型人才起支撑保障作用;从领域上看,合理的人才生态应该具有丰富的多样性,覆盖经济、政治、文化、社会、生态、党建等各个方面;从梯次上看,应该老、中、青结合,兼顾当前和长远发展。目前人才工作存在抓重点与抓统筹一手硬、一手软的问题。一是基层基础人才得不到足够重视。如,在政策制定、资源配置上向高层次人才倾斜,向经济、科技领域人才倾斜,向成熟人才倾斜,而对基层基础人才重视不够。尤其是企业急需的基础型人才、技能型人才,受户籍限制等影响,无法与户籍人口享受同等的公共服务,流失率比较高。调查显示,找不到专业人才,难以建设人才团队是众多"千人计划"专家引进后面临的一个突出问题,这也限制了引进专家作用的有效发挥。二是人才培养结构失衡。重学历教育轻职业教育、重经济领域轻民生领域比较普遍。根据麦肯锡公司 2013 年的调查报告,到 2020 年,我国用人单位需要 1.42 亿受过高等教育的高技能人才,如果劳动者的技能不能进一步提高,我国将面临 2400 万的人才供应缺口。据民政部统计,全国专业社会工作人才只有 40 多万人,占全国总人口数的 0.29%,远低于发达国家(地区)3%的水平。三是青年人才成长受制约。在现行的科技、教育、人才体制机制中,项目、课题、经费等资源容易集中到成名成家的高层次人才手中,青年人才的话语权很少。青年人才生存难、创新难,需要花费大量时间和精力在找人头、跑项目、拉关系上。以事业单位职称评定问题为例,目前的评价体系体现不了青年人才的特点,强调年头、资历、奖项。不少基层科研院所、学校、医院反映,一些青年人才因职称评定名额原因评不上而流失或转行。

习近平总书记指出,"作为一个制造业大国,我们的人才基础应该是技工,不要都想上大学,更多的人还应该是做基础性的工作,有技工,有工程师,有发明家,这样组成我们的人才团队,实业方面就不会泡沫化"。实现人才工作协调均衡发展,在继续坚持高端引领的同时,必须统筹抓好各类人才队伍建设。做到高层次人才与基层基础人才、青年人才协调发展。一是优化人才培养结构。加强职业教育、技能培训,促进更多高校向应用型、应用技术型高校转型,加强职业教育与企业的对接合作,推广"双证制"、"双师制"职业教育模式,加快培养高技能人才、应用型人才。二是扩大服务保障覆盖面。实现人才服务由"精英制"向"普惠制"的转变,着力缓解基层基础人才、青年人才的创业创新条件、住房、社保等后顾之忧,使他们能够集中精力创业创新。三是把更多的资源向青年人才倾斜。政府公共资源应当发挥"孵化器"作用,为青年人才创新创业创造更多机会,支持青年人才创业创新,鼓励成功、宽容失败,多一些"雪中送炭",少一些"锦上添花"。对高层次人才应当推向市场,通过市场机制发挥其更大的作用。

(四)基础研究人才与产业化人才"两张皮"的问题

基础研究人才(创新人才)和产业化人才(创业人才)分处创新链的不同阶段,前者主要生产知识,后者把知识转化为现实生产力,两者都是不可或缺的,且两者结合的紧密程度很大程度上决定了创新的绩效。目前基础研究人才和产业化人才队伍建设畸轻畸重，不够协调。一是在基础研究人才（创新人才）方面，人才科技管理政策法规有待完善。部分制度不能适应基础研究与产业化结合的需要。如在基础研究人才相对集中的高校、科研院所，职务发明成果使用、收益分配机制不合理，阻碍了人才转化科技成果的积极性。人才评价标准比较看重学历、职称、论文、奖项、专利文献等指标，而对人才的能力、贡献、产业化情况等重要指标缺乏考虑。事业单位绩效工资制度不尽合理，特别是在一些科研单位，未充分体现不同岗位的特点和绩效差异，未很好地调动甚至挫伤了员工的积极性。一些事业单位人才反映，事业单位绩效工资像"吃大锅饭"，没有体现效益优先，做多做少一个样。二是在产业化人才（创业人才）方面，人才评价、人才激励政策不适应。现行人才评价如职称评定标准大多一个系列一套标准，重学历职称轻实绩贡献，未充分考虑不同行业、不同岗位的特点，对产业化人才方面的考虑较少。政府制定的各类人才激励政策，通常倾向以个人素质如学历、职称为条件，往往要硕士、博士、高级职称。从实际调查看，目前许多中小企业的创业者、骨干人才大多学历不高，还有雕刻、陶瓷等民间特色人才，这些人才学历相对较低（有些没有学历），很难享受政府相关的人才津补贴和相关待遇。此外，现行人才政策都比较注重对个体的激励，而产业化人才（创业人才）更看重的是高效的公共服务、配套的产业链、整体的创业环境。

打造完整的创新链，打通基础研究与产业化的渠道，必须统筹抓好基础研究人才（创新人才）与产业化人才（创业人才），促进"两创"紧密结合，互相融合，迸发活力。一是完善人才分类评价指标体系。人才评价要充分考虑人才所从事的具体岗位和工作，进行科学分类，设置以实际业绩、实际贡献为主的人才评价指标。如高校科研院所科技人才评价，可将科技人才划分为基础研究、应用研究、技术推广转化、技术支撑等类别。不同类型的科技人才应采取不同的评价指标。人才价值核心体现在其工作业绩上，同时根据不同类型人才的特点，也要兼顾其他方面指标，如学历、职称等基本素质能力指标。针对一些特殊人才，还要考虑人才影响力指标。二是完善企事业单位人才管理的相关法律法规。完善的法律法规制度是保障基础研究与产业化紧密结合的基础，需要调整完善现行不合时宜的人才管理法律法规和政策。如，对高校院所、国有企业等国有单位职务成果的管理方式，使发明者、创新者能够合理分享创新收益。三是完善事业单位绩效工资制度。建立健全岗位分类绩效考核体系，实行有效的绩效工资制。针对不同类型的岗位采取相应的绩效考核方式，使员工薪酬充分体现绩效差异，既保证绩效考核的公平性，又保证绩效考核的有效性。对一些急需的专业人才、做出突出贡献的人才，要制定专门的绩效工资管理办法，可以不受单位工资总额限制。四是完善人才激励政策。要根据基础研究人才（创新人才）、产业化人才（创业人才）的特点制定人才激励政策，包括人才激励的对象、条件、形式、周期等，提高人才激励政策的合理性。如对产业化人才（创业人才),可以把创造的税收额、创造的就业岗位、专利的实际转化运用情况作为激励条件。对经济社会发展做出重要贡献的人才、民间特色人才也应有相应的人才激励政策。需要注意的是,对一个区域来讲(特别是市、县级),既要重视产业化人才(创业人才),也不能轻视基础研究人才(创新人才)。要通过培育发展高新园区、创新型企业,建立公共科技创新平台,鼓励企业设立研究院、技术中心、院士专家工作站、博士后工作站等途径,培养引进创新人才队伍,为产业转型升级提供人才科技支撑。

(五)党委政府"越位"与用人单位"不到位"的问题

党管人才根本目的在于尊重人才、解放人才、用活人才,调动全社会积极性来做人才工作,充分发挥各类人才作用。从实际情况看,当前人才工作中还存在一些不足和差距。一是政府对人才工作微观领域介入比较多、比较细。在人才工作特别是引才、育才工作中,一些地方政府往往唱主角,越俎代庖,用人单位及人才服务中介机构的作用发挥不够,看上去热热闹闹,实际效果并不佳。人才工作涉及人才识别、使用、服务等具体问题,只有企业事业单位成为引才用才主体,才能实现引对人、用好人。二是用人单位抓人才工作的内生动力不足。如浙江不少企业仍处于依赖低端劳动力、依赖低价优势参与市场竞争的阶段,由于发展的惯性,要么继续在低端环节寻找空间,要么脱实向虚,进行投机,引才用才还没有成为一种普遍的自觉。大多数企业缺乏现代企业管理理念和人力资源管理能力,在人才工作中短期行为比较多,缺乏系统思维和长远眼光。三是重才爱才氛围还不浓。人才是劳动力中素质较高的群体,是创业创新的主力军。现在社会上不少人还带着"不患寡而患不均"的眼光看待人才和人才工作,嫉才妒才、轻才贬才、求全责备、急功近利等落后人才思想还有市场,重才爱才的良好社会氛围还不浓厚。

做好人才工作,需要把"有形之手"和"无形之手"有机结合起来,发挥两个方面的优势,在全社会大兴识才、爱才、敬才、用才之风。一是完善党管人才工作格局和运行机制,更好地发挥政府在人才工作中的作用。全面深化人才工作体制机制改革,充分发挥各方面的积极性,把市场能做好的交给市场,把引才用才的自主权交给企业,更好地发挥政府在宏观战略研究、优化公共服务、保障公平竞争、加强市场监管、维护市场秩序、弥补市场失灵等方面的作用。二是完善市场配置机制,进一步发挥人才主体作用。通过政策指导、扶持和激励,调动各类人才社会组织和团体、人力资源服务中介乃至人才个体参与人才工作。如对海外人才招募工作予以补贴或对人才服务机构实行税收激励,鼓励人才猎头中介参与人才引进。三是营造人才发展氛围,形成全社会重才爱才的浓厚氛围。加强和改进人才工作宣传,讲好人才故事,大力宣传表彰优秀人才和重才爱才先进典型,加快建立国家荣誉制度,让各类人才政治上有荣誉、经济上得实惠、社会上受尊重。在全社会营造鼓励创新、宽容失败的社会氛围,使人才创业创新活力得到迸发、成果得到肯定。

四、推进人才发展体制机制改革重点路径的若干建议

推进人才体制机制改革和政策创新,关键是要坚持党管人才原则,加强对人才体制机制改革发展的领导,把握正确方向,谋划重点路径,积极稳妥予以推进,确保人才体制机制改革保持正确轨道,取得实质性突破和进展。

(一)加强人才发展体制机制改革的顶层设计和系统建设

人才战略是我国的基本国家战略,要高度重视人才体制机制改革问题。结合制定"十三五"规划,加强顶层设计,统筹谋划推进,制定人才体制机制改革的"路线图"。人才工作是一项系统工程,人才体制机制改革涉及经济、社会诸多领域。人才体制机制改革"单兵突进"不可能取得实效。要充分发挥党委统一领导、组织部门牵头抓总、职能部门各司其职密切配合、社会力量广泛参与的人才工作格局作用,加强对人才体制机制改革的宏观指导和组织协调,在推进经济、产业、教育、科技、文化、社保、户籍等领域改革时,同步推进人才体制机制改革,使人才体制改革与相关领域改革同频共振、互促并进,人才工作与经济、社会、科技、教育等工作衔接配套、协调发展。

(二)以重点领域和关键环节突破带动人才发展体制机制改革

要抓住人才和社会关注、示范意义明显的领域推进改革,带动人才体制机制创新。如,要进一步深化事业单位人事管理改革,深化绩效工资制度改革,建立健全岗位分类绩效考核体系,把绩效真正落到实处,激发人才创业创新活力。对职务成果转化应进一步解放思想,更多关注科技成果产业化带来的"溢出"效应,克制对产权归属的过多约束,让创新者在享受收益的同时造福社会。要加快社会保障制度改革,消除体制内外"双轨制",破除人才要素市场的分割状态,改变人才流动的风险收益结构。要进一步提高人才政策的开放度,改"正面清单"为"负面清单",实行"非禁即可",拓展人才创业创新领域,拓宽海外人才就业范围,提升人才工作、居住、服务等方面的便利性。

(三)设立人才管理改革试验区推进人才体制机制改革

国家中长期人才规划纲要提出"鼓励地方和行业结合自身实际建立与国际人才管理体系接轨的人才管理改革实验区"。2014年12月,国务院决定推广中关村国家自主创新示范区的有关人才科技先行先试政策。目前,中组部在北京、天津、武汉、杭州重点建设四大未来科技城,并在全国建立了一批海外高层次人才创新创业基地。浙江也在筹划建设一批"千人计划"特色产业园。下一步,要依托国家自主创新示范区、人才基地、人才园区、科技城,设立若干人才管理改革试验区,在人才体制机制改革上先行先试。重点创新人才支持政策(创业资金投入、土地、税收、收入分配、社会保障、公共服务等),创

新人才开发模式(人才＋资本、人才＋项目、人才＋企业等),为人才发展创造良好的条件和环境,大力吸引集聚高端人才创业创新。通过设立人才管理改革试验区,探索形成一批可借鉴、可复制的人才开发经验和模式,加力推进人才发展体制机制改革。

(四)持续实施重大人才工程推动人才发展体制机制改革

重大人才工程是落实人才优先发展战略、推动人才体制机制创新的重要抓手。这些年来,中央和地方组织实施一批重大人才工程,有力促进了人才工作体制机制改革创新。如"千人计划"实施5年多来,不仅引进了大批优秀海外高层次人才,而且推动了人才引进、居留、评价、创新创业等方面政策机制改革,成效显著。要更大力气抓实"千人计划"、"万人计划"等重大人才工程,在实施人才工程中推进人才体制机制改革。地方要根据中央部署,因地制宜实施重点人才工程,形成上下衔接、条块结合、协调配套的人才工程体系。对人才工程实施过程中形成的行之有效的做法、经验和创新成果,要及时总结,有的要上升到制度层面固化下来,增强人才体制机制改革的针对性和实效性。

课题负责人:姚志文(浙江省委组织部副部长、省委人才办主任)

课题组成员:张旭明　张　滨　雷　雨　徐　旻　陈丽君　孟德玖　许春良　柯培华

报告执笔人:孟德玖　许春良

探索建立浙江人才管理改革试验区问题研究

□ 浙江省委人才办课题组

一、建设人才管理改革试验区的背景和意义

人才是推动经济社会发展的第一资源,把经济特区的理念及经验延伸至人才要素领域,探索建设人才试验区,是特区思想在新的经济社会形势下的创新发展。人才管理改革试验区是以人才及相关要素为主要对象,通过实行特殊的人才政策措施,带动人才体制机制创新,推动人才优先发展的特殊空间。

《中共中央关于全面深化改革若干重大问题的决定》提出"全面深化改革,需要有力的组织保证和人才支撑"。为新时期人才工作提出了更高要求。党的十八届三中会提出"建立集聚人才体制机制",这是一个人才开发的社会化、市场化、国际化的创新概念,与以前的人才管理有很大区别。这要求人才工作要打破常规化的思维模式、扫清层级化的体制障碍、跳出行政化的管理模式。

人才管理改革试验区的探索在此背景下显得尤为重要,其中最重要的就是试验区创造了一种新型的生产关系。生产关系体现在制度层面,很难在短时期内全部解决,因此需要在特定的区域内先行先试人才政策和创新体制机制、解放思想、解放人才、解放科技生产力,创造一种新型的生产关系。

(一)各地建设人才管理改革试验区的基本情况

中国的人才试验区建设始于深圳,深圳市人事局于2001年率先提出了人才试验区命题。此后,这一创新之举呈现出蓬勃的发展势头。一方面,开展试点的区域范围不断扩展。在深圳之后,局部的一些地区也开展了一些积极的探索,但范围有限,比如,广西的人才小高地建设(2004)、江苏的六大人才特区建设试点(2006)、湖北的武汉东湖人才特区建设试点(2009)等。2010年以后,东部的天津、无锡、宁波、厦门、深圳等,中部的长沙、南昌等,西部的成都、乌鲁木齐等,纷纷规划部署建设人才试验区。另一方面,人才试

验区建设由局部的地方探索上升到国家改革议程和政策层面。中国的人才试验区建设，最初主要是地方政府职能部门的改革之举。但随着人才重要性的显现，2010年以后，人才试验区进入国家改革议程和政策层面，国家中长期人才发展规划纲要(2012—2020年)明确提出，鼓励地方和行业结合自身实际建立人才管理改革试验区，并正式确定北京中关村、深圳前海、广州南沙珠海横琴(粤港澳)为国家级人才特区或人才管理改革试验区。同时，一些地方政府也制定出台了专项的政策法规，设立了专门的推进机构和工作平台(如无锡市)，人才试验区成为中央和地方政府普遍认同的充满改革红利的创新之举。

目前，人才管理改革试验区的已经由聚焦于特定问题的内部管理机制改革的1.0阶段发展到着眼于人才要素与其他要素整合的外部发展环境创新2.0阶段。习总书记关于人才工作的重要批示指出："择天下英才而用之，关键是要坚持党管人才原则，遵循社会主义市场经济规律和人才成长规律，着力破除束缚人才发展的思想观念，推进体制机制改革和政策创新，充分激发各类人才的创造活力。"浙江要建设人才管理改革试验区，就是要遵循深化改革、发挥市场决定性作用的大方向，探索形成顶层设计与市场推动两方面的合力，最大限度地满足各项改革工作对人才支撑的要求。

(二)人才管理改革试验区推动各地发展的重要作用

1. 引领科学发展的建设定位：顺应了转型发展的内在需求

各地一般都把人才试验区建设与加快战略新兴产业发展、转变经济发展方式有机结合起来。国内人才试验区建设较为领先的北京中关村、无锡市、武汉东湖高新区等，都是围绕"人才＋项目＋产业"的模式来实施特殊政策，通过大量集聚高端人才和智力资源，促进区域自主创新能力提升和战略性新兴产业发展，从而以人才的优先发展引领支撑经济转型升级。2012年中关村实现出口261.7亿美元，较上年增长10.3%，增速为近5年的最高值。2013年中关村示范区利润同比增速为26.6%，增速重回2008年经济危机以来的年均复合增长率之上，且较2012年提升了10个百分点。

2. 先行先试的路径安排：契合了人才开发的现实需要

在人才的国际流动和知识集聚的选择越来越多的情况下，人才尤其是高端人才的全球流动、全球配置、全球定价、全球争夺的属性特点更加明显，人才竞争日趋激烈。一些体制机制问题具有全局性、长期性和根本性的特点，相关的改革一下子全面推开。人才试验区通过先行先试，可以在平稳有序的条件下，探索具有先导示范价值的人才管理新模式。当前经验证明，人才试验区建成后很快会成为具有国际国内竞争力的区域人才高地，如2012年中关村聚集的留学归国人员数量达到1.6万人，同比增长了17.5%，比2008年增长了一倍多，创下历史新高。

3.各种试验区的改革示范:提供了重要的经验借鉴

人才试验区是中国进行人才发展改革的新窗口、排头兵和试验场,承担着试路探索、实践检验和具体示范的特定功能。从国际来看,有关高科技园区的建设实践和成功经验为中国人才试验区建设提供了有益的思路和经验借鉴。美国硅谷、日本筑波科技城、印度班加罗尔软件科技园、新加坡纬一科技园等世界一流的高科技园区,已经从以科技促进产业为特征的第一代线性模式园区、以关注创新环境为特征的第二代链式模式园区,发展到以突出人才与其他创新要素有效结合的第三代网络模式园区。第三代园区强调以人才为核心,更加突出人才与政产学研资的有机融合,以及学习娱乐生活工作的一体化发展。从国内来看,目前已基本形成了 4 种主要类型的人才试验区:以北京中关村为代表的园区型试验区;以海外高层次人才创新创业基地为代表的基地型试验区;以无锡人才特区为代表的政区型试验区;以深圳前海为代表的行业产业型试验区。人才试验区都普遍聚焦于引进海外高层次人才,在签证居留、金融支持、股权激励、生活保障等方面出台了一系列突破性的政策,在人才政策和体制机制创新方面发挥了先行先试的示范带动作用,为人才优先发展提供了特别支撑。

(三)浙江建设人才管理改革试验区的现有基础

1.浙江有依靠人力资本实现经济腾飞的历史经验

改革开放 30 多年来,在邓小平理论和党的基本路线指引下,浙江民营经济快速崛起并迅猛发展,一度成为我国经济发展的一大亮点。浙江在土地短缺、资源不足的情况下能够创造经济腾飞的"奇迹",其根本在于浙江的人力资本结构化优势——浙商群体。浙商是中国近代最具实力和影响的区域商人群体。在历史的演变之中,浙江商人形成了富有特色的"浙商精神",即勤奋精神、合作精神和创新精神。浙商精神是浙商从起初的货郎转变为现代的成功企业家的经验积淀和总结,同时也是这个转变过程成功的必不可少的关键因素。从改革开放到今天的深化改革,浙商已经发展到第二代、第三代,浙商形成的企业家人力资本优势仍是浙江经济发展的核心竞争力。浙江实现经济的"二次腾飞"的根本路径就是将企业家、创新人才等整合起来,把当前人力资本的结构化优势转变为人力资本的全面优势。

2.浙江有适合充分发挥市场决定作用的经济条件

与市场化进程和经济增长相伴而生的浙江民营经济,其发展特色是十分明显的。浙江民营经济高度发达。以中小企业为中坚力量,推进了非农产业发展和经济总量的持续增长。"块状"经济发展模式突出,依托专业市场和重点发展轻型加工业,在资源小省初步实现了市场化和工业化的有效联结。这样的发展特点决定了浙江对创新资源的需求十分旺盛,创新人才与民营企业的合作空间巨大。民间资本十分雄厚。民间投资主体多元化格局已经形成,民间投资涉足面广,表现出强大的对外扩张能力,据统计,目前浙江私募基金管理资产超过 1000 亿元。浙江"人才＋资本"模式的探索已经初见成效,如能进一步引导民间资本与创新资源对接,必将对创新驱动产生强烈的催化作用。市场意识深入人心,中国的商品市场发端于浙江,浙江也集成了众多全国乃至世界最大的专业性商品市场,"以市场聚资源"的模式成就了"浙江制造"的辉煌。市场是产品的终端,也是创新成果转化过程中的重要环节,发达的商品市场也对创新成果的产业化形成巨大的吸引力。

3. 浙江有探索政府职能与市场接轨的工作基础

市场经济以产权明确、自主决策、自由交易、公平竞争为基本特征。市场主体的产权界定及其运用能否得到保障,取决于政府管理造就的市场环境。人才管理改革的核心问题就是如何正确处理政府与市场的关系。中国政府管理中干预过多,管制过严,越位、缺位、错位并存现象早已有之,"看得见的手"摁住"看不见的手"一直广受诟病。浙江在行政体制改革中较早地对权力清单制度做了探索。党的十八届三中全会决议公布后,浙江省委、省政府立即部署在 50 多个省级部门全面开展权力清理工作。由省编制办具体负责,各厅局单位对本部门权力进行清理上报,再由法制部门做合法合规性审查,并引入第三方学术机构做独立评估,聘请专家学者根据党的三中全会精神和政府职能定位,对现行权力作合理性审查。"繁荣来自于活力,活力来自于制度"。明确政府职能、划清政府与市场的边界为人才工作市场化机制的建立打下了坚实的制度基础。

(四)浙江建设人才管理改革试验区的现实需求

1. 建设人才管理改革试验区是浙江经济转型发展的需要

浙江民营经济发达、小微企业众多,当前产业结构较低、增长方式粗放、资源要素紧缺、环境压力加大等突出问题决定了转型升级必须依靠科技注入、人才保障。而要在当今经济一体化背景下成功占据市场,就必须拥有国际一流的高端人才,建设具有国际竞争力的人才高地。随着市场在人才资源配置中作用的不断增强,国内区域间的人才竞争将不断加剧。据国家有关部门统计,目前,人才流向上海的比例是 37％,流向广东的比例是 22％~23％,流向浙江的比例是 6％~7％,这说明浙江对人才的吸引力还不够强。当前发达国家经济衰退导致的人才外流,以及我国经济减速带来的大学生就业问题凸显,为浙江吸引更多的创新型人才提供了机遇。

2. 建设人才管理改革试验区是浙江整体战略部署的需要

当前处于浙江"十三五"规划编制时期,一方面要解决经济、社会、环境一系列重大问题,另一方面要实现建设"两富"、"两美"浙江,推进"四化同步"等重要任务。当前浙江的战略部署与相应的人才结构之间存在着错位问题,主要表现在:高层次领军人才和国际化人才缺乏,无法满足创新驱动对具有国际竞争力创新成果的需求;技术研发人才和高技能人才不足,无法提供企业转型升级所需的内外部驱动力;现代服务业人才缺乏,无法营造推进物质与精神共同富裕所需的"软环境"。浙江经济与社会发展整体战略的推进不仅需要从人才的支撑与保障入手,更需要打破体制机制障碍,打开人才管理工作的市场化国际化新格局。

3.建设人才管理改革试验区是浙江解决现有矛盾的需要

当前浙江虽是人才资源大省,但在高端人才、科技人才等方面与国内发达地区还存在一定差距。《中国人才集聚报告(2014年)》显示,浙江在高端人才总量、人才资源总量、人才资本总量、专门人才总量、专利及产业化等指标上位于全国4~5名,在学历人才结构、人才资本结构、专门人才、人才效能等指标上位于全国8~10名,在专利结构指标上排名全国最末。人才和创新资源结构化矛盾较突出,这极大地制约了浙江经济转型发展。另外,人才工作现有做法中还存在着不少与深化改革精神相悖的矛盾和问题,如政策举措同质化、手段对象单一化、工作职能叠加化等。建设人才管理改革试验区既是厘清人才工作思路、理顺人才工作脉络、形成人才工作优势的重要手段,也是浙江建设区域性人才集聚高地、形成国际化人才竞争力的重要机遇。

二、建设人才管理改革试验区的目标和任务

(一)总体目标

在体制建设、机制运行、政策保障、资金投入、环境营造和工作模式等方面采取相对优先和特殊的举措,充分发挥用人单位主体作用,逐步建设各类人才高度集聚、人才作用充分发挥、资源配置持续优化、工作机制真正创新的人才管理改革试验区。

(二)基本特征

人才开发与管理的市场化是浙江建设人才管理改革试验区的基本特征,具体来说,就是紧紧围绕创新驱动、转型发展对人才的需求,强调市场在资源配置中的决定性作用、发挥用人单位在人才开发中的主体作用、激发各类人才创业创新的主观能动性。

(三)主要任务

人才管理改革试验区的主要任务是:实现一批"人才欢迎、市场认可、社会接受"的体制机制创新突破,出台一批让国内外人才"来得了、待得住、用得好、留得住"的人才开发政策,形成一批"接轨国际市场、符合浙江实际、可复制可推广"的改革经验。

(四)建设重点

人才管理改革试验区的建设要以解决体制机制方面的突出问题为重点、以浙江经

济发展与社会进步的现实需求为导向、以满足各类人才的生活保障和发展要求为原则。当前人才工作主要存在着以下亟须解决的重点问题。

1. 建设市场化人才资源配置机制

从人才资源的供给、需求及供需对接机制三个角度看,当前人才要素配置的市场化面临以下问题:

(1)海外引才政策还不够开放。一是不承认双重国籍。由于海外人才多来自发达国家,加入中国籍的代价比较高,愿意入籍或恢复国籍的人才比较少。二是绿卡难以获得,申请的门槛高,标准模糊。自 2004 年实施绿卡制度以来,年均发放量仅有 248 张,大量发展急需的技术人才、高技能人才无法获得绿卡。三是外籍人才权利有限。根据 2012 年 9 月起施行的《外国人在中国永久居留享有相关待遇的办法》第 1 条规定,持有中国绿卡的外籍人员除政治权利和法律法规规定不可享有的特定权利和义务外,原则上和中国公民享有相同权利,承担相同义务,表述模糊,且第 2～17 条均为列举式规定,采用的是权利"正面清单"方式。

(2)体制内人才流动的意愿不足。一是由于社保的多轨制,体制内身份的预期收益比较高,具有较强的吸引力。新的《事业单位人事管理条例》要求"事业单位及其工作人员依法参加社会保险,工作人员依法享受社会保险待遇",但具体实施办法还没有出台,特别是原有的身份与社会保险的接续问题,观望情绪比较浓。二是流动的风险高,由于就业市场竞争激烈,事业单位定编定岗,新聘用工作人员要面向社会公开招聘,事业单位人才流动出去以后再回到体制内的难度比较大。

(3)人才流动还面临客观障碍。一是公共服务的接续。由于不少公共服务特别是子女教育与户籍、住房挂钩,不少人才到新的单位、新的城市不够落户标准、没有实力买房,无法享受户籍人口的公共服务。如不少高技能人才、研发人才的子女只能就读于民工子女学校。二是流动的自由受限。虽然体制内人才与用人单位是聘用合同关系,但对用人单位的人身依附性比较强,有些单位负责人思想不够解放,从档案、户籍、手续等方面制造障碍。

(4)人才培养与发展需要脱节。一是人才培养结构不合理,人才供给过剩与有效需求得不到满足并存。2013 年,全国高校毕业生初次就业率为 77.4%,不少已就业的高校毕业生就业质量不高,稳定性差。有调查显示,在 2011 届大学毕业生中,有 14% 的大学毕业生处于低就业状态,并且在本地区月收入处于最低的 25%。同时,许多企业又难以在劳动力市场上找到生产服务一线的技术技能人才。有关机构对全国 100 个城市人力资源市场供求变化状况的持续监测表明,技能劳动者和专业技术人员的供求缺口明显加大,2010—2012 年年均比率已超过 2∶1 的水平。二是人才培养质量不过硬,"严进宽出",与市场需求结合不紧密,毕业生动手能力不强,雇主满意度不高。

(5)供求对接的机制还不够完善。一是基础设施不健全。政府大量组织招才引智活动,基本停留在搭建平台的层面,对供需缺乏精细的分析与管理,而在人才资源的宏观管理、信息开放、市场监管等方面缺乏作为。二是人才资源服务业发展滞后。存在着观念陈旧,人才缺乏,规模偏小,高端业态比重较低,专业化程度不高、规范性不够等问题,企业和人才对行业的信心不足。

(6)企业引才用才的主体作用还有待发挥。一是发展阶段制约。不少企业还处于依赖低端劳动力、依赖低价优势参与市场竞争的阶段,由于发展的惯性,要么继续在低端环节寻找空间,要么脱实向虚,进行投机,引才用才还没有成为一种普遍的自觉。二是发展能力制约。缺乏现代企业管理理念和人力资源管理能力,在人才工作中短期行为比较多,缺乏系统思维和长远眼光。三是公共服务制约。企业能够提供好的薪酬待遇、改善工作环境,但是对于教育、住房等公共服务无能为力,对人才向往体制内身份转移无能为力,人才流失率比较高。

2. 建设市场化创业要素配置机制

(1)行政审批存在管的宽、环节多、周期长现象。一是个别审批项目不合理或者没有必要。比如民营科技人才的出国考察、培训的审批,这种事项理应由企业或个人决定的。二是个别审批项目多头管理、互为制约。如建设类项目,同一对象的同一行为,多个部门审批,审批条件互为前提,单个看,不能说没有道理,但综合看,始终无法进行审批,就造成一关"卡壳",整个项目"泡汤"。三是审批手续烦琐,时限过长。上个项目,要经过七八个月的时间,甚至一年也办不完审批。

(2)人才企业融资难、融资贵问题依然突出。一是从财政资金扶持角度看,政府综合施政做得还不够。目前组织、发改、科技、人社等部门已设立了专项资金、资助办法和考评细则,但在一定程度上存在各自为政,部门与部门、政策与政策之间缺乏有效整合和衔接,有的政策不管有没有用一成不变,有的政策一年一定,年年变样,既造成企业的无所适从,也降低了财政资金使用效率,综合施政的叠加效应不大。二是从政府引导社会资金角度看,资本市场作用发挥不够。大多数人才企业还处于起步阶段,企业规模小,效益不稳定,抗风险能力弱,资本市场对该类企业融资所设定的门槛较高,手续复杂且融资成本较高,而恰恰政府在建立健全信用担保、风险补偿等机制方面也没能及时补位,致使资本市场针对人才企业开发的金融信贷产品不全、较少,造成人才企业融资问题一时难以有效解决。三是从融资渠道看,企业融资渠道单一。近年来,商业银行贷款、民间借贷成为初创型中小企业获取资金的主要来源,一方面是由于社会融资规模逐年缩小造成了投资性资本的相应减少,另一方面是通过股票市场、私募股权、风险投资等方式融资的门槛又相对较高,初创型企业根本无法满足这些要求,只能通过银行和民间借贷解决融资问题。

(3)孵化平台孵化能力不强。一是从建设模式上看,近年来,在政府的引导下,上市公司、风投机构、高校科研院所、产业园等已积极参与科技孵化器等平台建设,但民营孵化器还是偏少,集群化的孵化器更少。二是从考核机制看,孵化器的管理者往往会考虑短期经济效益而偏离孵化器的功能定位,而事实上孵化器不是依靠自身产生直接的经济效益,而是通过培育高质量科技企业,通过企业融资壮大,通过优质的有偿服务来实现其价值,如何建立一套行之有效、符合孵化器功能定位的科学化考核机制非常迫切。三是从配套服务看,有些孵化器的孵化能力不足,公共创业服务体系不够完备,还停留于传统的物业管理模式,服务方式单调、服务内容单一,不能给企业发展提供创业辅导、投资融资等增值服务,导致孵化器毕业企业不多、质量不高,打造品牌化经营的孵化器还任重而道远。

3.建设市场化创新要素配置机制

从创新资源的投入、转化和共享机制来看,目前主要存在以下问题:

(1)科研项目和经费的管理有待提升。一是科技和创新项目导向不明确、方向太分散。科技和创新规划的制定仍然延续专家加官员的模式,没有企业参与的机制。一方面,"有形之手"越过"无形之手"去指定产业技术路线和发展方向,结果事与愿违;另一方面,在"市场失灵"的基础研究、社会公益研究和共性关键技术研究领域,"有形之手"的力量尤显不足。二是科研管理中申报"繁"、花钱"难"和考核"松"的问题。科研经费"重物不重人"的现象十分突出,大量的资金都转化为设备、耗材等物质资本,用于人力资本投入的资金很少。项目的申报程序复杂、经费使用的结构不合理,科研人员的精力大部分投入到项目的申请和经费的报销上,真正投入项目本身的精力有限。政府部门的精力主要投入到项目的评审和经费的分配与审计中,对项目成果缺乏有效的评估与考核,增大了科研经费的投入产出比。

(2)创新成果转化渠道不够畅通。一是创新成果产权人与发明人剥离造成转化动力不足。"职务发明"的规定造成创新成果的发明人与产权所有人的剥离。发明人有转化的积极性,但自身没有权力转化;科研院所等产权所有人因为所获利益有限、需要承担风险、行政审批复杂等原因缺乏转化的积极性,导致科研单位等集中了大量创新成果却无法实现转化,创新资源的源头未能疏通。二是知识产权交易中介服务体系不够完善。从中介机构业务领域来看,发展存在不平衡现象。生产力促进中心、创业服务中心、各种类型的科技企业孵化器等由政府主导的机构发展较快,但评估、投资服务等为知识产权和金融结合服务的中介机构则发展较慢。从中介机构服务水平来看,服务质量和人员素质偏低,服务内容单一,系统服务能力不足。从中介机构发展环境来看,支持中介机构发展的公共信息基础设施薄弱,公共信息流通不畅,目前的公共信息平台等基础设施建设远不能满足中介机构的发展要求。

(3)科研基础设施开放共享做得不够。一是政府投入形成的科技基础条件资源不能为全社会共享。一方面很多初创企业、中小企业难以承担科研设备、科研人才、信息服务等高额成本,另一方面科研院所等单位大型科研仪器闲置现象普遍存在,企业需求与现有资源未能有效、充分对接。现有的大型科学仪器设备协作共用平台等在企业中的宣传推广还不够。二是缺乏创新资源共享的统一平台。随着科技创新突飞猛进,研究的广度和深度在增加,创新的难度和继承度也在提高,研究主体的多元化特色突出,往往需要通过多个部门的配合、在专业化支撑的基础上完成,但由于缺乏公共共享平台的支撑,无法满足创新主体在研究开发、技术转移、成果转化、企业创新创业等各个环节的需要。三是基础科技资源重复性建设严重,利用率不高。据统计,我国拥有的科学仪器设备的数量已超过英国等西方国家,但许多仪器设备的利用率不到25%,而发达国家仪器设备的利用率高达170%～200%。各部门之间存在"争资源、上项目"的现象,大量重复购置仪器设备,造成资源严重浪费和经费分散。

4.建设市场化公共服务供应机制

(1)人才服务"行政化"色彩比较重。一是政府对人才服务微观领域介入过多、过深。面对当前激烈的人才国际竞争,政府部门往往直接参与人才服务事项,以行政手段解决人才需求,一定程度上影响了各类人力资源服务业等中介组织的发育成熟,从而制约了市场在人才服务的主体作用发挥。二是政府在政策调控、公共服务、市场监管等方面不够到位。由于政府部门职责体系不够健全,工作缺乏系统性,造成政府服务与市场需求不够紧密,存在重服务高端轻服务基层,重个性解决轻制度建设等问题。三是政府在人才服务上存在简单化。当前人才服务主要是政策服务,服务质量往往体现在政策的力度上,大部分人才政策简单采取"给项目"、"给票子"、"给房子"等优惠措施,满足部分高端人才需求,容易造成面上不公平不公正。

(2)公共服务举措不够创新。一是引进人才子女入学难。子女教育问题是引进人才能否安心就业的决定性因素之一。从实际情况看,当前政府制定出台了"红卡"、"绿卡"、"金卡"等优惠政策,能够解决高端人才子女入学问题。但由于公办教育资源有限、民办入学成本高,大部分企业引进的中低端人才,受户籍限制等影响,无法享受与本地人才同等的子女入学资格。二是引进人才住房保障难。安居是乐业的前提,住房保障是引进和留住人才的重要措施,也是解决人才后顾之忧,促进人才创业创新的重要保障。从现状来看,各地相继建设人才专项房、人才公寓保障引进的高层次人才住房问题。同时政府主导建设的公共租赁住房数量有限,重点保障城镇中等偏下收入住房困难家庭,满足不了大部分企业引进的中低端人才住房需求。三是社会保障制度不够健全。由于社保、医保等系统全国未联网,外地人才多地参保的情况仍然存在。受医疗标准、结算方式等因素影响,实现跨地区、跨国境医保结算平台还未建立。

（3）人才工作法制环境尚未形成。一是人才工作政策法规尚未建立健全。按照人才类型制定的法律法规中，有关党政干部（公务员管理）的立法数量较多、内容相对充实，有关专业技术人才和企业经营管理人才的立法则数量偏少、内容较为粗疏，无法满足人才事业发展的实践需要。从人才工作的环节来看，有关人才培养、选拔和使用的法律法规相对较多，有关人才评价、人才激励、人才保障等环节的法律法规较少，不能满足人才工作不同环节的需要。二是人才工作政策法规执行力不强。目前，除了《公务员法》等少量专门规定人才事项的行政法规外，大部分人才立法属于规范性政策文件或者相关主管部门发布的立法层次较低的部门规章，权威性、约束力不强，较多人才政策"立归立、行归行"，在实践中难以获得应有的实施效果。三是知识产权保护方面问题突出。当前政府出台政策，加大知识产权保护力度与产权所有人不愿意申请保护的矛盾比较突出。归根结底，知识产权保护的社会信用制度尚未健全，违法违规成本较低，保护知识产权的法制、市场和文化氛围还未真正形成。

5. 建设市场化人才作用发挥机制

由于政府与市场的边界不清晰，目前还有不少因素造成人才资源价格扭曲，影响人才资源的优化配置。

（1）人才评价不科学。一是人才评价标准简单化，人才评价由行政主导，由于信息不对称，人才评价偏重追求程序公正，对人才的个性特点、用人单位的需求考虑不够，对不同领域、不同方向、不同岗位的人才采用相同或近似的评价标准，操作上追求客观量化，项目、经费、论文成为评价人才的主要标准。二是身份固化，重视前端评价，忽视后端管理，人才评价对人才形成一种重视短期行为忽视长期发展的逆向激励。三是人才评价的公信力不足，由于行政垄断人才评价，缺乏竞争机制，人才评价中请托说情、徇私舞弊等消极现象屡屡出现。

（2）人才激励不到位。一是分配中的平均主义，事业单位管理存在事实上的软约束，绩效考核难以考实考准，人才能进不能出，能上不能下，干事创业的动力不足。二是"官本位、行政化"倾向还比较重，"双肩挑"还占有相当比例，各种资源的配置向行政领导倾斜，形成了"学而优则仕"的导向。三是人才的活力受到抑制，在跑项目、拉经费、评职称等方面花费大量的精力，在选题、经费使用、成果转化等方面受到的限制比较多，影响人才潜心研究，助长浮躁之风、造假之风。四是人才奖项不规范，人才奖项名目繁多，评审程序旷日持久，耗费申报人、评审人大量精力和行政资源，且多与经济利益和隐性利益挂钩，背离学术技术荣誉称号的属性，助长不正之风。

三、浙江建设人才管理改革试验区的推进建议

创建人才管理改革试验区，是具有长远战略意义的重大部署，是一项长期而又艰巨

的任务。需要全省上下高度重视、全力以赴,进一步解放思想,在政策、资金、人员安排等方面给予大力支持,提供强有力的保障措施。

(一)建立协调推进机构

将建设人才管理改革试验区作为省委、省政府的一项重要工作,建立专门的组织领导机构。省委、省政府成立人才管理改革试验区建设委员会,指导建设工作。建设委员会主任、副主任由省委、省政府主要领导担任,成员为省直有关部门、中央在浙有关部门,下设办公室(设在省委组织部)、政策研究组、协调联络组、督查指导组,分别负责日常工作、政策研究、对上协调、对下督促等工作。

(二)合理选择布点范围

根据人才管理改革试验区的特点和要求选定一个特定区域进行布点,结合该区域情况具体规划改革措施。动员各地各单位根据建设总体要求,结合实际情况编制方案,组织专家进行评审。按照发展基础、改革力度、可行性等标准,择优选择试点单位。

(三)争取中央部委支持

积极争取中央部委的支持指导,争取将浙江列入国家级人才管理改革试验区。完善人才管理改革试验区的调研报告和实施方案,向中组部汇报,积极争取在建设改革试验区中可能涉及的各部门权限,努力争取国家层面各项试点政策。

(四)制定出台特殊政策

组织省内有关部门制定出台人才管理改革试验区的专门政策,进行大胆创新和突破。整合现有各项重大人才工程和重要人才政策,加强政策的清调改停。在各试点单位陆续出台关于市场化人才评价、人力资本作价入股、知识产权交易、个人所得税优惠、自主职称评定、人才服务等各项政策及实施细则。

课题负责人:姚志文
课题组成员:张旭明　张　滨　许为民　陈思静　孟德玖　宫　淮
报告执笔人:陈思静

浙江区域人才发展综合指数研究

☐ 浙江省人才发展研究院课题组

　　人才资源作为生产要素之一,是其他生产要素发现、创造、生产、使用及配置的主体,是区域发展的核心要素。研究区域人才发展综合指数的评价指标体系,构建一套科学、系统、严谨、完善、专门的人才发展关键指标体系并设计区域人才发展综合指数计算方法,将有助于发现与诊断该区域人才发展中存在的主要问题。浙江区域人才发展综合指数研究将综合考虑人才资源、人才效能、人才潜力及人才环境四个核心维度,运用关键指标筛选、权重分配方法,借鉴人类发展指数等指数计算方法,对反映浙江区域人才发展的各项指标进行科学运算,以期能够更为有效直观地展现浙江的人才发展现状,帮助全省各地市全方位地实现《浙江省人才发展"十二五"规划》提出的,力争推动人才对浙江经济社会发展引领支撑作用增强、人才发展总体水平与人才竞争力位居全国前列的人才发展主要目标。

一、区域人才发展研究理论综述

(一)人才、区域人才发展概念

1.人才的概念

　　"人才"概念,自20世纪70年代随着专门研究人才规律的人才学在我国的应运而生,为国内学者深入探索,而其在国外并没有明确对应的英语单词。即便如此,对人才概念的解释国内外普遍存在多种,并未得到定论。目前国内外学者主要从三个角度对"人才"概念进行定义。

　　第一,精英角度。一些学者强调人才在智力、知识技能水平、素质、社会贡献方面有超常水平,显著高于一般人,认为"人才"概念往往与明显处于社会平均水平之上的精英型人物相匹配。①②

第二,天才角度。国外存在多种与"人才"相关的词汇,诸如"the talented"(天才、有才干的人)、"genius"(天才人物、有天赋的人)、"the gifted"(天才、有天赋的人),不少国外学者关注的"天才"概念也可以为"人才"概念做出一定释义。迈克·博森认为天才人物是指拥有天生或本能特征,且能力明显高于平均水平或者拥有更高的资质的人。一些学者则强调天才人物拥有超乎常人的创造性、顽强的毅力与努力、杰出造诣的特征。③

第三,一般性人才角度。大量国内学者通过这一角度对"人才"概念进行定义。一些学者认为人才不同于一般性的人力资源,其具备一定知识技能、进行创造性劳动并做出相对一般劳动者来说较大的社会贡献,包含了做出显著贡献的精英型人物。④此外,也有学者强调做出一定贡献即是人才,对人才的定义更为宽泛。从这一角度对人才的定义突破了人才贡献水平的层次性限制,将更多普通人才纳入人才范畴,具有更广泛更坚实的群体性意义,因而本研究选取一般性人才角度,将人才定义为人力资源中能力素质较高的劳动者,具有一定知识或技能,能够进行创造性劳动并做出一定社会贡献的人。

2.区域人才发展概念

区域人才发展概念在一些政策文件及学者著述中可以找到相关阐述,《国家中长期人才发展规划纲要(2010—2020年)》中对人才发展战略目标的确定,综合考虑了人才规模、素质、投入和效能四方面,并据此开展深入研究论证,设立了14项指标。赵永乐认为一国或地区的人才队伍发展指标体系包括:人才规模、人才结构、发展速度、人才变动和人才效益五个方面。但总的来说,当前国内外学者对人才发展概念并没有明确统一的定义,许多对人才发展状况的研究主要集中于人才竞争力的研究上。周敏将城市人才竞争力作为城市竞争力、国家竞争力评价指标中的一个指标。瑞士洛桑国际管理开发学院(IMD)自1980年来每年发布的《世界竞争力报告》中将"国民素质"作为评价各国综合竞争力的一项重要指标。在对其地位、作用进行一定明确的基础上,一些学者对人才竞争力的定义进行界定。如毛瑞福等指出区域人才竞争力是"一个区域所从属的大区域中对人才要素的优化配置能力"。潘晨光、倪鹏飞等和戴志伟对人才竞争力的界定既考虑了人才数量、质量、结构、比例等人才要素自身因素,也涵盖了人才成长、发展、吸引和使用的环境及人才效用。综上,学者普遍认为人才竞争力展现的是一个城市在人才方面的竞争优势,是一个综合性、多层次、系统性的概念,且具有动态性与对比性。

区域人才发展概念与区域人才竞争力概念存在共通之处,区域人才发展状况可以

① 林春丽.论人才定义与人力资源开发.人才开发,2002(12):13—14.
② 帕累托.精英的兴衰.上海:上海人民出版社,2003.
③ R.S.艾伯特.天才与杰出成就.杭州:浙江人民出版社,1988.
④ 王通讯.人才学通论.北京:中国社会科学院出版社,2001.

用区域人才竞争力解释,区域人才竞争力评价离不开对区域人才发展状况的考察。两者实际上属于相互影响、密不可分的概念。同时,区域人才发展概念又不等同于区域人才竞争力的概念,除了人才资源、人才效能等区域人才竞争力的显性指标外,又增加了人才潜力这一隐性指标,旨在发掘区域内人才的可持续发展能力。本研究在借鉴各类人才竞争力研究的基础上,认为区域人才发展是指一个区域在人才方面的发展状况与发展潜力,其体现了一个区域的人才竞争力,是包含区域的人才资源(人才资源存量、结构与质量)、人才效能(人才资源的产出能力)、人才潜力(潜在人才的存量及人才流动)、人才环境(人才投入成长及使用环境、经济与生活环境吸引力)等方面的综合性、多层次、系统性的概念,区域人才发展不仅具有纵向发展变化的动态性,亦具有横向不同区域之间的人才发展可比性。

(二)区域人才发展研究的理论基础

1. 以区域发展理论作为理论基础

区域发展的不同理论对区域人才发展研究提供了一定的借鉴意义。丁焕峰指出,工业化和区域发展路径的多样化导致众多各具特色的区域发展理论出现和形成,在兴起、增长、发展、创新等四个不同阶段存在不同的区域发展理论,其中发展阶段与创新阶段的现代区域发展理论更多地为区域人才发展研究提供理论支持。如发展阶段的现代区域发展理论逐步认识到人力资源在区域发展中的重要性与必要性,创新阶段的区域学习、网络与创新理论则强调知识在创造、保持产业和区域竞争力中的作用以及区位在学习过程中的作用,认为产业活动的地理集聚是为了追求一种特殊的地方环境以增强企业的学习能力,而这依赖于个人、企业、组织在特定创新环境下聚集,通过地理接近和便利的学习以实现技术的创新、扩散和知识累积。区域发展理论对区域发展概念、知识与创新等理念的强调对区域人才发展研究提供了理论依据与理论支持。

2. 以人力资源相关理论为理论基础

著名管理学家彼得·德鲁克在其《管理的实践》一书中最早提出"人力资源"的概念,后此概念进入人们视线,经过研究者不断的内涵提炼与研究深入,人力资源的相关理论日益充盈并产生影响。人力资源的概念包含宏观层面与微观层面,宏观层面的人力资源是指一个国家或地区内能够推动国民经济和社会发展,达到劳动年龄、未达到劳动年龄和超过劳动年龄但具有劳动能力的人口总和。微观层面的人力资源则指一定时期内可以为组织所使用,进行价值创造、具有脑力劳动和体力劳动能力的人的总和,是具有"特殊能力"的资源。

许多学者从人力资源对国家、区域经济社会发展产生的作用入手,分析人力资源区别于其他资源的特征、作用机制,以此强调人力资源的重要性及关键性。如迈克尔·托达罗认为,人力资源最终决定着一个国家经济和社会发展的性质与步伐。张国民等指出,人力资本是促进区域产业集群形成的一大推动因素,并且是增强产业集群发展与创新的一大路径。高其勋等认为一个地区的人力资源开发及利用情况明显与其经济发展水平呈正相关关系,因而各类经济资源中,人力资源对于一个地区的经济发展来说是最重要、第一性的资源。[①] 中共中央、国务院颁发的《国家中长期人才发展规划纲要(2010—2020)》(2010)阐明了我国在人力资源开发工作中的基本立场和观点,明确树立了由人力资源大国发展成为人力资源强国的目标。桂乐政指出人才是经济、社会协调发展的根本推动力量,人才优先发展符合人类社会经济发展的科学规律,因而需要从人才资源优先开发、人才结构优先调整、人才投资优先保证、人才制度优先创新四大方面推动人才优先发展。[②]

基于人力资源相关理论研究成果得出,人才是区域经济社会发展中具有基础性、关键性和战略性的资源,随着知识经济的不断发展,人才对于区域的经济社会发展将产生越来越大的作用,因而区域人才发展研究变得十分迫切与关键。

(三)区域人才发展评价指标体系研究

研究评价指标体系是研究区域人才发展状况的核心与基础。国外研究及部分国内研究侧重于从城市、区域、国际竞争力的评价指标体系角度进行,将人才发展指标体系作为其中的一个组成部分。也有大量国内学者专门针对区域人才竞争力评价指标体系展开深入研究。

1. 基于城市、区域或国际竞争力研究的评价指标体系

许多国外学者都将人才发展评价指标体系纳入国家、城市或区域竞争力研究的评价指标体系中,诸如 IMD 发布的《世界竞争力报告》、美国萨福克大学皮肯尔研究所设计的美国大都市区和州竞争力评价指标体系、英国城市竞争力指标体系中都将人力资源发展指标纳入其中。

桂昭明在借鉴 IMD2000 年《世界竞争力年鉴》基础上,将人才数量、人才质量、人才创新能力、人才使用效益、人才状态、人才环境六大维度分为内在与外在竞争力要素,对不同指标赋予不同权重系数,"形成一个专门评价人才国际竞争力的指标体系"。[③] 伞峰在基于 IMD、WEF、UNDP 设计的国际竞争力指标体系基础上,借鉴国内其他学者设计的人才竞争力指标体系,建立了以人才队伍、人才投入、人才产出和人才环境四大要素

---

① 高其勋,徐良.人力资源开发与区域经济发展.燕山大学学报(哲学社会科学版),2001(2).
② 桂乐政.人才优先发展战略的内涵解析.科技进步与对策,2012(8):145—148.
③ 桂昭明.人才国际竞争力评价.中国人才,2002(10):4—13.

构成的中国人才国际竞争力指标体系框架。[①] 此外,国内不少学者、研究生在研究城市竞争力时都把"人力资源"、"国民素质"等作为一项关键要素指标,如徐康宁、段治国、马立静等。总体看来,这类指标体系往往直接从国家或城市竞争力评价指标体系中抽取一定指标构建,虽然操作起来相对便捷,但可能影响评价结果的可信度。

2. 专门性人才发展评价指标体系

各类区域人才发展的评价指标体系研究都围绕人才资源、人才效能和人才环境三方面展开。根据人才发展状况的评价指标体系的主要维度,可分为以下几类专门性人才发展评价指标体系:

第一,以人力资源为主的指标体系。如倪鹏飞构建了人力资源数量指数、人力资源质量指数、人力资源配置指数、人力资源需求指数、人力资源教育指数 5 个维度、15 个二级指标、20 个解释指标的指标体系,对中国 50 个城市的人才发展状况进行数据收集、分析与评价。[②]

第二,以人才资源与人才效能为主的指标体系。如江苏省人事厅课题组从人才队伍状况、人才总体效能评价两方面确定 9 个指标,包括 13 个解释性指标,对比山东、广东、浙江、北京、上海等省市,对江苏省人才竞争力进行深入分析与评价。但总的来说,这类研究相对较少。

第三,以人才环境为主的指标体系。如张珍花等通过选取 11 个客观性指标,经因子分析提取出城市生活条件和环境、城市规模经济、科技教育状况 3 个指标以探讨江苏省人才吸引力。王顺采用理论分析方式从环境构成内容上将人才环境分为人才市场环境、经济环境、文化环境、社会环境、生活环境和自然环境等 6 个子目标,并在各子目标下设立若干评价指标。

第四,综合性指标体系。如戴志伟设计了人才总量规模、人才效能水平、人才发展环境三方面指标体系,涵盖 10 个二级指标和 34 个三级指标,并利用此指标体系对长三角 16 个城市人才发展状况与竞争力进行评定。[③] 江苏省人事厅课题组根据江苏省人才发展的现状和目标,结合人才发展评价指标体系构建的基本原则,并依据瑞士洛桑国际管理发展学院开发的 MD 模型和钻石模型中的相关指标,设计了人才发展存量、质量、投入、产出、环境等 5 个一级指标及 26 个二级指标,对江苏省人才发展状况进行总体评价与各区域比较,继而提出人才强省战略对策。[④]

---

① 伞锋. 中国人才国际竞争力比较. 载:潘晨光. 中国人才发展报告 No. 3. 北京:社会科学文献出版社,2006:184—201.

② 倪鹏飞等. 城市人才竞争力理论与方法. 载:潘晨光. 中国人才发展报告 No. 2. 北京:社会科学文献出版社,2005.

③ 戴志伟. 宁波人才竞争力的评价模型构建. 商场现代化,2006(10):189—190.

④ 江苏省人事厅课题组. 提升区域人才竞争力时江苏人才发展战略的核心目标. 中国人才,2002(9):44—46.

综上所述,专门性人才发展评价指标体系由于学者的不同研究偏好与视角,其指标设计有不同侧重,更加具体实际,但是都没有完整地体现人才发展的影响性要素与因子。

(四)关于关键指标法的研究

1.关键指标法的内涵、价值与流程

内涵:在对一项工作进行绩效考评时,不可能考虑到所有影响该工作的相关因素,只能选择其中最关键的因素,因而关键指标法(key performance indicator,简称KPI)应运而生。易开刚指出,KPI是通过对组织内部某一流程的输入端、输出端的关键参数进行设置、取样、计算、分析,衡量流程绩效的一种目标式量化管理指标,是一种把企业的战略目标分解为可运作的远景目标的工具,是企业绩效管理的基础。KPI的理论基础为二八原理,即一个企业在价值创造过程中每个部门和每位员工80%的工作任务是由20%的关键行为完成的,抓住关键就抓住了主体。胡钊红认为,KPI是用于沟通和评估被评价者绩效的定量化和行为化的标准体系。KPI主要用于组织的绩效考核中,在给予组织目标或考核评估目标进行细化分解的基础上,抓住其中的关键指标,从而明确主要成分、简化评估过程。

价值:研究者对KPI的价值与意义也存在许多阐述。如胡钊红认为KPI有利于绩效评估的提高;对业务执行流程进行支持,有助于企业战略目标的完成;有利于员工更加有效地完善自我;便于上级对下级的管理和指导;可使企业把握内外部环境变化,并对其做出快速反应。易开刚则指出,KPI具有关键性、可操作性、系统性、敏感性等特点,可以使各级主管明确各级部门主要责任,并以此为基础,明确部门人员的业绩衡量指标。虽然现有对KPI价值的研究普遍关注其对组织与企业绩效管理的作用,但KPI也可以应用于诸如区域人才发展、人才竞争力、国家竞争力、国家经济社会均衡发展等对象的状况评估中。区域人才发展综合指数设计与计算亦以KPI的选取为基本前提。

流程:易开刚介绍了企业实施KPI考核的基本流程,主要包括对企业战略目标进行分解,明确所辖部门和个人在一定时期内应该完成的任务;设定KPI考核指标;审核关键绩效指标;KPI考核的实施与监控。胡钊红亦介绍了确定员工KPI的步骤,主要包括分解工作模块,确定及筛选主要考核指标;分析岗位任职资格,确定不同能力员工的评价标准。其亦指出,KPI的确定是一个随环境、时间变化需要适时调整变动的动态过程。总结来说,KPI的确定过程应当包括分析评估对象内核、设定KPI、审核KPI(专家咨询等方法)、KPI实施与修正等几部分。

2.关键指标法对本课题的作用

KPI的关键性、系统性、可操作性将简化并聚焦区域人才发展综合指数的计算方法、兼顾人才发展状况的各主要层面,使可操作性与数据可获得性提升,因而是综合指数设计的前置步骤。本研究对 KPI 的运用将按照明确区域人才发展内涵、提炼关键指标、专家筛选、计算方法设计、应用于实践、修正的流程展开,以期系统、简捷、有效地评估浙江区域人才发展状况。

二、浙江区域人才发展综合指数的指标体系设计

(一)浙江区域人才发展综合指数计算方法设计

参考几类人才发展的评价指标体系后,本研究对浙江区域人才发展综合指数的评价指标体系进行全面、综合地构建(详见附件 1)。然后,基于全面的区域人才发展评价指标体系框架,从每个四级指标下筛选出关键指标(KPI),成为综合指数计算涉及的关键变量,同时剔除掉无法获得实时数据的指标,并根据浙江省人才工作的实际特点增添了部分替代指标,构成新的浙江区域人才发展综合指数二级指标体系,见表 1。

表 1　浙江区域人才发展综合指数评价指标体系①

	一级指标	权重	二级指标	权重类别	权重
区域人才发展综合指数	B01 人才资源指数	0.30	B05 人才人口密度(%)	A	0.070
			B06 规模以上企业研发机构人才平均学历当量(%)	A	0.070
			B07 非公企业高技能人才占比(%)	B	0.053
			B08 企业经营管理人才占比(%)	B	0.053
			B09 专业技术人才占比(%)	B	0.053
	B02 人才效能指数	0.30	B10 人才经济系数(万元)	A	0.070
			B11 规模以上企业从业人员人均产值(万元/人)	B	0.053
			B12 万人拥有 R&D 活动人员(人年)	B	0.053
			B13 万人发明专利授权量(项)	B	0.053
			B14 发明专利授权量在专利授权总量中占比(%)	A	0.070
	B03 人才潜力指数	0.21	B15 人才流动率(%)	A	0.070
			B16 规模以上企业研发机构与规模以上企业总数之比(%)	C	0.035
			B17 R&D 经费支出占 GDP 比重(%)	B	0.053
			B18 教育支出占财政支出比重(%)	B	0.053
	B04 人才环境指数	0.19	B19 人均收入年增长率(%)	A	0.070
			B20 环境质量综合评分	B	0.053
			B21 医疗床位指数(张/万人)	C	0.035
			B22 文化事业指数(个/万人)	C	0.035

注:权重部分将 18 条二级指标,按重要性分别对应 A、B、C 类,A=极其重要,B=重要,C=一般重要。A、B、C 类权重分别为:C 为 1.0,B 为 1.5,A 为 2.0。统计每类项数并赋值,然后再折算为比例数。

---

① 数据来源:浙江统计年鉴(2013).北京:中国统计出版社,2013;浙江科技统计年鉴(2013).杭州:浙江大学出版社,2013.

浙江区域人才发展综合指数分为人才资源指数、人才效能指数、人才潜力指数、人才环境指数等四个一级指标。

其中,人才资源指数包括人才人口密度、规模以上企业研发机构人才平均学历当量、非公企业高技能人才占比、企业经营管理人才占比、专业技术人才占比等指标。

人才效能指数包括人才经济系数、规模以上企业从业人员人均产值、万人拥有R&D活动人员、万人发明专利授权量、发明专利授权量在专利授权总量中占比等指标。

人才潜力指数包括人才流动率、规模以上企业研发机构与规模以上企业总数之比、R&D经费支出占GDP比重、教育支出占财政支出比重等指标。

人才环境指数包括人均收入年增长率、环境质量综合评分、医疗床位指数、文化事业指数等指标。

(二) 区域人才发展的评价指标体系设计说明

1. 模型的选择

根据区域人才发展综合指数评价体系的结构,可以构建一般意义上的区域人才发展综合指数评价体系模型,即

$$J_i = \sum_k B_k \cdot Q_k$$

其中,J_i 为不同层次和类型区域的人才发展综合指数,B_k 为第一、第二层级的各项指标(指数),Q_k 为分别对应第一、第二层级的指标数。

2. 权重的确定

利用构建的评价指标体系对区域人才发展综合指数进行评价时,各指标的作用各不相同。为了体现不同指标在评价指标体系中得重要程度,要对每个指标赋予不同的权重系数。指标的权重是各指标相对重要程度的一种主观与客观度量的反映,合理的权重系数对区域人才发展综合指数评价具有重要的意义。

目前,评价指标权重的确定方法主要采用主客观相结合的专家集体决策方法,如德尔菲法、层次分析法、灰色关联分析法等。本研究报告在明确指标体系层级结构后,应用专家评价法对区域人才发展综合指数评价体系的指数权重加以确定。即按照专家打分的方法进行权重赋值,将18条二级指标,按重要性分别对应A、B、C类,A=极其重要,B=重要,C=一般重要。A、B、C类权重分别为C为1.0,B为1.5,A为2.0。统计每类项数并赋值,然后将每个二级指标折算为比例数,最后累加每个一级指标下的二级指标权重,得到一级指标的权重。

3. 数据处理的原则及方法

由于人才发展综合指数数据量纲的不同,因此,要对这些指标进行综合集成,并且

要对指标数据进行无量纲处理。本研究报告主要采取指数化方法。

指数法的计算公式为：

$$X_i = \frac{x_i}{x_{0i}}$$

其中，X_i 为指数，x_i 为原始值，x_{0i} 为最大值。

三、浙江区域人才发展综合指数评价

为了增强研究的针对性，我们采取的浙江区域人才发展综合指数评价包括浙江 11 个地市的综合指数、人才资源指数、人才效能指数、人才潜力指数、人才环境指数等五个方面的评价与比较。

（一）各地市人才发展综合指数排名

各地市人才发展综合指数数据除特别说明外，均采用 2012 年年底人才经济数据及其衍生数据，数据来源见附件 2。

在浙江各地市人才发展综合指数排名方面，杭州稳居首位，且与第二位宁波拉开了差距，宁波排名第二，与后面的城市也有一定的差距，但不很明显。舟山市表现抢眼，排名第 3 位。排名 4~11 名的分别是绍兴市、嘉兴市、湖州市、金华市、台州市、丽水市、温州市、衢州市。见表 2、图 1。

表 2　浙江各地市人才发展综合指数排名

序号	人才发展综合指数排序	人才发展综合指数
1	杭州市	0.897
2	宁波市	0.727
3	舟山市	0.689
4	绍兴市	0.672
5	嘉兴市	0.670
6	湖州市	0.667
7	金华市	0.613
8	台州市	0.605
9	丽水市	0.602
10	温州市	0.569
11	衢州市	0.556

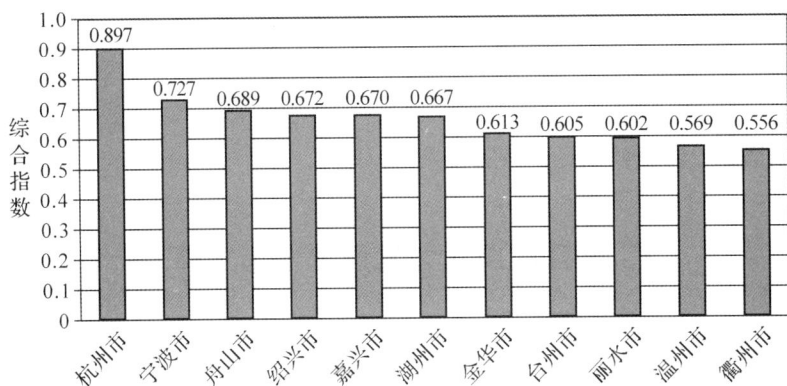

图1 浙江各地市人才发展综合指数排名

(二)各地市人才发展分项指数排名

在浙江各地市人才发展的4个分项中,杭州市在全部4个分项居首位,且在人才资源指数、人才效能指数、人才环境指数3个分项上与第二位拉开了差距;宁波市在人才潜力指数、人才环境指数2个分项上位居第二位,绍兴市在人才资源指数上位居第二位,而舟山市则在人才效能指数上位居第二位;另外,值得关注的是,舟山市在人才资源指数、人才环境指数2个分项上位居第三位。见表3、图2至图5。

表3 浙江各地市人才发展分项指数排名

序号	排序	B01 人才资源指数	排序	B02 人才效能指数	排序	B03 人才潜力指数	排序	B04 人才环境指数
1	杭州市	0.921	杭州市	0.882	杭州市	0.893	杭州市	0.890
2	绍兴市	0.768	舟山市	0.683	宁波市	0.813	宁波市	0.773
3	舟山市	0.757	宁波市	0.648	嘉兴市	0.766	舟山市	0.731
4	嘉兴市	0.738	绍兴市	0.557	金华市	0.748	丽水市	0.719
5	湖州市	0.728	湖州市	0.553	绍兴市	0.745	湖州市	0.697
6	宁波市	0.717	嘉兴市	0.522	台州市	0.722	嘉兴市	0.688
7	丽水市	0.716	衢州市	0.499	湖州市	0.714	金华市	0.685
8	金华市	0.700	台州市	0.490	温州市	0.674	台州市	0.648
9	温州市	0.632	温州市	0.443	衢州市	0.608	绍兴市	0.622
10	衢州市	0.615	丽水市	0.438	丽水市	0.567	温州市	0.555
11	台州市	0.610	金华市	0.385	舟山市	0.562	衢州市	0.495

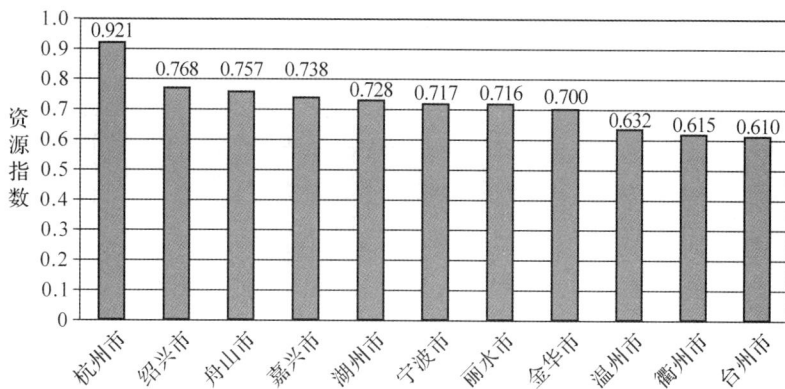

图 2 浙江各地市人才资源指数排名

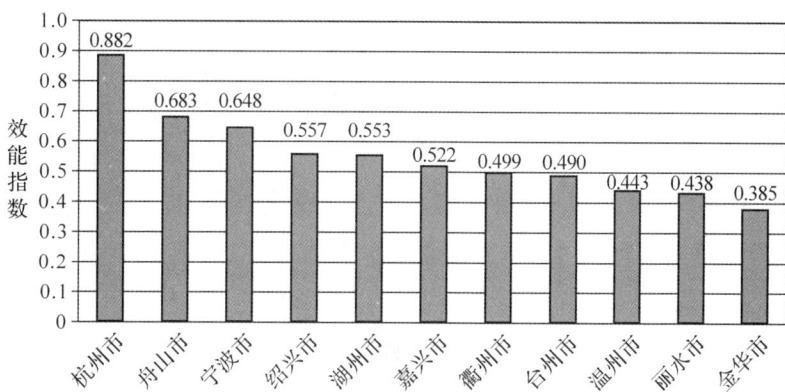

图 3 浙江各地市人才效能指数排名

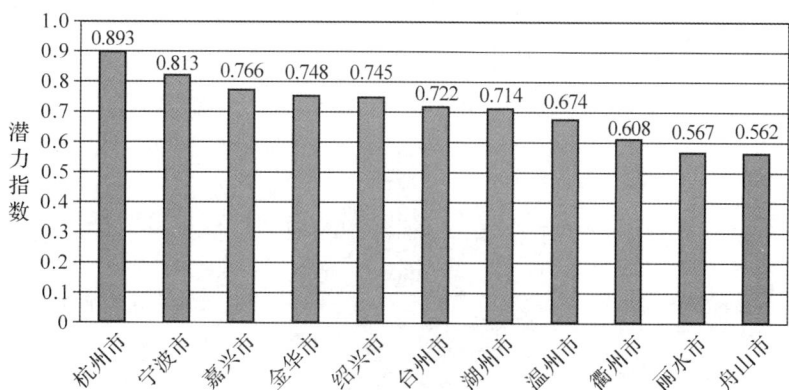

图 4 浙江各地市人才潜力指数排名

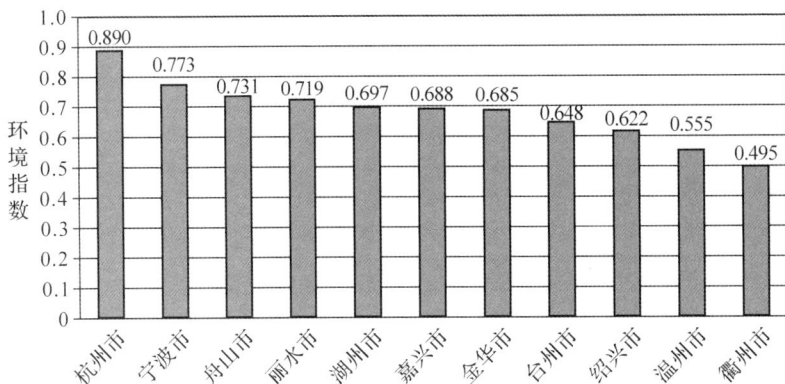

图 5 浙江各地市人才环境指数排名

(三)浙江各地市人才发展综合指数述评

1. 杭州市人才发展综合指数述评

从杭州市人才发展综合指数一级指标雷达图可见(见图 6),在浙江各地市中,杭州市在人才资源指数、人才效能指数、人才环境指数三个方面具有绝对优势;在人才潜力指数具有相对优势。具体来讲,杭州市在人才人口密度、规模以上企业研发机构人才平均学历当量、企业经营管理人才占比、专业技术人才占比、万人拥有 R&D 活动人员、万人发明专利授权量、发明专利授权量在专利授权总量中占比、人才流动率、R&D 经费支出占 GDP 比重、医疗床位指数、文化事业指数等二级指标上均排名第一。但在非公企业高技能人才占比、人才经济系数、教育支出占财政支出比重、人均收入年增长率等几个方面尚待加强。为此,保持杭州市人才发展综合指数在浙江各地市中的绝对、相对优势至关重要。杭州市未来人才发展的重点,应着眼全国,与北京、上海、广州、深圳等国内一线城市进行综合比较,发扬长处、补足短处。

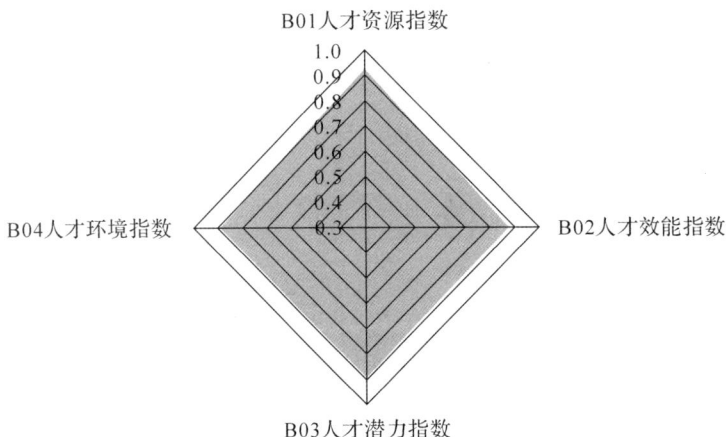

图 6 杭州市人才发展综合指数

2. 宁波市人才发展综合指数述评

从宁波市人才发展综合指数一级指标雷达图可见(见图7),在浙江各地市中,宁波市在人才潜力指数、人才环境指数两个方面具有相对优势;在人才资源指数方面则显示出相对弱势。具体来讲,宁波市在规模以上企业研发机构与规模以上企业总数之比这一二级指标上排名第一,在人才人口密度、企业经营管理人才占比、万人拥有 R&D 活动人员、万人发明专利授权量、人才流动率、医疗床位指数、文化事业指数等多个指标上排名靠前。但在规模以上企业研发机构人才平均学历当量、非公企业高技能人才占比、发明专利授权量在专利授权总量中占比、教育支出占财政支出比重等几个方面尚待加强。为此,宁波市应继续保持人才发展综合指数在浙江各地市中的相对优势,并从北京、上海、广州、深圳等国内一线城市区域人才发展的规律中找到弥补自身不足的办法,尤其要关注如何改善人才资源数量与结构不足的相对弱势上。

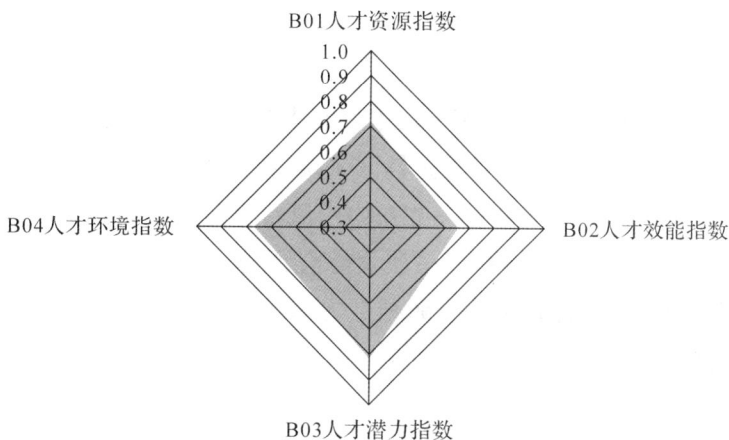

图 7　宁波市人才发展综合指数

3. 舟山市人才发展综合指数述评

从舟山市人才发展综合指数一级指标雷达图可见(见图8),在浙江各地市中,舟山市在人才资源指数、人才效能指数、人才环境指数三个方面具有相对优势;在人才潜力指数方面则显示出相对弱势。具体来讲,舟山市在非公企业高技能人才占比、人才经济系数、规模以上企业从业人员人均产值等几个二级指标上排名第一,但在万人拥有 R&D 活动人员、R&D 经费支出占 GDP 比重、教育支出占财政支出比重等几个方面尚待加强。为此,舟山市应继续保持人才发展的良好势头,未来要重点关注如何改善人才发展潜力不足的相对弱势上。

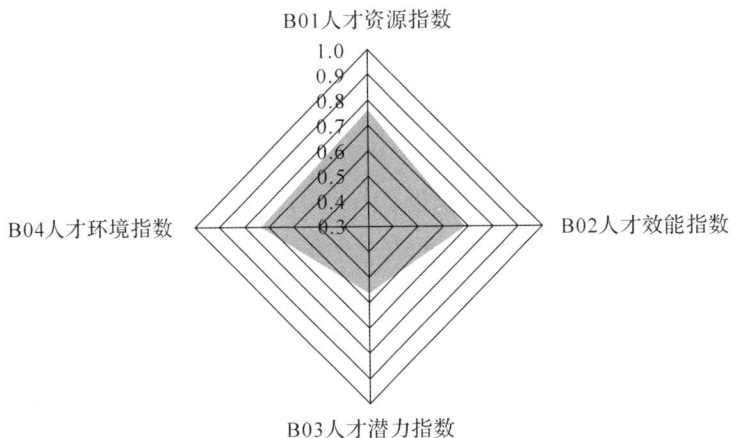

图 8 舟山市人才发展综合指数

4.绍兴市人才发展综合指数述评

从绍兴市人才发展综合指数一级指标雷达图可见(见图 9),在浙江各地市中,绍兴市在人才资源指数方面具有相对优势;人才效能指数、人才潜力指数处于中游水平;在人才环境指数方面则显示出相对弱势。具体来讲,绍兴市在规模以上企业研发机构人才平均学历当量、规模以上企业从业人员人均产值、教育支出占财政支出比重等二级指标上排名靠前,但在人才经济系数、环境质量综合评分、文化事业指数等几个方面尚待加强。为此,绍兴市应继续保持人才资源指数方面的相对优势,未来要重点关注如何改善人才环境不佳的相对弱势上。

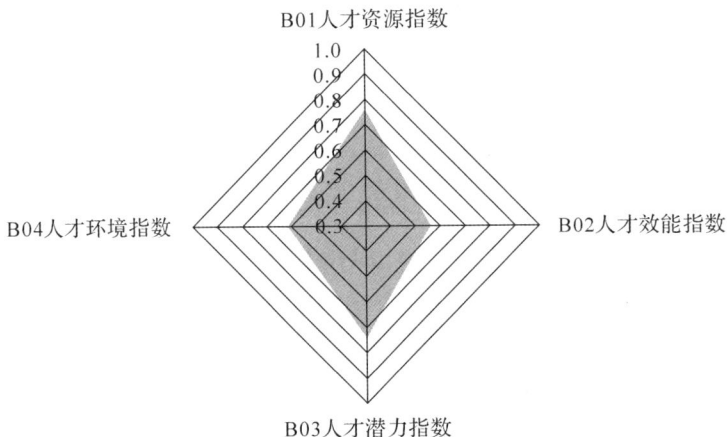

图 9 绍兴市人才发展综合指数

5. 嘉兴市人才发展综合指数述评

从嘉兴市人才发展综合指数一级指标雷达图可见（见图10），在浙江各地市中，嘉兴市在人才潜力指数、人才资源指数方面具有相对优势；人才效能指数、人才环境指数处于中游水平。具体来讲，嘉兴市在企业经营管理人才比重、人均收入年增长率等两个方面排名第一。但在规模以上企业研发机构人才平均学历当量、专业技术人才占比、环境质量综合评分等几个方面尚待加强。为此，嘉兴市应继续保持人才潜力指数、人才资源指数方面的相对优势，未来要争取在浙江各地市中，在人才潜力与人才资源方面建立起相对优势。

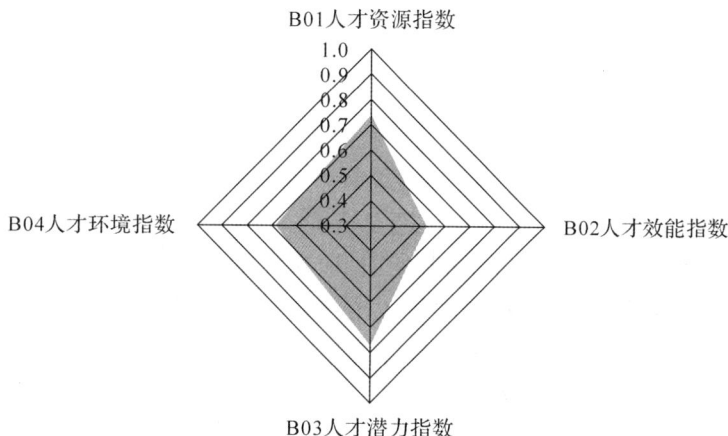

图10　嘉兴市人才发展综合指数

6. 湖州市人才发展综合指数述评

从湖州市人才发展综合指数一级指标雷达图可见（见图11），在浙江各地市中，湖州市在人才资源指数、人才潜力指数、人才环境指数方面均处于中游偏上水平；但在人才潜力指数方面则显示出相对劣势。具体来讲，湖州市在非公企业高技能人才占比、R&D经费支出占GDP比重、人均收入年增长率、环境质量综合评分等几个方面排名靠前。但在专业技术人才比重、规模以上企业研发机构与规模以上企业总数之比、R&D经费支出占GDP比重等几个方面尚待加强。为此，湖州市未来应争取在人才资源指数、人才潜力指数、人才环境指数几个方面建立起相对优势，改善人才潜力方面的相对劣势。

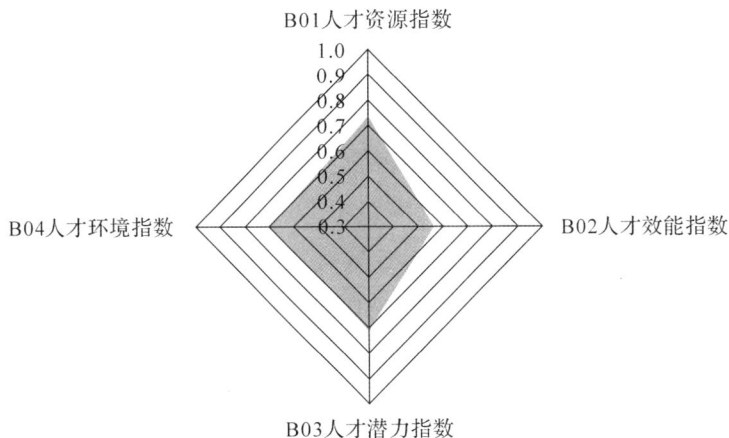

图 11　湖州市人才发展综合指数

7. 金华市人才发展综合指数述评

从金华市人才发展综合指数一级指标雷达图可见(见图 12),在浙江各地市中,金华市在人才潜力指数方面均处于中游偏上水平;但在人才资源指数、人才环境指数方面则显示出相对劣势;在人才效能指数方面显示出绝对劣势。具体来讲,金华市在教育支出占财政支出比重方面排名第一,在人才流动率方面排名靠前。但专业技术人才占比、人才经济系数、万人发明专利授权量、发明专利授权量在专利授权总量中占比指数等几个方面尚待加强。为此,金华市应争取在人才潜力指数方面建立起相对优势,改善人才资源与人才环境方面的相对劣势,重点则要关注人才效能的明显劣势。

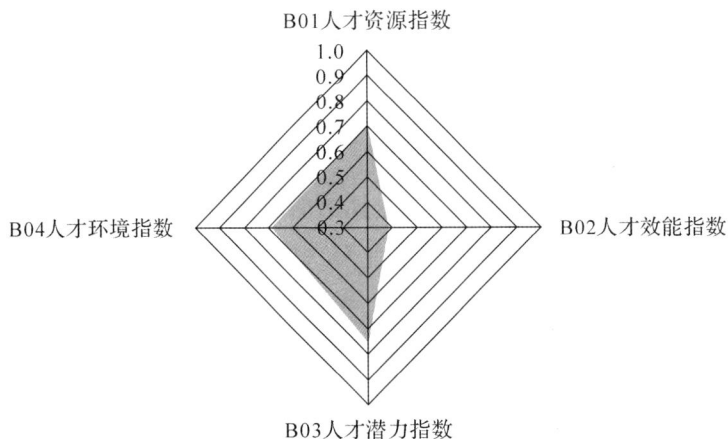

图 12　金华市人才发展综合指数

8. 台州市人才发展综合指数述评

从台州市人才发展综合指数一级指标雷达图可见（见图13），在浙江各地市中，台州市在人才潜力指数方面均处于中游水平；但在人才效能指数、人才环境指数方面则显示出相对劣势；在人才资源指数方面显示出绝对劣势。具体来讲，台州市在发明专利授权量在专利授权总量中占比、规模以上企业研发机构与规模以上企业总数之比、教育支出占财政支出比重等二级指标上排名靠前。但在人才人口密度、非公企业高技能人才占比、专业技术人才占比、人才经济系数、规模以上企业从业人员人均产值、R&D经费支出占GDP比重、医疗床位指数等多个方面尚待加强。为此，台州市应争取在人才潜力指数方面建立起相对优势，改善人才效能与人才环境方面的相对劣势，重点要关注人才资源的明显不足。

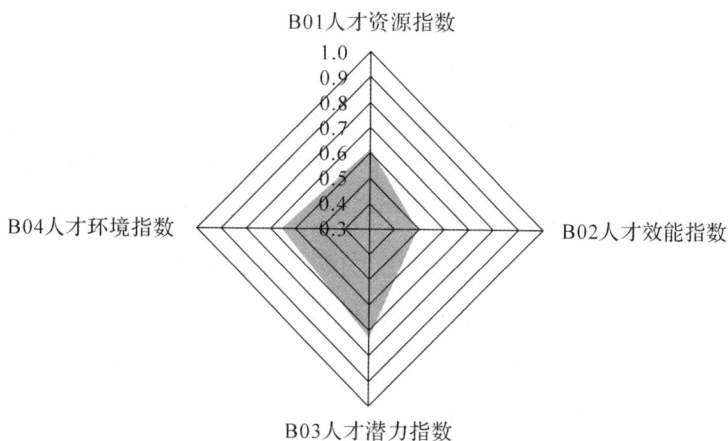

图13　台州市人才发展综合指数

9. 丽水市人才发展综合指数述评

从丽水市人才发展综合指数一级指标雷达图可见（见图14），在浙江各地市中，丽水市在人才环境指数方面具有相对优势；但在人才资源指数方面显示出相对劣势；在人才效能指数、人才潜力指数方面则显示出绝对劣势。具体来讲，丽水市在专业技术人才比重、环境质量指数等二级指标上排名第一。但在人才人口密度、非公企业高技能人才占比、万人拥有R&D活动人员、万人发明专利授权量、发明专利授权量在专利授权总量中占比、人才流动率、规模以上企业研发机构与规模以上企业总数之比、R&D经费支出占GDP比重等多个方面尚待加强。为此，丽水市应争取在人才环境指数方面继续保持相对优势，改善人才资源方面的相对劣势，重点要改善人才效能与人才潜力的明显劣势。

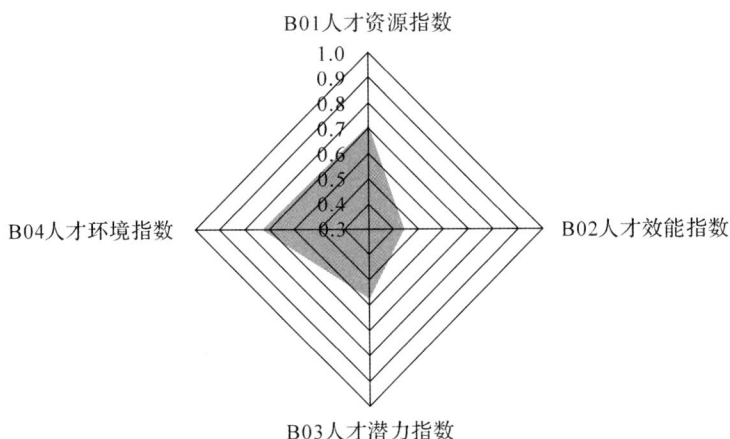

图 14　丽水市人才发展综合指数

10. 温州市人才发展综合指数述评

从温州市人才发展综合指数一级指标雷达图可见（见图 15），在浙江各地市中，温州市在人才潜力指数方面显示出相对劣势；在人才资源指数、人才效能指数、人才环境指数方面显示出绝对劣势。具体来讲，温州市在教育支出占财政支出占比上排名第一，在企业经营管理人才占比上排名靠前。但在规模以上企业研发机构人才平均学历当量、万人拥有 R&D 活动人员、万人发明专利授权量、规模以上企业从业人员人均产值、人均收入年增长率、医疗床位指数、文化事业指数等多个方面尚待加强。为此，温州市未来应注重改善人才发展各个方面的明显劣势。

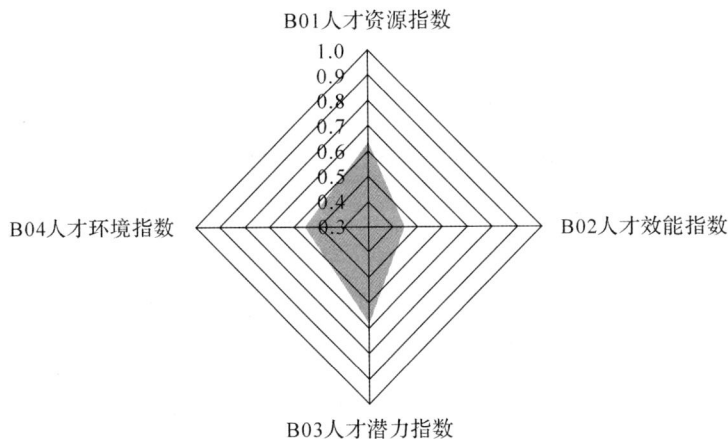

图 15　温州市人才发展综合指数

11. 衢州市人才发展综合指数述评

从衢州市人才发展综合指数一级指标雷达图可见（见图16），在浙江各地市中，衢州市在人才效能指数方面显示出相对劣势；在人才资源指数、人才潜力指数、人才环境指数方面显示出绝对劣势。具体来讲，衢州市在环境质量指数上排名第一，在人才经济系数上排名靠前。但在人才人口密度、非公企业高技能人才占比、企业经营管理人才占比、万人拥有 R&D 活动人员、万人发明专利授权量、人才流动率、R&D 经费支出占 GDP 比、人均收入年增长率、医疗床位指数、文化事业指数等多个方面尚待加强。为此，衢州市未来应注重改善人才发展各个方面的明显劣势。

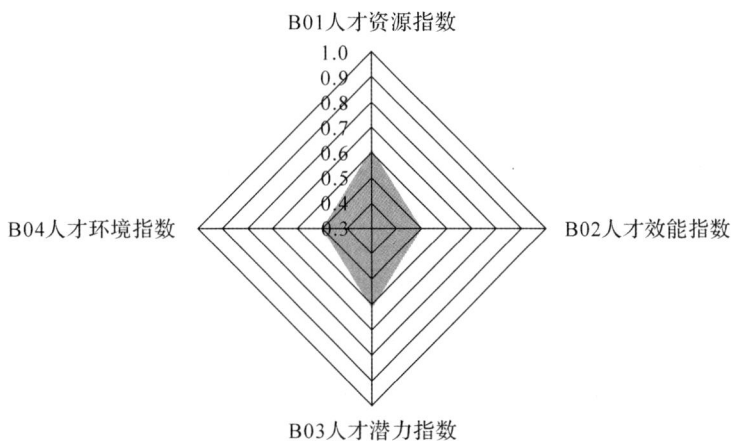

图 16　衢州市人才发展综合指数

附件 1：浙江区域人才发展的评价指标体系框架

一级指标	二级指标	三级指标	四级指标	备 注
人才资源指标	人才存量	人才数量	专业技术人才数量 科技活动人员数量 在校大学生数量 实用型人才数量（数据可能不易获得） 人才总量	人才数量指标是综合指数需要考虑的关键指标，此处四级指标的设置将囊括主要人才类型的数量，从而进一步获得本研究关注的人才总量
		人才密度	人才占人口比率 人才占从业人员比率	人才密度指标的设置目的在于了解人才在区域人口及从业人口中的密集程度
	人才流量	人才流动量	年人才流出人数 年人才流入人数	流量指标的设置目的在于了解区域人才的动态变化情况，但只是局限于区域人才的流入与流出情况，而未考察区域本身拥有人才的数量与结构性变化，对区域人才队伍发展趋势及潜力的评价将主要在人才潜力指标中体现
		人才流动速度	年平均每万人口流出人才人数增长率 年平均每万人口流进人才人数增长率	
	人才素质	人才平均素质	人均受教育年限 大专及以上学历人才比重	人才素质指标考察的是区域人才队伍的层次水平，各细化指标的权重也将不同设置
		高层次人才比重	副高及以上职称专业技术人才比重 硕士及以上学历人才比重 大型企业经营管理人才比重	
		创新创业人才	科技活动人员比重 研究与开发人员比重 创业人员数量	
	人才结构	人才年龄结构	青年人才比重(40岁及以下)	人才结构指标考察的是人才队伍不同组成主体的比重，从而分析人才队伍的结构性特点
		人才专业结构	平均每万人口中在校大学生人数 平均每万人口中大专以上学历人员数 平均每万人口中专业技术人才数 平均每万人口中科技活动人员数 平均每万人口中实用型人才数	

一级指标	二级指标	三级指标	四级指标	备 注
人才效能指标	创新效能	专利产出	每百万从业人员专利批准数 年专利批准总量 年专利批准总量增长率	著作产出与版权费两个指标之间存在交叉的研究对象，加入版权费指标目的在于考虑区域人文研究的产出，而非局限于科技研究产出。当然在计算综合指数时，将重新考虑各三级指标的权重及四级指标的选择
		著作产出	年发表于科技刊物上的论文数 每百万人发表于科技刊物上的论文数 发表于科技刊物上的论文数增长率	
		版权费	收到的版权与许可费 每百万人收到的版权与许可费 收到的版权与许可费增长率	
	经济效能	产出效率	人均GDP 人均GDP增长 劳动生产率 人才经济系数 人均地方财政一般预算内收入	
人才潜力指标	人才发展投入	教育投入	教育公共支出占GDP比重 教育公共支出占GDP比重增长率 教育公共支出占政府支出百分比 高等教育（大学生）公共支出占人均GDP百分比	潜力指标的独立设置，目的是强调"人才发展"的发展潜力，其中包括的人才发展投入、增长速度以及潜在人才数将分别从人才成长环境、人才流量等指标中分离出来，在计算综合指数时将被赋予一定权重，从而使综合指数得以体现"区域人才发展潜力"
		科技投入	科技投入占GDP比重 科技投入占GDP比重增长率 科技投入占政府支出百分比	
		人才专项经费投入	人才专项经费支出占GDP比重 人才专项经费支出占GDP比重增长率 人才专项经费支出占政府支出百分比	
		人才培训投入	人才培训投入占GDP比重 人才培训投入占GDP比重增长率 人才培训投入占政府支出百分比	
	人才增长速度	专业技术人员	专业技术人员年增长率	
		科技活动人员	科技活动人员年增长率	
		大专以上学历人员	大专以上学历人员年增长率	
		实用型人才	实用型人才年增长率	
		人才总体	人才总体年增长率	
	潜在人才数	在校生数	在校大学生数 中等技校在校生数	

续表

一级指标	二级指标	三级指标	四级指标	备 注
人才环境指标	社会经济环境	经济环境	人均可支配收入 恩格尔系数 持续经济增长率(在几年内 GDP 综合增长率)	人才成长环境指标中的教育环境与科研环境指标与人才发展潜力指标中的人才发展投入指标存在交叉,将人才发展投入指标纳入人才发展潜力指标下的原因是它是人才发展潜力的一个重要表现,而这些指标同样隶属于人才环境,所以进一步设计综合指数的过程中需要关注存在交叉指标的问题,防止出现叠加
		社会环境	社会安全指数(每万人刑事发案率) 社会保险覆盖率(参加社保人数/在职职工数)	
	居住生活环境	住房	人均住房面积 商品房平均价格	
		公共基础设施	国际互联网用户数 每百人移动电话用户数 每百人公共图书馆藏书数 人均道路面积 每万人拥有公共汽车数量 每千人卫生机构数 每千人卫生机构床位数 每千人拥有卫生技术人员数	
		自然环境	每平方千米二氧化碳排放量 工业废水排放达标率 人均绿地面积	
	人才成长发展环境	教育环境	高等院校数量 人均教育支出 教育支出占 GDP 比例	
		科研环境	科研机构数量 科研经费支出 科研经费支出占 GDP 比例	
		人才市场环境	人才流动指数(流动从业人数/在职职工数) 每万人中的人才中介从业者人数 外地人才引进指数(引进人才人数/在职职工数) 人才市场中的违法指数(受非法侵害求职者/求职者总数)	

附件2：区域人才发展综合指数指标解释

1. 人才人口密度：指在一定区域或本系统内，人才资源在人口资源中所占的比重。

数据来源：浙江统计年鉴

2. 规模以上企业研究机构人才平均学历当量：指当地规模以上企业研究机构学历等级按系数进行折算，累加之和占本地区人才资源总和的比率。

数据来源：浙江科技统计年鉴

3. 非公企业高技能人才占比：指当地非公企业高技能人才的保有量在人才资源总和中的比重。

数据来源：省委组织部

4. 企业经营管理人才占比：指当地经营管理人才的保有量在人才资源总和中的比重。

数据来源：省委组织部

5. 专业技术人才占比：指当地经营管理人才的保有量在人才资源总和中的比重。

数据来源：省委组织部

6. 人才经济系数：反映一国或地区人才经济系数高低的相对数。

数据来源：浙江统计年鉴

7. 规模以上企业从业人员人均产值：指规模以上企业总产值与年末规模以上企业从业人员总量的比值。

数据来源：浙江统计年鉴

8. 万人拥有R&D活动人员：指当地每万人口拥有的R&D人数。

数据来源：浙江科技统计年鉴

9. 万人发明专利授权量：指当地每万人口拥有年度专利发明的总数。

数据来源：省委组织部

10. 发明专利授权量在专利授权总量中占比：指发明专利授权量在专利授权总量中的比重，是衡量专利授权科技含量的一个关键指标。

数据来源：浙江科技统计年鉴、省委组织部

11. 人才流动率：指一定时期内某种人才流动的数量与人才总数的比率。指行业、岗位等方面的变动。人才流动率是生产社会化、科学技术整体化的客观要求，是社会按照人才的价值规律和社会要求所进行的空间动态调节。人才流动率不仅反映人才流动的指标，由此还可以衡量组织的管理制度是否健全，是考察一个组织人才队伍是否稳定的重要指标。

数据来源：浙江统计年鉴

12. 规模以上企业研发机构与规模以上企业总数之比：指当地规模以上企业研发机构个数与规模以上企业总数的比值。

数据来源：浙江科技统计年鉴

13. R&D经费支出占GDP比重:指当地R&D经费支出占GDP的比重。

数据来源:浙江科技统计年鉴

14. 教育支出占财政支出比重:指当地教育经费支出占GDP的比重。

数据来源:浙江统计年鉴

15. 城镇居民人均可支配收入年增长率:人均可支配收入指个人收入扣除向政府缴纳的个人所得税、遗产税和赠与税、不动产税、人头税、汽车使用税以及交给政府的非商业性费用等以后的余额。

数据来源:浙江统计年鉴

16. 环境质量综合评分:指浙江环境质量的综合打分情况。

数据来源:省委组织部

17. 医疗床位指数:指当地每万人口拥有的医疗床位数。

数据来源:浙江统计年鉴

18. 文化事业指数:指当地每万人口拥有的体育场馆数、剧场、影剧院数之和。

数据来源:浙江统计年鉴

课题负责人:宫 准

课题组成员:陈丽君 许为民 苗 青 朱蕾蕊 陈思静

国内外高技能人才队伍建设比较及启示

□　浙江省公共行政与人才人事科学研究所课题组

目前,我国高技能人才在数量、结构等方面还不能适应经济转型发展的要求;高技能人才的培养还尚未形成一个系统的社会工程。放眼全球,我们与世界上一些发达国家在高技能人才培养方面还存在着较大的差距。虽然,各个国家高技能人才培养所依存的社会制度环境不尽相同,但是,在培养体系等方面还是存在着很多的相通之处。因此,总结借鉴国内外在高技能人才队伍建设方面的成功做法和经验对于完善浙江省高技能人才队伍建设有着十分重要的现实意义和指导意义。

一、国外高技能人才现状

（一）基本概念

"高技能人才"目前还没有形成统一的界定和衡量标准。不同的国家由于其国内职业分类不同、劳动力的需求不同以及各自国内产业结构的差异等,各个国家对"高技能人才"的定义也不尽相同。虽然,不同国家对于"高技能人才"的概念有着不同的解释和定义方式,但都要求其具备一些基本的素养和能力:①熟练掌握某领域的研究理论和研究方法;②具有超强的实践动手和操作本领;③能够解决工作过程中的技术性和操作性难题;④能够带动并促进技术的更新和改革;⑤具备一定水平的管理素质和能力。这五大要素构成了"高技能人才"的基本内涵,是对高技能人才的客观性和实质性要求。

（二）基本情况

随着经济的不断发展和产业结构的转型升级,国外在高技能人才培养方面做出了很多的努力,并取得了丰硕的成果。比如,高等职业教育方面,德国共建有高职院校9000多所,专业360多个,有65%~70%的中学生进入高等职业学校学习。日本从高中开始就对学生进行分流,高等普通教育和专业教育"两条腿走"。在高中教育当中,职业院校数占高中学校总数的 48.3%;在大学教育中,高职院校数占高校总数的 35.4%。在高技能人才总量方面,根据美国休斯敦大学的一项调查表明,美国普通技能劳动者占劳动者的比例达到一半以上,高技能劳动者占技能劳动者的比例达到 30% 左右。截至 2005 年年底,德国高级技工占技能劳动者的比例高达 40%。2006 年,英国提出了力争实现高层次技能人才从现在占国家工人总数的 31% 提高到 2020 年的 40% 以上的战略目标。

二、国外高技能人才引进和培养经验

(一)大力推行高技能人才引进政策

人才引进是扩大人才规模、改善人才结构最为有效和快捷的途径。其中,通过改革相关的移民政策是国外比较普遍的也是最主要的引进高技能人才的做法。比如,美国为了吸引并留住高技能人才,多次修订移民法,对人才特别是高层次人才和各类专业人才给予入籍优惠,为其提供"签证快车道"。从 1990 年开始,美国实施了专门为吸纳国外人才的 H-1B 签证计划,这是一种有效期为 6 年的临时工作签证,允许有特殊专长的外国人赴美工作。在美国职业移民对象中,第一优先者为具有特优、特殊或特异技能的外国人、著名教授或杰出研究人员、跨国企业的经理或管理级人员。加拿大政府也制定了一系列的政策以吸引技能人才。从 2012 年 7 月 1 日起,加拿大移民局对于联邦投资移民申请无限期停止,同时,为高技能人才移民打开一扇方便之门。在第 42 届世界技能大赛上,德国更是借助这一平台,除了介绍蓝卡制度之外,还积极向观众介绍德国职业教育、就业、待遇等情况等以吸引各国高技能人才赴德工作。日本在高技能人才引进方面也做了一些努力,比如,积极推动国际化教育、直接从国外招募高技能人才、给予引进人才优厚的奖金等。

(二)开发多元化的职业教育模式

职业教育模式是培养造就高技能人才的根本和关键,不同国家在各自的职业教育培训模式中,都有着成功的经验和做法。比如,德国的"双元制"模式。首先从德国的教育体制说起,德国儿童 6 岁开始入学上一年级,到四年级的时候,根据每个学生的兴趣、偏好、学习能力等进行三个方向的分流:第一类是文理学校(Gymnasium,约 40%),学制是五年级至十二或十三年级;第二类是实用学校(Realschule,约 35%),学制是五年级至十一年级;第三类是职业预科(Hauptschule,约 25%),学制是五年级至九年级。文理学校的学生以进入综合性大学为目标;实用学校的学生以进入高等职业院校和科技型大学为目标;职业预科的学生以直接就业为目标。这三个方向虽然有级别高低之分,但学生可以平行流动,学习过程中可以根据实际情况和表现调换级别。在德国报考职业学校,要先被制造企业接受为学徒。这一模式充分实现了学校与企业、理论与实训的整合,在德国,中等职业教育领域所占的比例超过 80%。在德国的教育体制下,博士和博士后都可以被培训成高技能人才,技术工人也可到高等学校接受学历学位教育。

澳大利亚的 TAFE(technical and further education,意为技术与继续教育)模式。澳大利亚职业教育的主要承担实体是技术与继续教育学院,但实际上学员 80% 的时间是在工作现场进行工作本位学习,只有 20% 的时间是在学院进行学校本位学习。澳大利亚职业教育之所以能够成功有一个重要的原因,即澳大利亚的教育体系将职业技术教育和普通教育视为两类平行的系统以及建立了国家统一的证书、文凭、学位框架,使职业教育成为国家教育体系的组成部分。职业教育与高等教育相沟通的做法充分体现了终身教育的思想,也保证了技能人才培养的高质量。

此外,还有其他国家的一些培训模式。如日本的企业职业教育模式。日本企业一致认为,职业能力只可能在工作中逐步形成,学校不可能培养企业需要的职业能力。日本企业职业教育在企业与雇佣员工签订的工作合同的框架内实施,教学目标指向是与该企业有关的技术后备力量的培养,教学形式包括在该企业内严格组织的课堂教学与车间教学,教学内容直接与该企业相应工作岗位的生产过程和技术装备紧密相关。日本还有一项更具特色的技能人才培养模式——"职业技能士"培养模式。这是为在工业领域的生产一线上掌握实践技术的职业训练指导员所进行的研究生层次教育而设计的,主要由日本职业能力开发综合大学研究科培养。瑞士职业教育的一大特色是职业培训中心。由于瑞士主要以中小企业为主导,这里的师傅往往受工作场所的限制很难系统地对学徒进行指导,出现了一系列的培训问题。为此,瑞士联邦设立了脱产培训中心,为中小企业提供专门的培训车间用于学徒现场授课。

(三)鼓励支持技能人才创新创业

鼓励支持技能人才,特别是高技能人才创新创业受到了很多国家的重视和推广。德国在《技师职业培训促进法》中明确规定,参与职业提升进修项目者,将免费得到财政资助,并通过减免部分贷款激励接受职业培训的人士自主创业。对于有些能有效促进就业的专业,政府不但给予免费技能培训,还通过减免税收或低息贷款等优惠条件帮助技能人才建立和发展微型或小型企业,以使他们实现自谋职业和吸纳他人就业。普通技工一旦成长为高级技工,便有权利作为法人独立经营企业,开店办厂。澳大利亚则更加重视对学生的创业教育。培训模式是一种在技术与继续教育学院展开的创业教育模式,以培养学生的创业意识为中心,使学生充分了解创业与自谋职业,具备一定的创业知识和技能。

(四)建立企业人才队伍序列和科学规范的职业资格认证体系

人才队伍序列和职业资格认证体系是技能人才队伍建设的重要组成部分,它不仅影响着技能人才的培养过程,还直接影响着技能人才的职业发展。在国外,许多国家都建立了统一的人才队伍序列和科学规范的职业资格认证体系。在企业人才队伍序列方面,技能人才和技术人才属于同一职业序列,两者是相互打通的。比如,英国的职业序列就分为"五级制",1级为半熟练工;2级为熟练工;3级为技术员、技工、初级管理者;4级为工程师、高级技术员、高级技工、中级管理者;5级为高级工程师、高级管理者。日本的职业序列分为特级和一、二、三级四个等次。特级指经理和主管;一级指高级技术工人;二级指中级技术工人;三级指初级技术工人。职业等级序列的认定主要依据年功资历,如在德国,不论从事哪种工作,"资格"是非常重要的,即五年技工岗位技能和薪酬比四年高、四年高于三年、三年高于两年、两年高于一年。这一制度是建立在诚信和员工对岗位的忠诚基础上的,当员工的工作态度都是积极和认真努力的,那么,他的工作年限长短就决定其技术技能的熟练和精湛程度。

在职业资格认证体系方面,英国的职业资格证书体系可以简单地归纳为"一个委员会、两大系统"。"一个委员会"是指国家职业资格委员会,"两大系统"是指国家职业资格证书系统(NVQ)和普通国家职业资格证书系统(GNVQ)。国家职业资格委员会是由产业界、工会、教育和培训机构等组成的,专门负责制定国家职业资格标准以及国家职业资格的认证工作,并建立了包括产业指导机构、鉴定站、证书机构在内的严密的组织体系,负责制定国家职业资格标准。国家职业资格证书系统是以学员的工作为基础,根据国家职业标准,主要面向在职各年龄层次的工作人员,并依据学员工作能力的证据进行评估颁发,覆盖英国约90%的职业范围,是一种以职业能力为基础的资格认定。

(五)国家高技能人才发展战略和政策支持

国家高技能人才发展战略规划的实施为一个国家的经济发展和综合实力的提高提供了有力的智力和技术保证。20世纪90年代以来随着科学技术的高速发展和技术创新的不断上升,高技能人才在全球人才市场上走俏,美国也是如此。为了缓解这一问题,美国国家基金会于1993年发起了一项旨在满足技师人才需求、有效整合产业与教育、改变社区学院角色的计划——高级技术教育革新计划(简称ATE)。这一计划共投入3800万美元,用于培养社会紧缺的高技能人才,并建立长期的以企业为本位的整合教育。德国政府在高技能人才发展战略方面采取了一系列举措,其中最具影响的要数《2001年东部地区职业培训计划》以及《关于德国职业培训及技能人才后备力量培养的国家协议》。前者规定,联邦政府自2001年开始连续三年在新联邦州每年投资2120万马克用于创造16000个新的职业培训位置。后者规定,德国经济界在协议三年有效期内平均每年增加30000个培训位置,联邦政府则承诺,投资948万欧元帮助东部地区新创造14000个培训位置。日本提出的21世纪"科学技术创造立国"战略,旨在培养科学技术人才;建立具有创造性、高水平的研究开发体系;积极促进产学官合作等。并于次年大力推行 240 万科技人才综合开发计划。该计划由日本经济产业省和文部科学省负责,进行教育改革,推行大量培养实战技术人才计划、240 万人终身教育计划和人才培养机构评价推进计划等。

三、国内其他省市的主要做法

(一)北京

按照《首都中长期人才发展规划纲要(2010—2020 年)》中"实施高技能人才培养带动工程"的要求,北京市规划到 2015 年年末,全市技能劳动者达到 300 万人,其中高技能人才达到 80 万人;到 2020 年,全市技能劳动者达到 400 万人,其中高技能人才达到 120 万人,接近发达国家水平。为了实现这一目标,北京市制订了一系列加快培养高技能人才队伍的对策方案。一是搭建高技能人才培养研修平台;二是搭建高技能人才社会化培训平台;三是搭建高技能人才校企合作培训平台;四是健全高技能人才多元评价机制;五是建立高技能人才激励机制;六是加大高技能人才引进力度。

(二)上海

上海市围绕"创新驱动、转型发展"和推动"四个率先"、建设"四个中心"的目标,按照《高技能人才队伍建设中长期规划(2010—2020 年)》和《上海市中长期人才发展规划纲要(2010—2020 年)》的总体要求,在"十二五"期间,计划新增 5 万名技师、高级技师,培养选拔 1000 名首席技师,建立 100 家首席技师(技能大师)工作室,认定 60 个高技能人才培养基地,到 2015 年,力争高级工以上高级技能人才占技能劳动者的比重达到 30%。为此,上海市重点采取了以下政策措施:一是健全企业高技能人才培养机制;二是完善高技能人才社会化培训机制;三是完善高技能人才评价模式;四是引导提高高技能人才待遇;五是促进高技能人才合理流动,建立适当延迟高级技师领取养老金年龄的机制,对企业在聘的高级技师,在企业需要、本人愿意且双方协商一致的基础上,在达到法定退休年龄后,可适当延迟领取养老金。

(三)广东

按照《广东省中长期人才发展规划纲要(2010—2020 年)》的要求,到 2015 年,全省高技能人才总数达到 400 万,占技能劳动者的比例达到 28%;到 2020 年,全省高技能人才总数达到 520 万,占技能劳动者的比例达到 30%。在高技能人才培养方面,广东省主要采取了这样一些措施:一是建立完善以行业企业为主体、技工院校和各类培训机构为基础、学校教育与企业培养紧密联系、政府推动与社会支持相结合的技能人才培养培训体系;二是推行工学结合、校企合作的人才培养模式;三是完善技能人才多元评价体系;

四是在人才引进方面,广东省政府发布了《关于做好高技能人才入户城镇工作的意见》;五是在技校建设方面,经广东省政府同意,广东省财政厅、省人力资源和社会保障厅决定从2013年起,统筹安排3亿元专项资金进行竞争性分配,用3年时间,集中资源扶持建设3所示范性的全国一流技师学院,着力培养高技能人才,为广东省高技能人才培养提供教育基地保障。

(四)江苏

江苏省为了适应建设制造业高地的要求,全面确立以提升职业素质和职业技能为核心,以技师和高级技师为重点,努力建设一支数量充足、门类齐全、梯次合理、技艺精湛的高技能人才队伍的目标。江苏省力争到2015年,高技能人才总量达180万人;到2020年达280万人,占技能劳动者总数的32%,其中技师、高级技师达到50万人。为此,江苏省采取的主要举措有:一是完善以企业为主体、职业院校为基础,学校教育与企业培养紧密联系、政府推动与社会支持相结合的高技能人才培养培训体系;二是继续加大省重点技师学院建设力度,依托大型骨干企业(集团)、技师学院、高级技工学校,建设一批示范性省级高技能人才培养基地、公共实训基地和技能大师工作室;三是建立了与业绩挂钩的分配激励机制,对企业技术工人实行津贴制度;四是大力实施高技能人才引进计划。对于确定的资助对象,将给予50万元资助,并为引进的高技能人才提供落户、执业资格、医疗、保险、税收、配偶安置、子女入学等方面支持,同时享受各地、各部门制定的有关优惠政策和待遇。

(五)山东

近年来,山东省紧紧围绕转变发展方式调整产业结构,把培养造就高技能人才作为先进制造业强省的关键环节,着力创新体制机制,优化舆论环境,推动高技能人才队伍建设取得重要进展。全省高技能人才总量由2003年的28.8万人增加到2011年的134.5万人,高技能人才占企业技能劳动者的比重从不足6%提高到26.6%,计划到2015年达到高技能人才总数200万人,2020年达到280万人,其中技师、高级技师达到60万人左右。山东省在培养高技能人才方面采取的主要措施有:一是建立完善党委领导、政府推动、企业主体、院校支撑、社会参与"五位一体"的技能人才开发机制;二是加强职业培训,统筹职业教育发展,整合利用现有各类职业教育培训资源;三是"双带双促"培养人才。四、贯通高技能人才职业发展通道。

四、几点启示

基于上述比较分析,就浙江省加快高技能人才队伍建设的路径和突破口,我们提出如下六个方面的思考:

（一）探索职业教育体制改革，引导转变传统职业观念

在美国、英国、德国、日本等国家，"尊重技能工人，提高技能工人地位"是一种普遍倡导的社会文化和价值观念，这种文化和观念无疑有力推动了技能人才的培养。然而，由于受"学而优则仕"等传统历史文化等因素的影响，当今社会普遍存在一种观念，即认为优秀学生应该就读综合性大学，攻读理论型专业，只有"被淘汰"的学生才会就读职业学校。这种陈旧观念影响了人们的职业选择，严重阻碍了我国技能人才的培养和储备。因此，目前要大力宣传倡导"劳动光荣"、"尊重技术"、"只有职业分工不同，而无职业贵贱之分"等职业观念，提高技能人才的社会地位，优化技能人才发展环境。可以借鉴德国、英国等国家的做法，积极探索教育体制改革，大力发展职业教育。通过立法，确立职业教育在国民教育体系中的地位，逐步形成普通教育和职业技术教育两类并行的教育体系。职业教育应从小抓起，如在小学课程中安排适当的劳动课程，探索在完成小学学业后就对学生进行教育分流，鼓励有兴趣、有较强动手能力的学生进入职业教育体系，从源头上保证职业教育生源结构的平衡和优质。

建议：第一步，高职院校要作为培养高技能人才的主阵地，不能再走普通高等教育的老路。要花大力气办好技师学院，同时办好中职、职高和技工学校，培养不同层次的技能人才。第二步，探索除中央部属大学和部分地方大学为主要培养综合性的、以学科研究为主的普通高等教育大学外，逐步将更多地方高等院校办成有特色的高等技术大学，如工业大学、理工大学、电子科技大学等均可转为"职业技术大学"。生源比例大致可以"四六"开，即普通高等教育大学为40%，职业技术大学为60%。

（二）产学研合作，创新完善高技能人才培养模式

未来，面对经济转型升级和产业结构调整，浙江省要进一步完善产学研合作模式，创新拓宽技能人才培养渠道，优化技能人才结构，提升高技能人才质量。

建议：一是要充分发挥企业在技能人才培养中的主导地位，要加强与地方技术院校和科研产业园区等合作，联合开发培养企业转型升级紧缺急需人才。二是要积极探索新型的"半工半读"、"工读交替"的培养模式，如让部分完成义务教育、高中毕业的学生，部分未及时就业的大学生，愿意从事技术技能工作的，可以一方面与企业签订劳动合同，另一方面去职业学校学习相关的专业技术理论知识，在学校以基本理论学习为主，在企业以实践能力培训为主。学习结束后，发给相应的技术技能等级证书。三是积极推行"学徒制"培养模式。可以目前的"大师工作室"为引导，建立师傅带徒弟制度，政府和企业分担学徒技能培训的责任，比如学徒期间，由雇主支付工资，国家对学徒的培训给予适当的经费支持。学徒期满后，经考核合格的授予相应的职业资格。我们认为，要培养一大批懂得现代技术技能的人才，以师带徒是个好办法。一个师傅可以同时带几个徒弟，通过口口相授、手手相传，让他们在实践中学到真正的本领。四是对于中小企业，

可以借鉴瑞士的做法,在相关区域和行业建立若干"培训中心",产学研结合,为没有条件单独进行培训实习的中小企业提供专门的培训车间、场地和师资。费用一半可由中小企业支付,一半由政府财政提供,以解决中小企业员工技能职业培训问题。通过产学研合作,打造中国式的终身职业教育体系。

(三)完善技能人才岗位序列,推进职业资格认证体系建设

技能人才岗位序列和职业资格认证体系是技能人才培养的风向标和指挥棒,有什么样的岗位序列和职业标准就会有什么样的培训指向。在技能人才岗位序列方面,我国目前实行的"3+2"(初级工、中级工、高级工加技师、高级技师)技能人才序列,在人才分类管理、等级晋升、目标培养等方面发挥了积极的作用。现在的技能等级为五级,与原八级工制相比岗位等级设置减少了。从实践反映来看,五级岗位序列略显粗糙。此外,现技能和技术属于两个平行的岗位序列,两种职业序列人才的薪酬待遇、晋升途径、评价指标存在差异,不利于技能和技术人才的共同成长。职业资格认证体系建设落后于经济社会发展。

建议:在现有技能人才岗位序列中,中级工以上增加相应等级,如中级一级、二级、三级;高级一级、二级、三级;技师一级、二级、三级;高级技师一级、二级、三级。积极探索技术、技能人才相互融通政策,拓宽高技能人才的职业发展通道。在职业资格认证体系方面,要结合经济转型升级、产业结构调整以及新兴产业的出现,及时开发新的职业资格标准,不断更新教材和题库,完善职业资格认证体系内容。要充分发挥行业协会、企业在职业资格标准开发、资格认证等方面的作用。浙江省推行的企业技能人才自主评价办法,实践证明效果很好。要认真总结试点经验,适时推广到所有符合条件的企业,充分保证技能人才职业资格认证的实用性和有效性。

(四)物质与精神并重,创新高技能人才激励机制

技能人才激励机制是企业发现、使用、留住技能人才和发展技能人才的重要手段。目前,各地在技能人才激励机制方面已经积累了不少经验和做法。但调查显示,高技能人才对目前的薪酬满意度不高,实际收入与期望工资收入差距较大。在技能人才评价和选拔任用上,存在"以职位论短长、以学历论高地、以论文论英雄"现象。在一些地方存在重物质激励,轻精神激励等。

建议:一是指导企业建立起"使用与培训考核相结合、待遇与业绩贡献相挂钩"的收入分配和福利激励机制,收入分配适当向技能人才倾斜。二是对高技能人才参加科技攻关和技术革新成果转化所得收益,根据贡献大小,可参照科技人员提成办法予以分配。三是对做出贡献的优秀技能人才,可享受政府特殊津贴;可参照经营者收入,实行年薪制,或实行股权、期权激励;对于企业所需紧缺技能人才可实行协商工资制度,给予特殊薪酬待遇。四是建立技能人才与工程技术人才相对应的工资福利制度,高级工、技师、

高级技师,分别和助理工程师、工程师、高级工程师的待遇相同。确保高技能人才在聘任、工资、带薪学习、培训、出国进修、休假、体检等方面享受与工程技术人才同等待遇。五是物质与精神激励并行,对有突出贡献的高技能人才,可授予各种荣誉,给予公开表彰,并将立功受奖喜报送达家人、居住地社区等,增强其荣誉感。对有发明创造的高技能人才可授予以本人名字命名的成果和技术工作方法。为高技能人才提供各种培训、进修和参加国内外高端学术、技能交流的机会。五是建立公共财政投入机制,完善公共服务体系。探索建立用人单位高技能人才发展绩效与财政奖励挂钩办法。政府公共服务和政策激励,要体现对资源要素的总体激励导向,建立对高技能人才的差异化政策支持机制。

(五)优化公共服务,完善高技能人才引进政策

人才引进作对于壮大浙江省高技能人才队伍,促进浙江省产业转型升级,实现"制造大省"向"创造强省"的转变有着重要的意义。

建议:一是要优化高技能人才引进的政策环境。结合城市化进程,加快户籍制度改革,放开落户政策,高技能人才落户城镇应不受入户指标、职业(工种)限制,应允许其配偶、未成年子女、共同居住生活的父母可随迁入户,并在落户补贴等方面给予更多的政策优惠。二是提供完善的公共服务,突出公共服务的专业化、个性化、精细化,政府要在人才经费保障、技术培训、社会保障和福利、住房、医疗、职称评定、配偶就业、子女入学等方面提供全方位服务,让优质公共服务成为吸引人才的软实力。三是要坚持"走出去"方针,充分运用海外高层次人才招聘会、省内未来科技城、产业园区等平台,大力引进国际高技能人才。四是要让高端技能人才引得进、用得上、留得住,还要能够流得动。要完善高技能人才在不同行业、不同地区之间流动的社会保险关系接续办法。要加快人才服务业发展,让高技能人才在流动中实现市场的优化配置,发挥更好的效用。为防止企业高技能人才流失,影响引进培养人才积极性,及相互挖人等恶性竞争,可通过劳动合同约定双方行为,亦可参考足球转会制的办法,对经企业出资培训的高技能人才转换单位时,可以转会费形式对原单位进行适当经济补偿。

(六)整合资源整体设计,制定高技能人才发展战略规划

当前,一方面要贯彻落实省委提出的"干好一三五,实现四翻番"的战略目标,科学预测本区域未来经济发展趋势,把握经济发展方向和着力点,坚持改革创新驱动发展,大胆谋划、科学决策,制定好高技能人才中长期发展规划。各地要从本地区实际出发,提出技能人才引进、培养目标、路径、方法和措施。企业要有具体的高技能人才发展战略,以更好地适应转型升级的需要。另一方面,各地要围绕浙江省优势产业,结合产业转型升级所紧缺急需人才,重点在医药制造业、仪器仪表制造业、化学制品制造业、汽车制造业和通信设备、计算机及电子设备制造业、金融服务业、文化服务业、信息服务业、现代商贸

和现代物流业等方面,制定实施系列技能人才培养项目和计划,使各项战略规划落地,为浙江经济的"凤凰涅槃"做好高技能人才资源的战略储备。

课题负责人:陈诗达
课题组成员:应建民 吴 玮 蔡 杰

浙江省人才资源服务产业园
建设的现状和对策研究

□ 浙江省公共行政与人才人事科学研究所课题组

当今世界,知识和信息已成为时代发展的主要动力,人力资源作为生产要素中最具活力和创造力的要素,已成为各国经济发展和企业竞争的第一资源。随着世界各国对人力资源的不断重视,人力资源服务业应运而生、应势而起,开始加速发展,对世界各国的经济和社会发展做出重大贡献。为适应新形势下经济社会发展要求,近年来杭州市委、市政府高度重视并大力推进人力资源服务业发展,人力资源服务业已成为现代服务业中的重要新兴产业。

一、浙江省人力资源服务业及园区的发展现状与问题

(一)基本情况

浙江人力资源服务业从 20 世纪 80 年代开始发展,行业的运行经历了劳务市场、劳动力市场、人才市场、人力资源市场等四个历史阶段,发展到了目前以国有和民营人力资源服务机构为主体,以中外合资和行业性人力资源服务机构为补充的人力资源市场服务体系。国有机构是浙江人力资源市场服务业体系中最重要的部分,从横向看,国有机构可以分为公共性、营利性和兼具两者功能的人力资源服务机构,从纵向看,国有机构(主要是公共人力资源服务机构)又分为四个等次:省级、市级、县级和乡镇级。浙江人力资源服务业规模位居全国第 5 位,据浙江省人才市场初步测算①,截至 2014 年年底,全省人力资源服务机构 1450 家,从业人员 2.36 万余人,全省人力资源服务业产值达到

---

① 由于调查口径的原因,数据相对偏小。

580亿元,纳税额5.62亿元,比上年同期分别增加了13.7%和19.7%。

1.人力资源服务业的快速发展与产业发展高度耦合

浙江省产业经济的快速发展,尤其是杭州市和宁波市,不仅催生了人力资源服务业的兴起,而且有力推动了人力资源服务业的发展。统计数据表明,产业经济每增长一个百分点,人力资源服务业的产值就会增长4个百分点,人力资源服务业的发展与产业发展高度耦合。杭州市已有人力资源服务企业400多家,从业人员4000人左右。2013年营业额达100多亿元,产值占到了服务业总产值的2.3%,产业规模不断扩大。宁波市人力资源服务业发展也十分迅猛,势头不亚于杭州市。

2.人力资源服务业的结构优化与经济转型相互促进

近年来,杭州市在信息经济和智慧经济的引领下,经济转型升级和产业结构调整的步伐不断加快,有力推动了人力资源服务业的结构优化。同时,人力资源服务业结构的优化也促进了经济的转型升级。目前,浙江省人力资源服务内容基本涵盖了公共人力资源服务、人才招聘、人事代理、劳务派遣、服务外包、人才测评、人才培训、管理咨询以及猎头服务等,完备的产业链基本形成。其中,人才招聘和劳务派遣是浙江省人力资源服务业的主要服务内容。随着2014年3月1日国家人力资源和社会保障部《劳务派遣暂行规定》的施行,劳务派遣的市场规模在不断缩小,人事代理和服务外包的市场规模在不断扩大,提供这两类服务的企业分别占56.4%和46.2%。人才猎头服务发展势头良好,有43.6%的企业提供人才猎头服务。服务外包、人才猎头等高中端人力资源服务的发展为浙江省经济转型升级和产业结构调整提供了强有力的人力资源保障,加快了经济转型升级的步伐。

3.人力资源服务业的有效集聚与园区建设同步发展

产业集聚和规模扩大呼吁政府和市场合力为人力资源服务产业打造一个更适合的平台,平台的建设满足了人力资源服务个性化和多样化需求,加快了人力资源服务产业的集聚。浙江省不同地区的人力资源产业园区发展阶段各有差异,不同人力资源服务产业园的定位决其功能也不尽相同。以杭州和宁波为例,杭州市暂处于起步阶段,而宁波则处于快速发展期。浙江(杭州)人力资源服务产业园专注高端人才服务,注重人力资源培训服务;宁波江东区人力资源服务产业园对接服务行业企业,注重人力资源产业宣传;宁波北仑区人力资源服务产业园技能人才服务和高端人才服务齐头并进。目前已有22家人力资源服务机构入驻浙江(杭州)人力资源服务产业园,30家人力资源服务机构入驻杭州市人力资源服务产业园(江干)。宁波江东区人力资源服务产业园和宁波北仑人力资源服务产业园处于快速成长期。2012年宁波江东区人力资源服务产业园年营业总收入已达15.3亿元。2013年,宁波北仑人力资源服务产业园实现营业收入6.8亿元。

4.人力资源服务业发展环境的优化与政策体系密切相关

人力资源服务业作为新兴的现代服务业,其发展与政府职能部门的宏观指导和扶持密切相关,良好的政策体制环境可以有效促进人力资源服务业的快速发展。近年来,浙江省制定并出台了《浙江省中长期人才发展规划纲要(2010—2020年)》《杭州市中长期人力资源发展规划(2012—2020)》和《杭州市人民政府办公厅关于加快发展人力资源服务业的实施意见》以及《宁波市中长期人才发展规划纲要(2010—2020年)》等一系列促进人力资源服务业发展的政策文件,不仅为人力资源服务业的发展谋划了方向和蓝图,还制定了具体的扶持政策。政策内容主要包括财政补贴、税收优惠、土地房屋补助、贡献奖励、资质评定等诸多方面。据不完全统计,自2010年以来,浙江省尤其杭州宁波两地用于补贴扶持人力资源服务业发展的资金逐年增加,培育了一大批本土企业和地方品牌,推动了人力资源服务业的快速发展。

5.人力资源服务业市场秩序的规范与行业自律密不可分

规范的市场秩序是人力资源服务业健康发展的前提和保障,行业自律是规范市场秩序的重要内容和手段。首先,通过成立浙江省人力资源服务业行业协会自治组织加大对行业发展的宏观指导和统筹规划,不断规范市场秩序,提高行业自律。目前,浙江省加入行业协会的企业有200多家。其次,加大对人力资源服务业从业人员的培训。调查数据显示,有92.3%的企业为其员工提供各类培训,其中53.8%的企业提供专业培训,38.5%的企业提供一般培训。再次,积极推广和施行人力资源服务业行业标准。目前,浙江省正积极推动人力资源服务业行业标准的实施,并鼓励企业参与国际标准化质量管理体系认证等。此外,浙江省还积极开展人力资源服务企业的资质评定,通过评选品牌企业、诚信企业等方式完善行业自律和市场秩序。表1是杭州、宁波两地人力资源服务产业园比较。

表1 杭州、宁波两地人力资源服务产业园比较

地区	园区名称	开园时间	园区定位	管理模式	入驻企业	园区产值
杭州	浙江(杭州)人力资源服务产业园	2013.12	专注高端人才服务,打造多元化的人力资源服务产业基地和多渠道的人力资源解决方案产品创新基地	管委会与企业共同管理模式	总共22家,其中大中华区人力资源服务机构百强企业7家,省内知名人力资源服务企业4家	暂缺
	杭州市(江干)人力资源服务产业园	2013.11	以人力资源培训服务为重点,搭建平台、集聚产业、招才引智、发展共赢	市场化运作模式	总共30余家人力资源服务机构已正式入驻园区	暂缺

续表

地区	园区名称	开园时间	园区定位	管理模式	入驻企业	园区产值
宁波	宁波江东区人力资源服务产业园	2012.9	集聚产业、拓展服务、培育市场、打造高地	人社局管理模式	总共 23 家,其中包括世界 500 强德科人力、意大利排名第一的杰艾人力、中国排名第一的中智集团、中国业内纳斯达克第一股前程无忧,以及博尔捷、上海外服、浙江外服、天坤集团等国内外知名机构以及南北猎头、卡斯达猎头、杰博人力、中联人力等 6 家宁波本土公司	2012 年营业总收入达 15.3 亿元
	宁波北仑区人力资源服务产业园	2012.7	以技能人才服务和高端人才服务为重点,集聚产业,培育机构,集聚人才,开发市场,创新服务	人社局管理模式	总共 24 家,其中总部机构 8 家,民营全资子公司 14 家,外资全资子公司 2 家	2013 年实现营业收入 6.8 亿元

注:该表是对浙江大学公共管理学院陈丽君教授团队 2014 年 8 月 5 日《苏浙沪三地人力资源服务产业园调研报告》中的所有表格归总而得。

(二)存在的问题

人力资源服务业发展已提到国家战略。随着人力资源服务业的行业成长和产业壮大,未来它将成为推动现代服务业发展的重要部分。但就浙江省而言,目前有如下问题:

1. 人力资源服务产业园的体制创新动力不足

一方面,源于产业园建设的决策协调、建设管理和运营服务的多元主体还没有完全形成,即使目前已经实现运营的部分人力资源服务产业园区,还缺乏职责明晰、高效协调的管理主体及对应的组织实体。另一方面,省内现有产业园区建设从功能定位、载体建设到环境配套、政策聚焦等方面还缺乏明确的实体性职能管理机构,导致部分园区现有的政策支持和规划调整难以落地,某种程度上束缚着产业园发展的体制创新空间。

2. 同质化特征与服务产业链的不合理同时存在

目前产业园的功能定位,大多集中在"集聚产业、专业服务、孵化机构和培育市场"等语义表述,还缺乏适合当地经济社会发展实情、产业结构特征和市场化水平等个性化或差异化功能定位。同时,人力资源服务产业链不合理,大部分人力资源机构的服务模式相似、服务功能同质和服务产品单一的情况普遍存在,而体现战略咨询、猎头服务、网络数据和职能外包等中高端服务业务领域还比较薄弱。

3.建设人力资源服务产业园的多元投入机制不完善

主要反映在地方政府对产业园的财政支持力度有限,特别是对公共服务平台、标准制定等公益性服务缺少专项资金扶持,在鼓励人力资源服务领域投资力度上还没有具体措施。同时,政府人社部门作为园区建设的项目法人,在园区规划、建设投入和运营管理等方面基本上还是"统包统揽",由此表现为项目投资主体单一、融资渠道单一和投融资模式单一等特征,各类民间资本或社会资本对产业园区建设投入支持力度严重不够。

二、浙江省人力资源服务业及园区的调研情况

为了更好地把握浙江省人力资源服务企业的发展状况,为浙江省人力资源服务产业园区建设提供实践支撑,鉴于调研的方便性考虑,我们在杭州市选取了近100家人力资源服务企业进行问卷调研。共回收有效问卷39份,占问卷总数的39%,占杭州市人力资源服务企业总数的10%左右。虽然调查覆盖面相对偏小,但也能够在一定程度上反映当前浙江省人力资源服务业的发展情况,统计数据具有一定的代表性。

(一)调查对象

在被调研的39家企业中,从企业性质上看,国有企业5家,占比12.8%;民营企业32家,占比82.1%;其他(外资、合资等)2家,占比5.1%。从企业层级上看,总部企业33家,占比84.6%;分支机构6家,占比15.4%。从企业资质荣誉上看,拥有知名企业称号的企业12家,占比30.8%;拥有诚信企业称号的企业7家,占比17.9%;市行业协会会员企业10家,占比25%;省行业协会会员企业15家,占比38.5%。从企业上市情况看,仅有1家已经上市,上市比例为2.6%。在38家未上市的企业当中也仅有2家企业有上市打算。从企业信息化管理程度上看,实现全信息化管理的企业14家,占比35.9%;实现半信息化管理的企业23家,占比59%;基本无信息化管理的企业2家,占比5.1%。从企业入驻人力资源服务产业园区情况看,11家企业已经入驻园区,占比28.2%;28家企业未入驻园区,占比71.8%。从办公场地情况看,场地性质为自有的6家,占比15.4%;租赁的有33家,占比84.6%。39家企业办公场地总面积为70958.58平方米,平均每家企业办公场地面积为1819.45平方米。

(二)从业人员情况

39家企业从业人员总数为2364人,平均每家企业从业人员60人。其中,专科以下学历609人,专科学历816人,本科学历838人,研究生学历101人。拥有高级(含副高)职称的有33人,中级职称304人,初级职称282人,无职称1745人。为从业人员提供专业培训的企业有21家,提供简单培训的有15家,基本无培训的有3家。根据计算,从业

人员的学历、职称和培训比例情况如图 1、图 2 和图 3 所示。

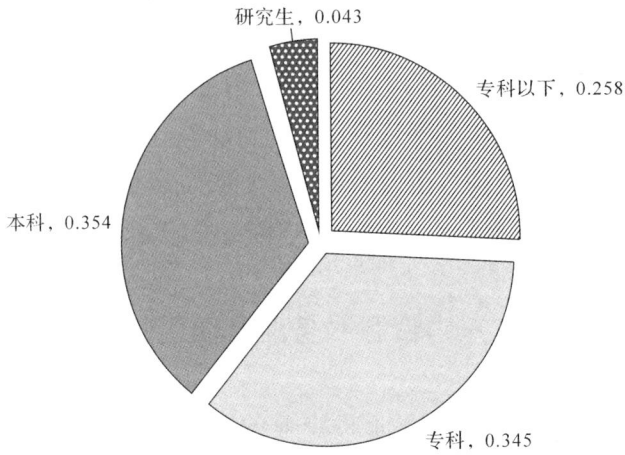

图 1　杭州市人力资源服务业从业人员学历情况

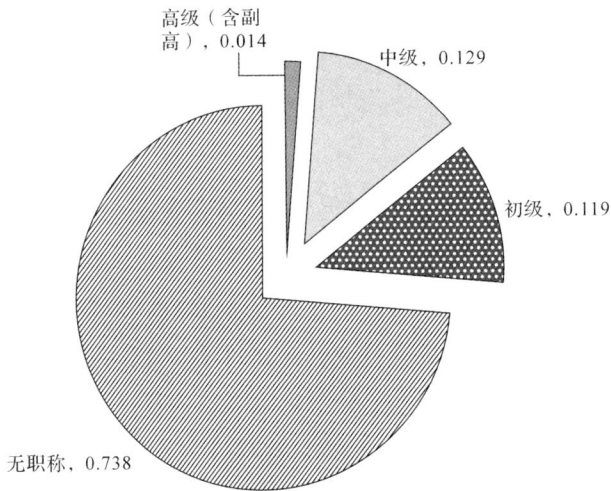

图 2　杭州市人力资源服务业从业人员职称情况

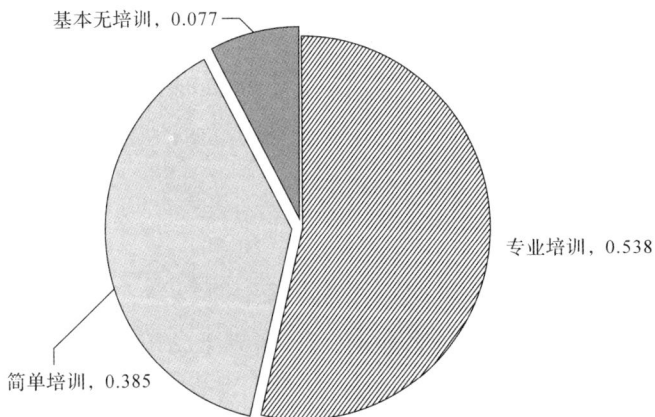

图 3　杭州市人力资源服务企业为员工提供培训情况

通过图表分析可知,杭州市人力资源服务业从业人员整体素质水平相对还不高。从学历层次看,专科及专科以下学历层次的人数占到了总人数的 60.30％,本科学历层次的人数占总人数的比例为 35.40％,而研究生学历层次的人数仅占到了总人数的 4.30％。以 2013 年杭州市国有企业经营管理人员为例,研究生学历人数占总人数的 5.00％,本科学历人数占总人数的 46.36％,专科及专科以下学历人数占总人数的 47.80％。由此可见,杭州市人力资源服务业从业人员学历层次明显偏低。从培训情况看,有 92.30％的企业为其员工提供培训,其中 53.80％的企业提供专业培训,仅有 7.70％的企业基本不为员工提供培训。这说明大多数企业比较重视员工的实务培训,相对于学历和职称更关注的是员工的实操能力。"重能力轻学历"的理念在杭州市人力资源服务业的发展过程中表现得比较明显。但从长远发展来看,从业人员素质整体偏低会在一定程度上制约行业能级的提升和行业潜力的挖掘。

(三)企业业务情况

在 39 家被调研企业中,服务内容涉及人才招聘的有 20 家,涉及人事代理的有 22 家,涉及劳务派遣的有 30 家,涉及人才培训的有 15 家,涉及人才测评的有 8 家,涉及管理咨询的有 14 家,涉及外包服务的有 18 家,涉及猎头服务的有 17 家。不同企业在服务内容的供给方面存在交叉,不同的服务内容在企业总体业务占比上也存在差异。本文从两个分度分析杭州市人力资源服务业的业态结构情况,一是人力资源服务内容的覆盖面情况,即同一服务内容的企业供给比例情况;二是人力资源服务业态的占比情况,即不同服务内容的市场份额比例情况。根据调查数据统计,具体情况如图 4、图 5 所示。

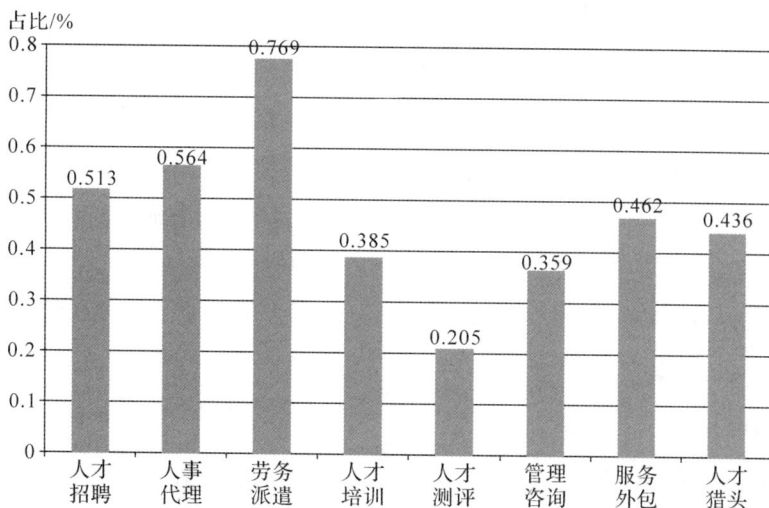

图 4 杭州市人力资源服务内容覆盖面情况

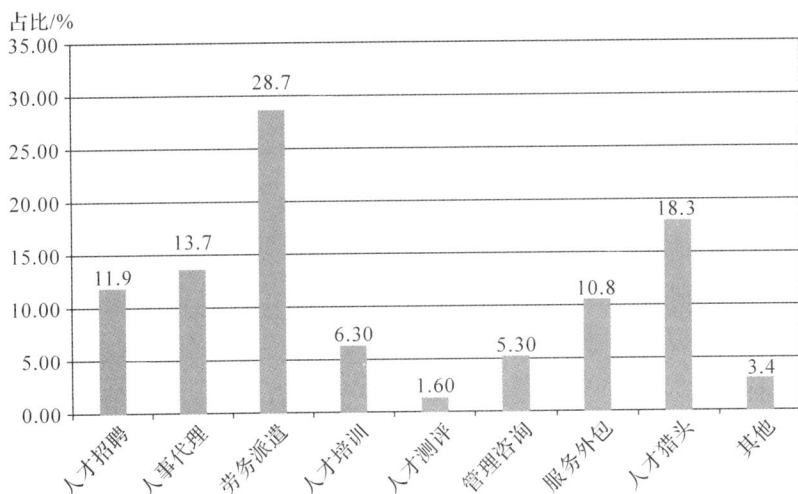

图 5　杭州市人力资源服务业态占比情况

通过图 4 分析发现,人才招聘、人事代理和劳务派遣是杭州市大多数人力资源服务企业所提供的服务内容,提供这类服务的企业分别占到了企业总数的 51.3%、56.4% 和 76.9%。提供服务外包和人才猎头服务的企业分别占到了企业总数的 46.2% 和 43.6%。相比之下,提供人才培训、人才测评和管理咨询等服务的企业占企业总数的比例偏小,分别为 38.5%、20.5% 和 35.9%。

通过图 5 分析发现,在杭州市人力资源服务业中占比较大的服务业态是劳务派遣和人才猎头,分别到了业务总量的 28.7% 和 18.3%。其次为人才招聘、人事代理和外包服务,占业务总量的比例分别为 11.9%、13.7% 和 10.8%。而人才培训、人才测评和管理咨询的业务占比相对较低,分别为 6.3%、1.6% 和 5.3%。

不管是从人力资源服务内容的覆盖面情况分析,还是从人力资源服务业态的占比情况分析,都反映出目前杭州市人力资源服务业的结构仍然不太合理。人才招聘、人事代理、劳务派遣和外包服务等中低端服务占比较大,而人才测评、管理咨询和人才培训等高端服务占比偏低。究其原因,一方面是需求不足,需要高端人力资源服务的市场经济主体有限;另一方面是供给不充分,由于高端人力资源服务技术含量要求高,对从业人员的素质能力要求也高,因此发展相对滞后,成为杭州市人力资源服务业发展的一块短板。

(四)企业对产业园区的需求

1. 对建设人力资源服务产业园的支持度

在被调研的 39 家企业中,有 14 家企业认为非常有必要建设人力资源服务产业园,19 家企业认为必要,仅有 3 家企业认为不太必要,3 家企业未明确表态,支持建设人力资源服务产业园的比例高达 84.6%。在目前还未入驻人力资源服务产业园区的 28 家企业当中,有 17 家企业表示有入驻园区的意愿,11 家企业暂时还没有入驻园区的意愿,有意愿入驻的企业比例为 60.7%。

2. 企业对政府扶持项目的需求情况

在被调研的 39 家人力资源服务企业中,有 32 家企业需要税收减免的扶持,27 家需要房租优惠的扶持,25 家需要公共服务平台的扶持,22 家需要市场拓展的扶持,21 家需要政府推荐的扶持,19 家需要财政资金的扶持,11 家需要贡献奖励的扶持,10 家需要人才引进的扶持。根据计算,具体的比例情况如图 6 所示。

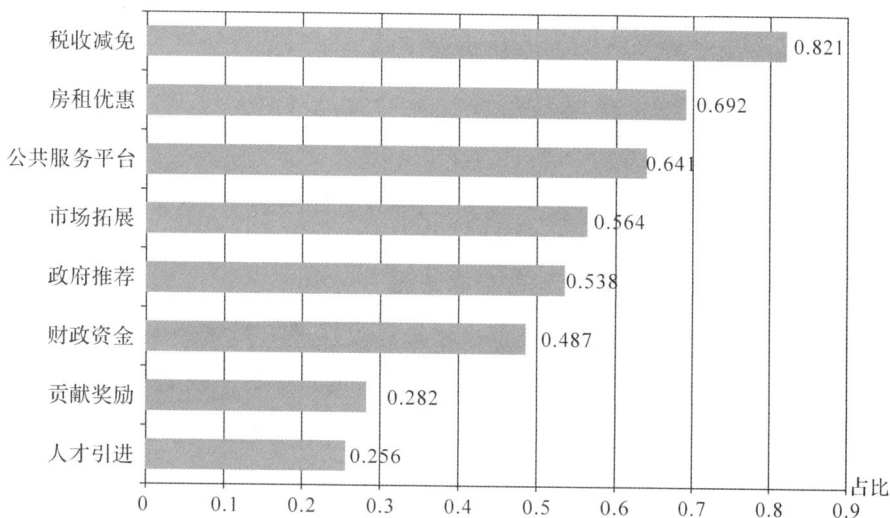

图 6 杭州市人力资源服务企业对政府扶持项目的需求情况

根据图 6 显示,企业最希望获得的政府扶持项目是税收减免、房租优惠和公共服务平台,有此需求的企业占比分别为 82.1%、69.2% 和 64.1%。对市场拓展、政府推荐和财政资金有需求的企业占比分别是 56.4%、53.8% 和 48.7%,属于一般性需求。而需求排次最末的项目是贡献奖励和人才引进,所占比例分别为 28.2% 和 25.6%。

3. 企业对产业园区公共配套服务的需求情况

在被调研的 39 家企业中,有 28 家企业希望有银行,19 家希望有便利店,28 家企业希望有公共食堂,25 家企业希望有公用会议室,12 家企业希望有咖啡吧,16 家企业希望有多功能厅,23 家企业希望有培训教室,17 家企业希望有小型洽谈室,21 家企业希望有法律咨询服务机构。根据计算,具体的比例情况如图 7 所示。

根据图 7 显示,企业对所列举的有关产业园区公共配套服务项目的需求普遍较高。除便利店、小型洽谈室、多功能厅以及咖啡吧等服务项目的需求比例在 50% 以下外,对其他服务项目的需求比例均在 50% 以上。其中,对银行和公共食堂的需求比例最高,均为 71.8%。

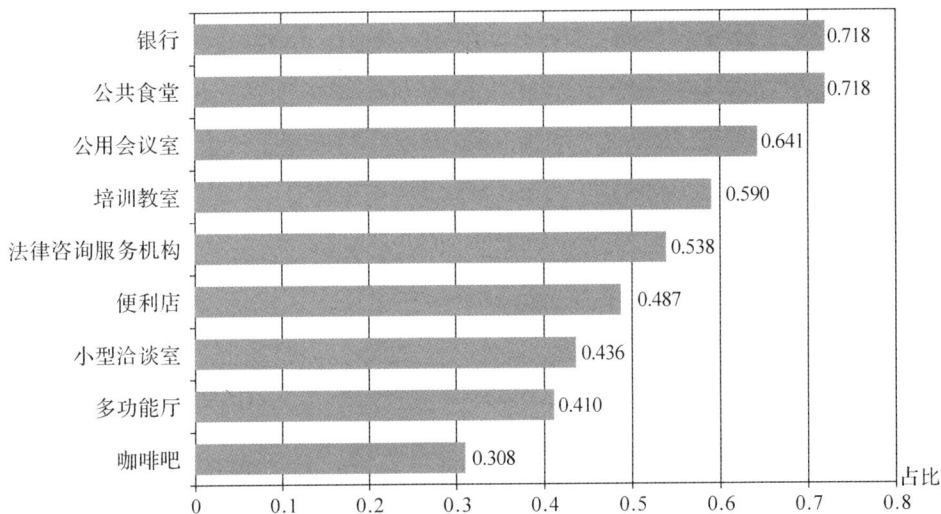

图7 杭州市人力资源服务企业对产业园区公共配套服务的需求情况

4. 企业对产业园区提供相关培训的需求情况

在被调研的 39 家企业中,有 17 家企业希望提供从业人员素质培训,23 家企业希望提供高管人员培训,21 家企业希望提供行业资质培训,19 家企业希望提供专业培训,9 家企业希望提供行业人才专业培训,12 家企业希望提供高级人才培训。根据计算,具体的比例情况如图 8 所示。

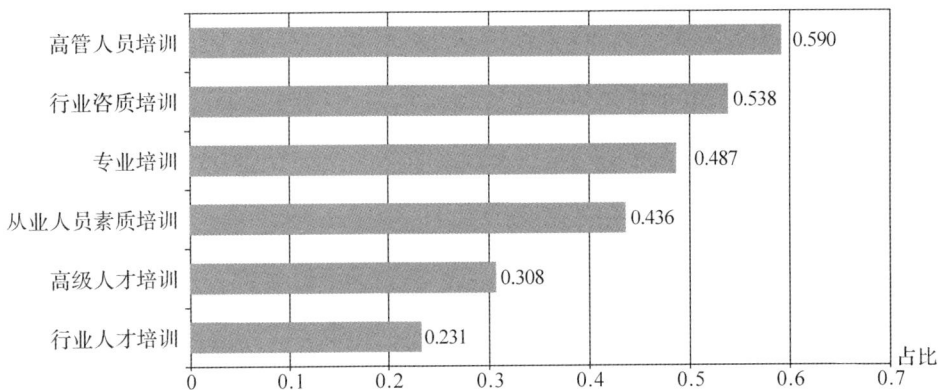

图8 杭州市人力资源服务企业对园区相关培训的需求情况

根据图 8 显示,企业对高级管理人员培训和行业资质培训需求较大,分别占到了企业总数的 59% 和 53.8%。对专业培训和从业人员素质培训的需求处于中间状态,有此需求的企业占企业总数的 48.7% 和 43.6%。而对高级人才培训和行业人才培训的需求则相对较低,有此需求的企业占企业总数的比例仅为 30.8% 和 23.1%。

5. 企业对产业园区的其他相关需求情况

通过调研我们还发现,就企业入驻园区是否会产生同质化竞争问题,有 12.8% 的企业认为不会产生,有 56.4% 的企业认为不一定会产生,认为必然会产生同质化竞争的企业仅占 30.8%。大部分企业都认为建设发展人力资源服务产业园应当首先着重解决好品牌建设和宣传、明确园区功能定位和完善园区公共服务等问题。目前园区建设存在的主要问题有公共服务跟不上、社会影响力不够和信息化程度不高等。此外,还有部分企业提出了希望政府部门能够加大政府购买公共服务力度、完善园区入驻企业准入和退出制度以及重点扶持本土企业等。

三、浙江省人力资源服务业发展的供需预测

面对当前浙江省人力资源服务业发展所面临的挑战和存在的问题,结合人力资源服务业集聚化、信息化、专业化、产业化以及国际化发展的未来趋势,按照全省人力资源服务业发展的供需预测情况分析,通过建立人力资源服务产业园来实现行业的健康可持续发展已迫在眉睫。特别是要发挥园区在实现人力资源服务业规模化发展、优化人力资源服务产业链、促进人力资源市场从有形向无形转变、培育人力资源服务企业品牌以及创新人力资源服务内容等方面的积极作用。

(一)浙江省人力资源服务需求预测

1. 浙江省人力资源服务需求总量预测

根据《浙江省中长期人才发展规划纲要(2010—2020 年)》,到 2015 年浙江省人才总量将达到 870 万人,到 2020 年则达到 1050 万人。2020 年浙江省人才需求总量就是 2020 年浙江省人力资源服务的需求预测。

2. 浙江省人力资源三次产业需求分布预测

根据近年浙江省第三产业人才总量以及 2020 年第三产业的 GDP、2020 年三次产业从业人员比例预测,对 2020 年第三产业的人才需求进行预测。结合浙江省产业结构调整的导向,重构人才需求的产业结构,最后通过经验修正,确定 2020 年第三产业人才需求的预测值(见表 2)。

表 2　浙江省第三产业 GDP 和从业人数的统计与预测

年份	第一产业		第二产业		第三产业	
	GDP（亿元）	从业人数（万人）	GDP（亿元）	从业人数（万人）	GDP（亿元）	从业人数（万人）
2005	892.83	759.53	7164.75	1397.69	6344.71	943.54
2006	925.10	717.81	8511.51	1452.29	7585.47	1002.28
2007	986.02	683.32	10154.25	1592.84	9090.74	1128.85
2008	1095.96	670.16	11567.42	1660.04	10328.72	1156.30
2009	1163.08	657.95	11908.49	1726.06	10518.21	1207.97
2010	1360.56	581.87	14297.93	1810.36	12657.78	1243.79
2011	1583.04	535.70	16555.58	1868.83	14683.03	1270.01
2012	1667.88	522.01	17316.32	1880.92	15338.02	1288.31
2013	1784.62	506.95	18446.65	1853.43	16368.43	1348.35
预测仿真						
2014	1948.81	482.62	20807.82	1815.74	18463.59	1410.37
2015	2128.10	459.45	23471.22	1859.33	20826.93	1475.25
2016	2323.88	437.40	26475.54	1900.78	23492.78	1543.11
2017	2537.67	416.40	29864.41	1940.06	26499.85	1614.10
2018	2771.14	396.41	33687.05	1977.14	29891.83	1688.34
2019	3026.08	377.39	37998.99	2011.92	33717.99	1766.00
2020	3304.49	359.27	42862.87	2044.37	38033.89	1847.24

　　假设浙江省三次产业人才比例与三次产业从业人数比例一致,根据表 2 对 2020 年三次产业 GDP 以及从业人数的预测,可以得出浙江省 2020 年三次产业人才的比重构成为:8.45∶48.09∶43.46。考虑到第三产业中,从事教育、科技、卫生等领域的人才比较集中,而直接创造的 GDP 比较小,同时未来服务业的发展使得服务业人才数量也有较大提高,因此经过经验修正,得出 2020 年三次产业人才需求的预测值分别为:88.73 万人、504.95 万人和 456.33 万人(见表 3)。

表 3　2020 年浙江省三次产业人才需求总量预测　　　　　　　单位:万人

年份	第一产业	第二产业	第三产业
2020	88.73	504.95	456.33

(二)浙江省人力资源服务市场需求预测

1. 浙江省人力资源服务业从业人员总量预测

按照上文预测,到 2020 年浙江省第三产业人才需求总量将达到 456.33 万人。2010 年浙江全省有人力资源服务业从业人员 2 万余人,到 2015 年,浙江省人力资源服务业从业人员增加到 4 万人以上,因此全省人力资源服务业从业人数年均增长 15.02%。假设浙江省人力资源服务业从业人数年平均增长率保持不变,则可以预测,到 2020 年浙江省人力资源服务业从业人数将达到 9.32 万人(见表 4 和图 9)。

表 4　浙江省人力资源服务业从业人员总量预测　　　　　　　　单位:万人

年份	2015	2016	2017	2018	2019	2020
人数	4.63	5.33	6.13	7.05	8.10	9.32

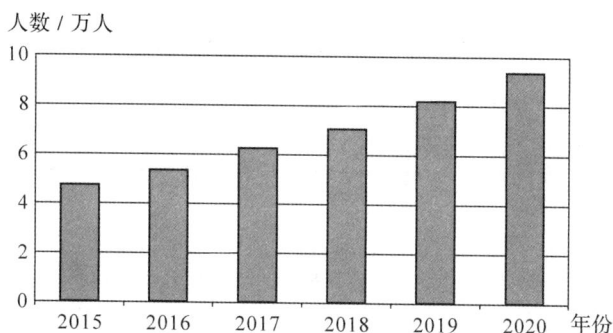

图 9　浙江省人力资源服务业从业人员预测

2. 浙江省人力资源服务业产值预测

根据现有资料得知,2010 年浙江省人力资源服务业产值为 350 亿元,假设浙江省人力资源服务业产值年均增长率与第三产业 GDP 增长速度一致,根据 2005—2012 年浙江省第三产业 GDP 统计数据计算得出,浙江省第三产业 GDP 年均增长率为 12.8%,到 2020 年浙江省人力资源服务业产值将达到 1167 亿元(见表 5 和图 10)。

表 5　浙江省人力资源服务业产值总量预测 1　　　　　　　　单位:亿元

年份	2015	2016	2017	2018	2019	2020
产值	639	721	813	917	1035	1167

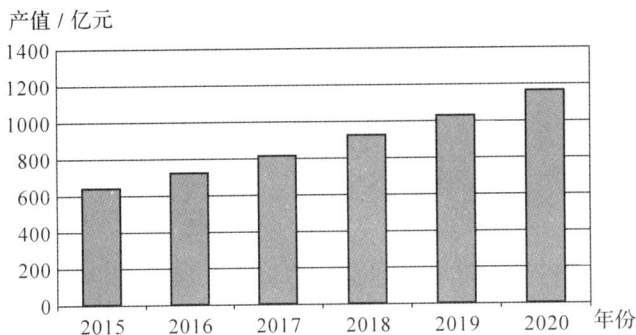

图 10　浙江省人力资源服务业产值预测 1

假设全省人力资源服务业产值增长速度保持不变,根据资料统计,全省人力资源服务业产值年均增长率为 20%,可以预测,到 2020 年浙江省人力资源服务业产值将达到2167 亿元(见表 6 和图 11)。

表 6　浙江省人力资源服务业产值总量预测 2　　　　　　　　　　　　单位:亿元

年份	2015	2016	2017	2018	2019	2020
产值	871	1045	1254	1505	1806	2167

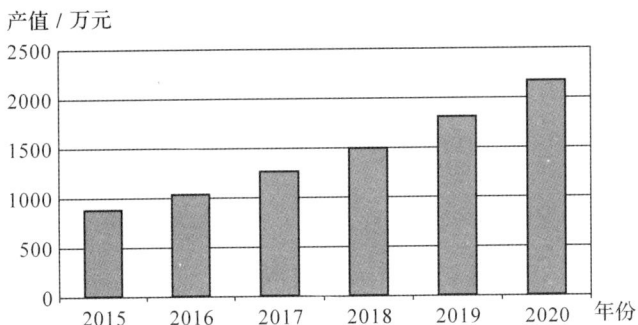

图 11　浙江省人力资源服务业产值预测 2

四、浙江省人力资源服务产业及园区发展的对策建议

根据浙江省发展人力资源服务业的总体思路,结合行业的基本情况、调研情况以及供需预测,考虑行业发展趋势和浙江经济社会发展特点,借鉴相关发达国家和地区的发展经验,在此基础上,形成促进浙江人力资源服务业产业园区发展的对策建议。

(一)加强园区发展战略规划

从全省层面要研究推进省内人力资源服务产业园区建设与发展的指导意见,或制定省内人力资源服务产业园专项发展规划等规范性文件,为全省人力资源服务产业园区的战略布局提供引导和指导。同时,既要明确园区认定标准,严格认定程序,建立和完善退出机制,又要控制总量,鼓励差异化发展,严防一哄而上,避免同质化竞争,逐步形成以省级产业园区为示范龙头、以省(市)级产业园区或基地为骨干、以特色性产业集聚区为支撑的人力资源服务产业园区整体发展格局。

(二)促进人力资源服务产业集聚

按照"功能完善、机制健全、运行有序、服务规范"的要求,积极引进和集聚各类人力资源服务企业,尤其是国内外知名人力资源服务企业,建立"立足当地、面向全省、服务全国"、具备"五高四强"①基本特征的国家级人力资源服务业集聚高地。依据"总体规划、分期实施、梯度推进"原则,按照"高、中、低端结合,上下游配套"的设计,完善产业园区布局,加快引进和培育一批实力雄厚、辐射力强、具有国际竞争力的人力资源服务龙头企业。园区采用"一园多点"建园模式,以下城和江干为核心园区,把握未来产业发展趋势,根据产业集聚状态多点发展,在高新(滨江)、拱墅、下沙、大江东、余杭、临安设立分园区,形成多元化、差异化、辐射化的人力资源服务产业园。健全完善发展模式和运营管理,整合各类资源,增强园区核心竞争力,打造园区品牌,提高创新能力,促进产业升级转型,打造先进人力资源服务产业集群,为杭州市转型升级和创新驱动发展集聚人才和智力。

(三)推进人力资源服务创新

整合人力资源服务产业园区核心竞争力,延伸服务领域,提高创新能力,优化服务项目,开发新的服务产品,把园区打造成为服务产品齐全、专业化程度强、技术含量高的人力资源服务供应基地。建立和完善专业化、信息化、产业化、国际化的现代人力资源服务创新体系,积极推动园区本土企业与国内外知名企业的多形式合作,引导园区企业的业务形态多元化混合经营,升级重构人力资源服务产业链。积极引进国际先进人力资源服务理念、服务技术和管理模式,引导入驻企业更加侧重客户需求导向,更加突出具有细致的专业分工,更多提供"专、精、深"的差异化、个性化服务产品,凸显园区特色的竞争优势。引导创业风险投资机构和信用担保机构扶持园区人力资源服务企业开发创新服务产品,人才测评服务、服务产品研发等高端人力资源服务企业管理咨询服务,按照数据网络化、信息社会化、流程自动化、管理电子化的要求,促进园区人力资源服务企业向现代化、专业化、综合服务一体化方向创新发展。

(四)孵化优质人力资源服务企业

根据人力资源服务业的发展方向、目标和任务,充分发挥园区人力资源服务的孵化

① 所谓"五高四强",是指入驻企业层次高、信息化水平高、管理效能高、市场占有率高、服务效益高;产业人才队伍强、创新能力强、国际竞争力强、区域辐射能力强。

功能,大力培育中小人力资源服务企业,引导、扶持园区中小人力资源服务企业做大做强,将产业园区定位为人力资源服务企业的孵化基地。建立人力资源服务业专项引导资金,对从事人力资源服务业的本地企业进行重点扶持和支持,推动全省人力资源服务业进入新的发展水平。一方面,通过引进有一定规模和实力的人力资源服务企业,促进园区中小人力资源服务企业创新服务内容、规范服务行为、提升服务能级。另一方面,在园区开辟专门"孵化区域",积极培育入驻园区中小人力资源服务企业,特别是一些创新能力强、服务业态新、技术含量高的中小人力资源服务企业。园区每年培育孵化人力资源服务企业10家左右,推动全市人力资源服务业的健康快速发展。政府要建立人力资源服务业发展资金,加大对园区人力资源服务企业创业扶持力度。

(五)推动园区管理体制创新

一是体现政事分开、政企分开和管办分离,要明确政府职能在人力资源市场建设、人力资源服务业发展和产业园建设管理中的职责,不仅要合理界定决策协调、建设管理和运营服务等主体界面的权利与义务,而且要重视形成统一灵活、权责一致和分工合理的人力资源服务产业园管理体制及运营机制。同时,探索建立人力资源服务产业园区理事会模式,作为协调人力资源服务产业园区建设发展的联络指导及联合协调机制。二是建立和完善人力资源服务产业园区管理制度和运行机制,把人力资源产业园建设纳入"人才强省"和创新驱动发展总战略目标,以产业结构调整和布局来带动人力资源服务产业园区发展,以人力资源服务产业园区发展来引领经济转型升级。认真落实园区税收、金融、职称评定、房租补贴、政府购买服务等优惠政策,降低企业经营成本,为人力资源服务产业园区的发展提供优良的制度政策环境。

(六)探索园区多元投入机制

一是地方各级财政要探索设立人力服务业发展专项引导资金,重点对人力资源服务产业园区的功能创新产品、技术平台、研发费用等进行支持。二是创新人力资源服务产业投融资模式,建立以政府投入为导向、社会投入为补充的多元化资金筹措机制。三是引导风险投资支持园区服务机构发展,或者参与园区人力资源服务机构的业务重组、行业整合和产业优化,推动金融资本和人力资源服务产业优势互补。

(七)优化园区服务市场环境

积极推动园区规范有序的人力资源市场发展,建立政府监管、机构诚信、行业自律、社会监督相结合的人力资源市场监管体系,营造公平、竞争、有序的人力资源市场环境。加强产业园区基础设施建设,完善教育、交通、医疗、金融、会议、餐饮等商务配套。加大政府对园区信息化建设的资金投入,尽快实现"一园多区"信息联网,共享园区人才信息库和服务项目信息库,着力打造好"两港"(培训港、信息港),构建好"两个市场"(有形硬件市场和无形信息软件市场)的建设,以信息港辐射打通园区,实现分园区联网,加快与全国及各市、长三角等地联网,实现"实体园区"和"虚拟园区"同步发展,积极创建和营造园区良好的工作环境、生活环境、服务环境和政策环境。

(八)强化园区人才支撑

加强与国内外高校、科研单位、人力资源服务企业和人力资源产业园区的合作与联系,拓宽园区人力资源服务业人才引进培养路径,构建强有力的园区人才保障和支撑体系。在引进人力资源服务研究机构的同时,设立园区人力资源服务业研究院,积极开展对人力资源服务项目、服务营销策略、从业人员专业能力、职业道德等进行研究开发和专业培训,全面提高和优化园区人力资源服务业人才素质,建立一支职业化、知识化、专业化、社会化的人力资源服务业人才队伍。

课题负责人:陈诗达
课题组成员:应建民　童素娟(执笔)　蔡　杰

浙江"五水共治"专业人才供需研究

☐　浙江省绿色科技文化促进会课题组

一、浙江省"五水共治"人才供需研究背景

浙江因水而名、因水而兴、因水而美。"五水共治"是推进浙江新一轮改革发展的关键之策。五水共治是指治污水、防洪水、排涝水、保供水、抓节水这五项。抓"五水共治"倒逼转型,是由客观发展规律、特定发展阶段、科学发展目的决定的。水是生产之基,什么样的生产方式和产业结构,决定了什么样的水体水质,治水就是抓转型;水是生态之要,气净、土净,必然融入于水净,治水就是抓生态;水是生命之源,老百姓每天洗脸时要用、口渴时要喝、灌溉时要用,治水就是抓民生。可以说,"五水共治"是一举多得的举措,既扩投资又促转型,既优环境更惠民生。抓治水就是抓改革、抓发展,意义十分重大,任务迫在眉睫。

治水的根本是人,无论是技术的创新还是方法的改进或是制度的确定,都离不开人才,一支高效的治水人才队伍是推动"五水共治"政策快速健康发展的基础。

二、浙江省主要治水主管机构人才现状

据省统计局年鉴统计,截至 2013 年年底,浙江省水利、环境、公共设施管理业在职人员共计 16.51 万人,饮用水的生产和供应业在职人员 2.94 万人,城镇污水处理业在职人员 0.6 万人。目前浙江省涉及治水的机构主要有环保系统、水利系统、建设系统、卫生系统、农林系统、质监系统、食药系统等。

(一)环保系统治水人才现状

目前全省环保系统在职人员共计 1.2 万余人,中专及以上学历占 72%,本科及以上学历占 30%,高级专业技术人员占有专业技术职称人员的 13%,技师、高级技师占技术

工人总量的15%。治水方面主要参与水污染监督稽查、水环境质量监测、水资源保护科普宣传、水资源保护法规政策制定等工作,全省环保系统水污染监督稽查执法队伍有560余人,主要负责监督全省各涉污企业的排污监察工作,依法对企业的违法违规超标排放行为进行查处;全省环保系统水环境质量监测队伍有2200余人,主要负责全省各水系特别是饮用水水源水质的一般感观指标、化学指标、重金属指标、微生物指标、放射性指标等项目的检测。全省环保系统水资源保护科普宣传队伍有320余人,主要负责向企业及公众宣传保护水资源、减少水污染、节约用水等工作。全省环保系统水资源保护法规政策制定队伍有260余人,主要负责根据国家水污染、水资源保护等法规政策的传达和地方法规政策标准的制定。

总体来说,环保系统的治水队伍大致可规纳为水污染监督稽查、水环境质量监测、水资源保护科普宣传、水资源保护法规政策制定等四支队伍,参与治水人员共计3300余人。其中,水污染监督稽查队伍力量明显不足,由于监督力量不足,企业漏排、超标排放污水的现象仍很严重,很多偷排的行为都是在媒体介入曝光后才被发现,因此,扩充水污染监督稽查对伍已迫在眉睫。

(二)水利系统治水人才现状

目前全省水利系统在职人员2.4万余人。中专及以上学历占68%,本科及以上学历占31%,高级专业技术人员占有专业技术职称人员的14%,技师、高级技师占技术工人总量的17%。全系统人才队伍建设相对比较完善,根据管理和技术领域细化为党政领导干部队伍、公务员队伍、水利专业技术人才队伍和水利技能人才队伍等四大块,对专业队伍能力建设又细化为防汛防台抗旱队伍、水库和海塘管理队伍、河道管理队伍、农村水利队伍、农村水电队伍、水资源管理和水土保持监督管理队伍、水利工程建设管理队伍、围垦工程建设管理队伍、水政执法队伍、水利信息化队伍、综合管理队伍等11支专业队伍,治水领域几乎涵盖防洪、排涝、治污、供水、节水等方面。

全省水利系统2.4万在职人员可全部作为治水大军,虽然水利系统治水人才比较齐全,但受机构职能限制,水利系统治水只限定在江河、水库、河道本身。对于污水治理来说,水利部门只对江河等水体已经受到污染后进行监管,但水体污染源很多,水利系统的治污工作不能深入至污染根源,使得工作效果受到很大影响。

(三)建设系统治水人才现状

全省建设系统在职人员约3万人,中专及以上学历占65%,本科及以上学历占35%,高级专业技术人员占有专业技术职称人员的16%,技师、高级技师占技术工人总量的13%。治水方面主要参与城镇给排水设计、污水处理等工作,全省建设系统给排水设计专业技术人员有1.2万余人,专业技术人员本科及以上学历占86%,相对于其他系统高学历人才比例较高,但浙江省乃至全国地下给排水系统的设计及建造水平都较低,导致全国多数城市逢雨必涝,全国每年抗洪排涝的直接经济损失就达上千亿元,每年投入到城市抗洪排涝的资金也高达数百亿元。给排水系统设计水平较低并不是专业技术人员设计不出国际先进水平的地下管网系统,而是和财政配套不到位有直接关系,因此政府要加大对城市地下改造的投入。目前全省城镇污水处理厂有340余家,专业技术人员6000余人,城市污水处理率达87%,县污水处理率达65%,乡镇污水处理率达27%。

总体来说,目前全省建设系统可投入到治水中共计有1.8万余人,涉及抗洪、排涝、治污、供水、节水各个环节。提高给排水设计专业人员技术水平保证地下给排水网管质量和效率是保障抗洪排涝和节水的关键,与此同时,要加大政府财政对地下管网的投入,加大对企业偷排、污水处理厂超标排放的监管力度,保证污水处理率进一步扩大。

(四)卫生系统治水人才现状

据统计,全省卫生系统在职工作人员41.5万人,中专及以上学历占72%,本科及以上学历占40%,高级专业技术人员占有专业技术职称人员的26%,技师、高级技师占技术工人总量的16%。大部分属于医药、计生等从业人员,涉及环境卫生监督包括污水排放监督的人员及饮用水标准制定的人员1000余人。在治水方面主要涉及酒店、饭店、食堂等污水的排放监管;饮用水重金属含量等卫生指标的控制等工作。全省卫生系统污水排放监督管理人员800余人,主要由各级卫生局相关管理人员承担。另一支治水队伍负责组织开展食品(包括饮用水)安全风险监测、评估,依法制定并公布食品(包括饮用水)安全地方标准,组织指导食品(包括饮用水)安全企业标准备案工作,直接参与饮用水标准制定的人员全省仅200余人,且大多是兼职。

总体来说,卫生系统共计1000余人可以参与治水,主要分为两支队伍,一支负责酒店、饭店、食堂等污水的排放监管,全省合计800余人;另一支是依法制定并负责实施饮用水安全地方标准,全省合计200余人。

(五)农林系统治水人才现状

据统计,全省农林系统在职工作人员507万人,在城镇工作的有7万人左右,500余万人在乡村工作,全省507万从业人员中,专业技术人员仅2000余人,且学历、技术职称普遍偏低。在治水方面可分成水污染监督和水资源保护科普宣传两支队伍。水污染监督主要涉及农林化肥、农药残留处理以及畜牧业、渔业、家禽养殖排泄物对水体污染的监督引导工作,目前农林主管机构可投入到污水监督的人员不足2000人。水资源保护主要对农林牧渔从业人员进行水资源保护相关科普知识的宣传工作,这支队伍全省农林系统有200余人。

总体来说,全省农林系统参与治水可分为两支队伍,一支是水污染监督队伍,约2000人,另一支是水资源科普宣传保护队伍,约200人,人员总体学历和专业技术称职都偏低,参与治水的人员也偏少,需加大治水人才扩张和人才技能培养力度。

（六）质监系统治水人才现状

据统计，全省质监系统在职工作人员约 1.4 万人，中专及以上学历占 62%，本科及以上学历占 26%，高级专业技术人员占有专业技术职称人员的 23%，技师、高级技师占技术工人总量的 12%。在治水方面主要涉及给排水输送管道生产企业的产品质量监督管理以及对瓶装、桶装饮用水的质量检测工作。可分为两支治水队伍，一支是保障城市抗洪排涝相关产品质量队伍，全省质监系统参与监督检测给排水管道质量的人员 460 余人；另一支瓶装、桶装饮用水质量检测队伍，全省质监系统内饮用水检测人员 500 余人。系统内参与治水人员不足 1000 人，且饮用水检测职能正逐步划拨至食药系统，今后参与治水的人员估计会更少。

总体来说，目前全省质监系统治水方面涉及排涝、供水、节水三个环节，参与人员约 1000 人，据有关资料显示，我国地下管线每年漏水 70 亿立方米，够 1 亿人口使用，这与管道安装质量和管道本身质量有着直接的关系，因此，要抓好排涝、供水、节水等工作，需质监系统加大对管道相关产品及管道安装过程的质量监督管理力度，提高质量监督检测人员素质，扩充质量监督检测人员队伍。

（七）食药系统治水人才现状

据统计，全省食药系统在职工作人员约 1.1 万人，中专及以上学历占 59%，本科及以上学历占 28%，高级专业技术人员占有专业技术职称人员的 26%，技师、高级技师占技术工人总量的 10%。目前省食品药品系统由原食品药品监督管理局以及质监、工商部分涉食品部门合并而成，在治水方面主要涉及饮用水生产企业的质量监督管理。目前浙江省共有 1000 多家取得"QS"标志（食品生产许可证）的饮用水生产企业，饮用水生产及供水从业人员 2.6 万余人。全省涉及水质监测的机构 120 余家，专业技术人员 2000 余人，对保障浙江省饮用水安全起到关键性作用。但仅针对末端产品进行抽样监督管理并不能全面保障浙江省的饮用水安全，例如，新安江上游沿线的某一处化工厂爆炸或者槽罐车翻车泄漏，就会严重危害下游水厂和水企业的供水安全。另外一个问题是部分小型水生产企业贴牌生产大企业品牌的水产品，这部分产品的各项卫生指标都很难达到国家标准，多销往农村和城乡接合部等偏远地区，省食品药品系统也需加大力度查处假冒贴牌的水生产企业，全面保障各个地区的供水安全。

总体来说，全省食品药品系统加上饮用水生产及供应业共计约 2.8 万人参与五水共治之保供水。保供水与治污水是密切相关的，如果水污染监管不善，即使水生产企业再如何净化消毒都很难得到符合国家标准的饮用水。

综上所述，浙江省"五水共治"中，环保系统参与人才 3300 余人，水利系统参与人才 2.4 万余人，建设系统参与人才 1.8 万余人，卫生系统参与人才 1000 余人，农林系统参与人员 2200 余人，质监系统参与人员 1000 余人，食药系统参与人员 2.8 万余人，全省合计治水人才 7.75 万余人。而"五水共治"的重中之重是"治污水","治污水"与其他各项水治理环节都密切相关,而对于水污染的行为概括来说有两种:一种是故意污染,另一种是非故意污染。对于故意污染的行为我们需要监督查处,这就需要一支有效的监督队伍;对于非故意污染的行为我们需要宣传引导,这就需有一支有效的宣传队伍。加强这两支治水队伍的建设对于浙江省"五水共治"将起到关键性的作用。

三、浙江省治水人才方面存在的主要问题

(一)治污水——监督监测力量薄弱

目前浙江省水污染监督治理的主要职能部门有:省环保厅、省建设厅、省卫生厅、省水利厅、省农办、省五水办等。省环保厅是最主要的污水排放监督管理部门,据统计,目前浙江省环保系统在职人员约 1.4 万人,全省各类涉及污水排放的企业有 40 余万家,就算每个在职人员都是水污染环境监察执法人员,平均每个人就要监督 40 家企业,这样的监督力度显然无法对企业进行有效监督;省建设厅主要负责全省污水处理厂的审批建设及城镇管网和生活污水的处理等工作,目前浙江省内共有污水处理厂 340 余家 6000余名专业技术人员从事污水处理技术工作;省卫生厅主要负责宾馆酒店食堂的环境卫生包括污水排放的监督工作;省水利厅主要负责全省江河道固体垃圾监督清理;省农办负责农村化肥农药对水体污染的监管;省五水办协调各职能部门综合治水;全省涉及水质监测的机构 120 余家,专业技术人员 2000 余人。总体来说,全省涉及水污染监督和监测的专职人员不足 3 万,这 3 万人要监管 40 万家企业、数千万家酒店食堂、11 个市、58个县及上千个镇的工业及生活污水排放情况,随着经济的发展,企业数量的增多,水污染监督管理部门执法监管任务也日趋繁重、责任日益重大,有限的环保机构人力资源与量大面广的监管任务之间,存在着较大的矛盾,水污染监管力量不足已成为不争的事实。

要解决水污染监督执法力量不足的问题,必须坚持多管齐下,立足内部挖潜,全面提升监管能力和水平,建立联合执法机制,吸纳民间机构和个人参与水污染监督,让更多的人成为环境监督员。这样才有可能从根本上缓解执法监管力量不足的问题。

1. 全面提高水污染监督执法人员的素质

水污染监督执法人员要能承担起环境监管的神圣职责,做好维护人民群众健康生存环境的忠诚卫士,就必须加强自身能力建设,努力提高思想道德素质、执政为民的能力。要树立向素质要战斗力的观念,做到一手抓政治理论学习,一手抓执法能力建设,坚持不懈地提高执法队伍的整体素质。

2. 建立联合监督执法机制

环保工作具有专业性强、涉及面广、任务量大的特点,更需要全社会的广泛支持和

参与。加强与公安、质监、安监、发改委等各职能部门的横向协调配合,整合执法力量,推进综合执法和联合执法;充分发挥舆论监督和社会监督的作用,通过广泛的宣传,努力营造全社会重视和支持水污染监督执法工作的良好氛围。通过建立综合执法的工作机制,真正把环保部门唱"独角戏"变为各级党委政府大力支持、各有关部门通力协作、各界群众广泛参与的"大合唱"。

(二)防洪水——气象预警和应急预案相关人才缺乏

目前浙江省防洪工作的主要职能部门有:省防汛抗旱地指挥部、省水利厅、省气象局等。水利工程的设计建设及气象灾害预报在防洪水方面起到关键性作用,应加强相关专业的高级技术人才队伍建设。浙江省地处我国东南沿海地区,地形复杂、气候多变,如沿海地区易遭台风侵袭,浙西地区常遭梅雨洪水灾害,浙中、浙北地区梅雨和台风暴雨兼有;河流源短流急,江水暴涨暴落,河口易受潮水顶托,退水缓慢;大多数城镇依江而建,易受洪水暴潮侵袭。因此,浙江省每年洪涝、台风发生频繁,灾害损失惨重,这给社会经济发展和人们安居乐业带来严重的威胁。气象灾害预警机制和灾后的应急预案是否健全关系着灾后损失能否降到最低。

气象灾害预警机制:应健全科学的气象灾害预警机制,气象灾害预警关键在于预测是否精准、是否及时、是否尽可能提高发出预警,而且发出的预警要及时有效地传达到广大可能遭受气象灾害的群众。这需要一支高素质、高效率的队伍。

灾后应急预案:各防洪相关部门应制定有效的灾后应急预案,应对有可能发生的各种自然灾害及次生灾害,把灾害造成的损失降到最低。

(三)排涝水——城建系统规划人才缺乏

目前全国城市排涝系统普遍不好,多数城市逢雨必涝,城市排水网线的设计建设是否科学合理是城镇排涝的关键,另外水利工程规划设计也要科学考虑周边城市的地理位置特征,避免水利工程建设不合理造成城市内涝频发。近年来,武汉、广州、杭州、北京等城市频繁遭遇强暴雨袭击,引发严重内涝,可说是"逢雨必涝,遇涝则瘫"。暴雨淹城的景象不断上演,不少城市管理者也"发誓"解决城市内涝问题。综合分析城市内涝成因,城市管网建设不合理是城市内涝的关键,目前国内城市多数"重地上,轻地下",对城市的地下管网系统投入不够。另处,雨水入渗的通道几乎完全被硬化地面所阻隔、排水设施维护管理不到位又加重了城市的内涝。

欲解决城市内涝问题,首先要加大城镇管网建设人力、物力、财力的投入,然后终合考虑地表建筑的设计及雨水的综合回收利用等工程。借鉴国外先进经验,在积极应对雨洪水灾害的同时,科学开展雨洪水利用,恢复雨水的生态功能,是城市雨水的回归之路。

(四)保供水——水质监测力量不足

保障供水质量的职能机构有省水利厅、省建设厅、省卫生厅、省质监局、省食品药品监督管理局及各地自来水公司。目前饮用水主要有自来水和桶装及瓶装饮用水。保障饮用水的供应一要加强水源地保护,二要加强水生产厂及公司的建设,三要加大水质监测力度,保证水量、保障水质。需加强取水水源的水体污染监察力度,并加大政府对自来水公司及饮用桶装水瓶装水生产企业的产品质量监察力度。

城市水资源的开发利用和保护涉及自然科学、社会科学和工程技术的许多领域,是一项非常复杂的系统工程。保障供水安全关键是要配备专业的水质及相关管材设备的质量监测人员,特别要加强对饮用水源地的保护和监督,确保水源本身质量符合生产标准。

(五)抓节水——环保宣传力量不足

浙江省节水管理的职能部门有省文明办、省水利厅、省建设厅、省环保厅等。抓节水最重要的是宣传,应加大宣传力度让节约用水意识深入人心。目前省内对于节水工作普遍认识不够或停留在口头上。

节约用水涉及各行各业,千家万户,单靠政府行为,没有市场推动,节水必然动力不足;单靠市场推动,没有政府引导,节水也必然难见成效。抓好节水必须充分考虑节水工作的特点,既要靠市场推动,也要加强政府行为。强有力的政府宣传推动和切实有效的广大用水户的积极自觉行动相结合,才可能促进我国的节水工作跃上一个新台阶。

四、浙江省治水人才发展对策

(一)建立治水专业人才库及人才引进培养机制

建设人才库是解决治水人才短缺的最有效的方法。建立人才库有利于将优秀人才纳入组织视野,有利于集中资源对优秀人才进行重点培养,将优秀拔尖人才推荐到重要岗位进行合理使用。人才库最主要的几个环节是人才的选拔、培养、考核和流动,让人才最大限度地提供智力支持。

1. 人才入库

人才入库也即所谓的选拔人才,是整个人才库管理的基础,是建立人才库的第一步,这一环节是保证好库源及其质量的关键。

(1)设计人才库。首先,根据当前的需求量以及对后续发展所需人才的预测,确定人才库的容量。其次,准确把握人才的分布情况,保证有学术人才、骨干人才、后备人才。再次,专业要分布均匀,虽然环保行业注重给排水等直接相关专业,但是法律、化学、传媒等其他专业的人才也是非常必要的。

(2)入库标准。选拔入库的人才一定要有潜力、有后劲、有发展空间,才能确保人才库的质量。入库标准应坚持以下原则：①全面性，各类人才都要从德、识、能、绩 4 个维度加以规定；②层次性，结合各类专业实际，给不同类别制定不同的准入标准，保证入库人员既全面又有专长；③科学性，牢牢把握学校建设发展的总体目标，使制定的标准符合学校建设发展需求，体现科学性；④灵活性，根据人才需求形势的发展变化及时进行调整，当某类人才处于高度稀缺时，就相应地制定宽松的标准，以便这类人才优先入库，及时培养，尽早流向需要岗位。

（3）制定吸引政策。主要是通过物质奖励吸引政策。在我国环保部门中，水、气、环境监测工作及污染防治方面需要大量的高水准的环保专业人才，而这些人才也是当前被称为朝阳行业的环保产业企业以及其他城市所追捧的。相对进入企业从事专业的污染治理或环保设备开发，成为环保部门的公务人员则会减少许多个人的经济收益。物质奖励政策的制定可以平衡掉环保产业企业为个人带来的超过公共部门的多余经济收益，大大提高环保专业人才选择环保部门，开展优质公共服务的概率。

2. 人才培养

人才培养是人才库重要职能，培养质量决定着入库人员能否迅速成熟、脱颖而出，也影响着人才库的权威性和生命力。人才的培养主要通过培训的方式，分为境内培训与境外培训。

（1）境外培训。通过在国外的培训和实地考察，让学员们了解这些国家的有关环境政策、环境标准等方面的信息，借鉴好的环境管理制度和经验，掌握高新环境技术发展新动向。

（2）境内培训。坚持走出去之外，也要注重自身的培训教育。把各类培训与普通高等教育、职业教育等多种形式结合起来，鼓励和支持干部职工通过多渠道、多形式参加培训学习，建立和完善终身学习制度。与名校、名师建立定点、定人培训机制，定期选派优秀青年管理人才和专业技术人才到全国重点高校、科研院所学习培训，聘请院士、教授专家进行专项培训，重点加强环保人才的管理能力和科研能力。

（3）入库人员交流制度。定期举办人才库内人员交流、不同领域专业沟通，既可以加强库内人才感情，也可以帮助大家理清工作思路，提高工作效率。

3. 人才考核

为了确保进人才进出有序，要对人才库的人才进行考核，确定每个人才应达到的目标。目的是通过目标的激励，调动入库人员积极性，在实现个体价值过程中，实现人才库建设总目标。考核为优秀的，继续留库；考核为不合格的，直接调整出库。绩效考核有利于加强人才库人才的责任意识和竞争意识，也为人才的管理起到很大的帮助。

4. 人才流动

针对人才在库内的流动成长情况，应该时时监督记录，形成人才动态档案表，时时跟踪监控,以便及时调整培训方向,预测各类人才的需求度,为推荐人才做准备,也为吸收紧缺人才提供依据。

5. 人才类型

治水人才不仅要包括当前急需的治污、防洪、排涝、供水、节水等技术型人才,还应包括管理、法律、标准制定、环境事件应急处理等一大批社会治理型人才,使技术型和社会治理型人才有机结合,最终达到五水有效共治的目标。

(二)加大对环保社会组织人才队伍的培育扶植力度

1. 环保社会组织如何专业治水

环保社会组织治水工作主要分三块,第一块是针对网络公众呼声比较高的一些河道,采用三方行动体系推进河道污染治理,促进环境信息公开和公众参与;第二块是公众环境倡导,通过开办环境观察等系列活动,引导公众参与;第三块是建立行业协作机制,促进行业抱团发展。通过联络全省民间水环境保护机构,增强相互之间的联络,建起全省抱团联动机制,扩大行动影响力。

2. 环保社会组织治水存在的困难

首先,环境监督难,环保社会组织在开展基础的环境监督的时候时常会触碰到一些利益群体,环保志愿者被打现在也不是什么稀奇的事,环境监督过程中被企业的人强行控制,暴力抢夺摄影设备等情况偶有发生,这在某种程度上对民间环保组织是一种打击。环保社会组织没有执法权,在开展环境监督时有时候人身安全都难以得到保障。

其次,环保社会组织资金筹措难,救治动物也好,助人也罢,都相对容易获取到资金支持,但环境保护募款难。与境外基金会合作,潜藏政治风险;与本地企业合作,基本都是监督对象;与政府合作,购买服务清单迟迟不能出台。好不容易去争取的中央财政,省、市级福彩基金会的项目资金,他们又没有环境领域的资助款项。

第三,环保社会组织从业风险高,资金链不稳定,从业人员薪资水平低,行业留不住人才,环保社会组织专业化程度不够等瓶颈都制约着环保组织参与五水共治。

克服这些困难的办法有:政府部门加大对环境类社会组织培育和购买的力度,社会组织加强自身专业建设,加强政府和社会组织之间的合作,形成相互促进的水环境治理体系,促进行业发展,引导社会公众参与水环境治理。

3. 环保社会组织治水经验

环保社会组织主要是在官方和民众之间搭建桥梁,整合民众资源,对接政府政策,形成互动、互补等三方协作善治的体系。以浙江省最大的公益环保社会组织——"绿色浙江"为例:他们努力通过各种项目活动,争取让上述行动体系成为全国环保部门接受的一套民间行动体系。在省委、省政府提出"五水共治"大政方针政策后,"绿色浙江"已联系浙江电视台在各地市开展了八场"'吾'水共治圆桌会",助推"五水共治"政策。此外,针对保护钱塘江开展了一系列环保主题活动,如"同一条钱塘江";"百里彩塘";"乐起钱潮";"钱塘故事"等,通过开展活动让学校、政府和公众都参与到环保活动中来,让更多的人了解环保,参与环保。针对"五水共治"中存在的一些问题,以杭州市上城区为试点,协同区政府从"河道治理"、"环境违法监督"、"社区公众参与"三个层面制定了一条推进"五水共治"的行动机制。

当前"五水共治"的人才队伍有两大缺口,一个是水污染监督人才,另一个是水资源保护环保宣传人才,环保社会组织的成功经验能充分整合公众资源,引导公众参与到环境保护的监督和宣传当中,使这两大人才队伍缺口得到有力补充。环境保护,人人有责。当人人都是监督员、人人都是宣传员的时候,相信我们的环境自然会越来越好。

(三)设立"环境监察室"——扩充环保监督宣传力量

腐败问题严重时,机关事业和国有企业设立纪委监察室,在腐败的监督和反腐的宣传上发挥了重要的作用。当今环境问题日益严峻,有必要设立类似"纪委监察室"这样的机构,从上至下,从机关事业到国企私企,都设立"环境监察室","环境监察室"的职能主要是针对本单位人员工作和生活中可能出现的资源浪费现象进行监督,向员工宣传倡导低碳环保的生活方式。如节约用水、办公纸张双面使用、上下班尽量选择公共交通工具、食堂餐厅倡导"光盘行动"、垃圾分类等。通过单位这一集体经常性地对每位员工进行监督和宣传,可以使环保理念更广泛、更有效地推广。

"环境监察室"的职能可先由各单位办公室兼管,根据各自单位情况逐渐从办公室剥离出来。各单位的"环境监察室"工作向各地环境保护局负责,各地环保局定期向各单位"环境监察室"下发环保政策文件,更新环保科普宣传材料。各单位"环境监察室"负责向本单位传达最新的环保政策,并定期对员工进行环保科普宣传和经常性的监督。各单位"环境监察室"每年向当地环保局递交年度工作总结。

(四)明确划定"生态红线"——组建一支划线队伍

我国《水污染防治法》、《农田水利法》、《森林法》中都提及"保护区"这一概念,对于"保护区"范围内的生态环境破坏工程项目一律不得审批通过。例如,《水污染防治法》第五十八条规定:禁止在饮用水水源一级保护区内新建、改建、扩建与供水设施和保护水源无关的建设项目;已建成的与供水设施和保护水源无关的建设项目,由县级以上人民政府责令拆除或者关闭。禁止在饮用水水源一级保护区内从事网箱养殖、旅游、游泳、垂钓或者其他可能污染饮用水水体的活动。第五十九条规定:禁止在饮用水水源二级保护区内新建、改建、扩建排放污染物的建设项目;已建成的排放污染物的建设项目,由县级以上人民政府责令拆除或者关闭。在饮用水水源二级保护区内从事网箱养殖、旅游等活动的,应当按照规定采取措施,防止污染饮用水水体。第六十条规定:禁止在饮用水水源准保护区内新建、扩建对水体污染严重的建设项目;改建建设项目,不得增加排污量。

近年来,国家相关法律的配套政策也相继出台,并提出了"生态红线"这一概念,也对触及跨越"生态红线"的环境违法行为的处罚做了规定。但目前各保护区的这根"生态红线"绝大多数地区尚不明确,这根线不明确就使得许多法律形同虚设。

针对水资源保护领域,浙江省应率先组织各级测绘、勘探等相关部门组成一支划线队伍,对本辖区内的江河湖泊以及地下水进行勘探测绘,具体划定饮用水水源一级保护区、饮用水水源二级保护区及其他水源地。并明确划定各保护区的"生态红线",明确标注地理标识,对于越线的环境违法一律严惩。水源地保护区及生态红线应对外公布,公众随时可以通过网络地图查阅本地点是在哪类保护区的范围内,是否在"生态红线"以内。通过这样的明确划定和生态地图公布,可以有效地对环境违法行为进行监督和处罚。

报告执笔人:李述亭

浙江电子商务人才供需状况
抽样分析与对策建议

□ 杭州市人力资源与社会保障局课题组

电子商务人才开发,是浙江打造"国际电子商务中心"、提高综合竞争力的重要举措,是促进经济转型升级、抢占国际经济制高点的重要途径。本文研究的电子商务人才包括三个部分:一是创业者,即开办网店的业主(含合伙经营者)和网络平台管理者;二是直接从业者,即创业者及其雇佣的电子商务人才,如市场营销、法律顾问;三是间接从业者,即与网商有紧密联系并由其经营链条带动的其他行业新增的电子商务人才。

本文采用抽样研究方法,抽取 17 家高校、5 家公共培训机构和 988 家企业样本。其中企业样本采用大数法则,从淘宝网络平台数据库 339.71 万家网店中抽取 56.62 万家网店,有效回收调查样本 6814 个,其中浙江 988 个(占总样本的 14.5%)。经统计处理,得到全省网店 49.25 万家、电子商务人才总量约 5.14 万人的数据。抽样围绕电子商务人才培养规模、素质教育、资格认定、就业状况等问题开展调查,从中获得关于浙江省电子商务人才供需状况的若干判断,并提出相关的政策建议。

一、电子商务人才规模现状

(一)电子商务人才供给主体分析

调查显示,2013 年全省新增电子商务人才 12143 人;其中大专院校培养 8950 人、专业机构培养约 500 人、网络创业带动就业 640 人、企业委托培养约 600 人、政校企联合培养 1453 人;全年生产总值(GDP)37568 亿元,比上年增长 8.2%,由此推算经济增长平均每个百分点可带动电子商务人才开发 1480.85 人(见表 1)。

表1　浙江省电子商务人才供给(分规模)

培养方式	个人网店		企业网店	
	人数(万人)	占比(%)	人数(万人)	占比(%)
大专院校	1163	47.47	7787	80.33
专业机构	451	18.41	49	0.50
网络创业	640	26.12	—	—
企业委托	—	—	600	6.19
政校企联合	196	8.00	1257	12.97
总计	2450	100.00	9693	100.00

抽样调查显示,浙江省电子商务人才供给有以下特点:

1.大专院校是培养电子商务人才的主渠道

截至2013年年底,全省设立电子商务专业学历教育大专院校共26所,共培养电子商务人才8950名。其中招收电子商务专业研究生的高等院校3所,培养硕士研究生约50名;开设电子商务专业的本科高等院校15所,在校生约2000名;开设电子商务专业的高职院校9所,在校生约3100名;开设电子商务专业的中职学校11所,在校生约3800名;浙江电子商务人才培养已初具规模。

2.专业培训机构发挥提升电子商务人才素质的作用

从2012年起,按照国家职业标准要求,健全电商人才培养和评价体系,确定一批培训机构和实践基地。截至2013年年底,杭州市创业培训指导中心对220名学员进行了网络创业培训,义乌市创意园培训电子商务人才达178名,全省每年共培训电子商务实战人才在500名左右。

3.创业园提升电子商务人才的创业能力

全省打造集设计研发、展示陈列、创意方案及产品贸易、信息发布、仓储监管、物流配送等多功能于一体的网络创业园。截至2013年年底,全省(杭州市)通过网络创业就业认定的人数累计418人,通过认定的人员累计招用人才总数640人。凭《网络创业就业认定证明》办理参保的人员135人,年增长率98.53%。

4.企业委托培养电子商务人才呈上升趋势

企业委托创业园不定期与市各行业协会、镇街举行对接活动,对接企业开展创业人才的培训工作。如杭州建立的蓝海网商创业工场,占地近4万平方米,集聚了以B2C、C2C和电子商务服务公司110余家,是目前全国规模最大、设施最全的网商创业工场之一。如杭州四季青服装市场吸引了460余家网店进驻,所有网店在淘宝的级别均为皇冠以上。全省每年可培养电子商务实战人才600名左右。

5.政校企联合推进电子商务高端人才培养

浙江省发挥大学生在电子商务、市场运作和客服体系建立、员工组织设计、企业管理、对外贸易等方面优势,加快培养电子商务适用人才。如建华集团投资的杭州(中国)网商城,建立杭州市大学生网络创业中心。截至 2013 年年底,全省在册大学生创业企业 6260 户,从业人员 13221 人;其中从事电子商务的大创企业有 175 户,从业人员 196 人;从事信息传输、软件和信息技术服务业的大创企业 759 户,从业人员 1257 人。

(二)电子商务人才需求主体分析

调查显示,全省未来一年电子商务人才需求主要体现在个体网店和企业网店。其中 29.4% 的个人网店未来一年有招用人才计划,共计 9.64 万人;71.4% 的企业网店未来一年有招用人才计划,共计 5.47 万人(见表 2)。

表 2 2013 年浙江省电子商务人才需求(分企业)

月均营业额	个人网店		企业网店	
	人数(万人)	占比(%)	人数(万人)	占比(%)
500 元以下	0.95	10.10	0.51	9.01
500~1000 元	1.29	12.90	0.84	14.99
1000~3000 元	1.62	16.45	0.99	17.32
3000~10000 元	2.77	29.55	1.12	20.68
10000 元以上	3.01	30.09	2.01	37.01
总计	9.64	100.00	5.47	100.00

调查显示,个人网店电子商务人才需求 9.64 万人,分别需要市场营销、企业管理、技术研发和法律顾问等专业人才 1.83 万人、1.95 万人、3.76 万人和 2.10 万人,占个人网店人才需求总数的 19.00%、20.20%、39.01% 和 21.76%;企业网店电子商务人才需求 5.47 万人,分别需要市场营销、企业管理、技术研发和法律顾问等专业人才 0.42 万人、1.01 万人、1.99 万人和 2.05 万人,占企业网店人才需求总数的 8.02%、17.99%、35.89% 和 37.11%(见表 3)。

表 3 2013 年浙江省电子商务人才需求(分专业)

专业分类	个人网店		企业网店	
	人数(万人)	占比(%)	人数(万人)	占比(%)
市场营销	1.83	19.03	0.42	8.02
企业管理	1.95	20.20	1.01	17.99
技术研发	3.76	39.01	1.99	35.89
法律顾问	2.10	21.76	2.05	37.11
总计	9.64	100.00	5.47	100.00

综上分析,全省电子商务人才供给 1.21 万人,需求 15.11 万人,供求缺口达 13.9 万人。因此,全省需要加大电子商务人才培养力度:一是充分发挥大专院校主渠道作用,培养高端型、复合型电子商务人才;二是发挥专业培训机构作用,健全面向多层次电子商务需求的职业培训;三是支持有条件的电子商务企业与科研院所、高校合作建立教育实践和培训基地,共同联合推进电子商务人才队伍整体开发。

二、电子商务人才素质现状

(一)电子商务人才供给素质分析

调查显示,在个人网店电子商务人才 2.99 万人中,获得"电子商务师"职称的 0.09 万人,占个人网店电子商务人才总数的 3.0%,获得"助理电子商务师"职称的 0.21 万人,占个人网店电子商务人才总数的 7.0%;企业网店电子商务人才 2.15 万人,获得"电子商务师"职称的 0.19 万人,占企业网店电子商务人才总数的 8.8%,获得"助理电子商务师"职称的 0.73 万人,占企业网店电子商务人才总数的 34.0%(见表 4)。

表 4　2013 年浙江省电子商务人才供给(分职称)

职称分类	个人网店		企业网店	
	人数(万人)	占人才总数(%)	人数(万)	占人才总数(%)
电子商务师	0.09	3.0	0.19	8.8
助理电子商务师	0.21	7.0	0.73	34.0
总计	0.30	10.0	0.92	42.8

调查显示,个人网店电子商务人才 2.99 万人,获得"大学本科"、"大专"和"高中/技校/中专"学历者分别为 0.59 万人、0.87 万人和 1.00 万人,分别占人才总数的 19.69%、29.23%和 33.44%;企业网店电子商务人才 2.15 万人,获得"大学本科"、"大专"和"高中/技校/中专"学历者分别为 0.61 万人、0.68 万人和 0.44 万人,分别占人才总数的 28.44%、31.61%和 20.44%(见表 5)。

表 5　2013 年浙江省电子商务人才供给(分学历)

学历分类	个人网店		企业网店	
	人数(万人)	占比(%)	人数(万人)	占比(%)
大学本科	0.59	19.69	0.61	28.44
大专	0.87	29.23	0.68	31.61
高中/技校/中专	1.00	33.44	0.44	20.44
总计	2.46	82.36	1.73	80.49

调查显示,个人网店电子商务人才营销推广能力较弱,其中提高销量难占 73%,缺少开网店知识占 65.5%,与客户打交道难占 15.4%,配送难占 7.6%,对于电子商务平台的各种互联网营销工具和产品的了解应用还比较薄弱,再加上国内外市场变幻无常,产品、服务和品牌的营销推广比较困难。

调查显示,企业网店电子商务人才提升素质主要依靠自学及实践中摸索占 82.1%,网络搜索有关资料占 54.1%,向其他网商学习占 40.1%,参加有关培训占 24.1%,买相关的指导图书占 12.7%,其他占 1.3%。主要原因是企业培训不得力,高校人才培训体系与企业实践严重脱节,缺乏专业培训机构有效支撑,最为关键的是缺乏电子商务国际化发展的综合素质,不利于抢占国际电子商务制高点。

(二)电子商务人才需求素质分析

调查显示,个人网店电子商务人才需求 9.64 万人,需要"电子商务师"人才 4.02 万人,占个人网店电子商务人才需求总数的 42%,需要"助理电子商务师"人才 5.62 万人,占个人网店电子商务人才需求总数的 58%;企业网店电子商务人才需求 2.15 万人,需要"电子商务师"人才 1.89 万人,占企业网店电子商务人才需求总数的 88%,需要"助理电子商务师"人才 0.26 万人,占企业网店电子商务人才需求总数的 12%(见表6)。

表6 2013 年浙江省电子商务人才需求(分职称)

专业分类	个人网店		企业网店	
	人数(万人)	占比(%)	人数(万人)	占比(%)
电子商务师	4.02	42	1.89	88
助理电子商务师	5.62	58	0.26	12
总计	9.64	100	2.15	100

综上分析,全省有 1.22 万名电子商务专业人才通过了合格考试,但急需具有国际综合发展能力的电子商务人才达 15.11 万人,供需缺口 13.89 万人。因此,全省亟待强化电子商务人才专业化培养,按照国家职业标准,结合全省电子商务发展的实际情况,修改完善电子商务人才培训教材,大力调整开发符合浙江省电商人才实际技能需要的技能鉴定题库,促进电子商务人才提高综合素质,满足电子商务国际化发展需要。

三、电子商务人才结构现状

(一)电子商务人才供给结构分析

调查显示,个人网店电子商务人才 2.99 万人,主要集中在制造业、批发和零售业、信息技术服务业、文化创意、社会服务和教育培训等行业,分别为 1.2 万人、0.96 万人、0.36 万人、1.17 万人、0.20 万人和 0.10 万人,各占 40.1%、32.2%、11.9%、5.6%、6.7%和 3.5%;企业网店电子商务人才 2.15 万人,主要集中在制造业、批发和零售业、信息技术服务业、文化创意、社会服务和教育培训等行业,各为 0.97 万人、0.63 万人、0.30 万人、0.08 万人、0.17 万人和 0.01 万人,分别占 45.1%、29.2%、13.9%、3.6%、7.7%和 0.5%(见表 7)。

表 7　2013 年浙江省电子商务人才供给(分行业)

专业分类	个人网店		企业网店	
	人数(万人)	占比(%)	人数(万人)	占比(%)
制造业	1.20	40.1	0.97	45.1
批发和零售业	0.96	32.2	0.63	29.2
信息技术服务	0.36	11.9	0.30	13.9
文化创意	0.17	5.6	0.08	3.6
社会服务	0.20	6.7	0.17	7.7
教育培训	0.10	3.5	0.01	0.5
其他	0.03	1.0	0.02	1.0
总计	2.99	100.0	2.15	100.0

调查显示,个人网店电子商务人才对于社会和政府的支持有很大需求,其中市场销售需求占 55.4%,产品技术服务需求占 45.2%,培训需求占 42.6%,信贷需求占 41.0%,社保补贴需求占 37.7%,税收需求占 27.6%,办证需求占 27.1%,场地需求占 24.5%,其他需求占 10.6%。因此需要创新政府监管方式,维护电子商务人才诚信环境,促进电子商务人才持续健康发展。

调查显示,企业网店电子商务人才运营管理水平差,制约本企业向新兴领域拓展。其中不会设计网店占 52.4%,资金不足占 45.6%,缺少电子商务专业知识占 29.4%,组织货源难占 28.9%,办手续难占 9.4%,其他占 2.4%。大部分的网商和电子商务人才技术更新缓慢,管理经营存在漏洞,产品在市场周期短,企业发展缺乏可持续性。

(二)电子商务人才需求结构分析

调查显示,个人网店电子商务人才需求 9.64 万人,主要集中在装备制造、金融服务、现代物流、信息服务、人力资源服务、科技服务和社会服务,分别为 2.03 万人、0.64 万人、1.45 万人、0.92 万人、0.43 万人、1.38 万人和 1.81 万人,各占 21.06%、6.64%、15.04%、9.54%、4.46%、14.32%和 18.77%;企业网店电子商务人才需求 5.47 万人,主要集中在装备制造、金融服务、现代物流、信息服务、人力资源服务、科技服务和社会服务,分别为 1.44 万人、0.21 万人、0.99 万人、0.50 万人、0.31 万人、0.82 万人和 0.99 万人,各占 26.33％、3.84％、18.10％、9.14％、5.67％、14.99％和 18.10％(见表 8)。

表 8　2013 年浙江省电子商务人才需求(分行业)

专业分类	个人网店		企业网店	
	人数(万人)	占比(%)	人数(万人)	占比(%)
装备制造	2.03	21.06	1.44	26.33
金融服务	0.64	6.64	0.21	3.84
现代物流	1.45	15.04	0.99	18.10
信息服务	0.92	9.54	0.5	9.14
人力资源服务	0.43	4.46	0.31	5.67
科技服务	1.38	14.32	0.82	14.99
社会服务	1.81	18.77	0.99	18.10
其他	0.98	10.17	0.21	3.84
总计	9.64	100.00	5.47	100.00

综上分析,全省电子商务人才供给结构分布在制造业、批发和零售业、信息技术服务业、文化创意、社会服务、教育培训等行业,共计 5.14 万人,全省电子商务人才需求结构分布在装备制造、金融服务、现代物流、信息服务、人力资源服务、科技服务、社会服务等行业,共计 15.11 万人,供求缺口达 9.97 万人;其中,金融服务、现代物流、人力资源服务、科技服务是电子商务人才需求的新兴行业,说明电子商务的发展正朝着智能商务、移动商务、国际商务方向发展。

四、电子商务人才供需匹配存在的问题

(一)电子商务人才结构与电子商务产业优势不相匹配

未来电子商务产业高端人才、新型人才、复合型人才需求十分旺盛。但目前电子商务人才大多为网上贸易、零售客服人员,缺少能胜任电子商务营销服务、商业大数据分析、用户体验分析、跨境电子商务、网络金融服务和物流服务的新型专业人才,缺少熟悉电子商务前沿理论、洞察电子商务发展规律、引领电子商务发展的领军型人才、战略型人才。特别是业内领军人物创新群体与产业创新载体地位不匹配,尽管出现了以马云为代表的著名企业家领袖,但尚未形成在国内甚至在全球业界有号召力的教育、研究、创新群体。

（二）对企业和农村电子商务人才的培训有待进一步加大

电子商务对企业转型升级效用不够明显,很多企业没有将电子商务作为企业发展的战略增长点来培育和推进,缺乏电子商务技术和管理人才。很多企业在网上的商务活动还是以广告宣传、寻找供应商和代理商信息、网上询价、洽谈等初级电子商务。农村的电子商务应用也非常紧迫,对于互联网新兴基础设施的认识、了解和应用很多还处于起步阶段。而且目前农产品网商大多为家庭或个人形态,店铺等级偏低、经营管理能力不足、学习条件缺乏,迫切需要培养电子商务人才。

（三）学校电子商务人才培养规模与企业需求之间错位现象比较明显

大学教育课程与电子商务产业发展存在矛盾。师资力量的薄弱与不足、教材缺乏标准化、更新速度慢已经影响电子商务人才培养;而且电子商务实验室条件落后,创新项目不足,导致创业团体的孵化难以直接落地;电子商务专业缺乏必要的实习基地;电子商务专业教学方法陈旧、单一;电子商务专业定位不清,方向不明,虽然电子商务人才需求旺盛,但整体电子商务人才就业率并不高。

（四）电子商务人才流失现象比较明显,企业培养成本较高

电子商务企业大多处到创业初期,企业文化尚未形成氛围,企业制度不全,再加上生活成本高,优惠政策不到位,影响企业招揽电子商务人才。校企合作形式难以拓展,包括培养人才、技术创新、产品开发等方面。许多企业希望政府搭建与高校合作的平台,利用高校的资源来提高产业的性能。例如,学校建立统一的实验中心、高新技术试验区,企业提供设备与高校培养相结合,提高大学生电子商务实战技能,促进电子商务人才开发。

（五）人才扶持政策没有充分体现,人才成长环境有待优化

围绕新兴产业发展,浙江省已经出台包括人才扶持在内的激励政策,如推进"电商换市"加快建设国际电子商务中心、电子商务专业人才培训和评价工作等政策文件,但许多企业反映一些政策实施起来难以落地,没有形成良好的扶持合力。电子商务人才认证信息不畅、电子商务人才信息难以统计,影响电子商务人才公共就业服务,如通过网店认定的电子商务人才只有 648 人,经过电子商务专业培训的只有 500 人左右,直接影响了电子商务人才的成长和发展。

五、推动电子商务人才建设的政策建议

电子商务人才队伍建设是一项系统工程,需要整合政府、企业、高校、科研院所的创新资源,要围绕电子商务交易服务、支撑服务、衍生服务和电子商务应用领域,既要发展大量满足各领域需要的电子商务人才,又要建设一大批能开展电子商务技术创新、服务

创新和应用创新的电子商务服务专家和技术专家,还要聚集众多具有战略眼光的电子商务企业家和有影响力的专家学者等领军人物,进而引领浙江电子商务产业实现跨越式发展。

(一)强化产政学研合作大力培养人才

建立产政学研联合培养新机制。建立面向电子商务产业发展的产、政、学、研合作的省级电子商务"实践教学"专家组,积极推进产学研联合培养的"双导师制",建立面向电子商务产业应用的电子商务生产、教学与研究"产学研"项目。培养和引进国内外电子商务的领军人才及创新团队。注重"顶尖人才+重大项目"招商,促进创新型、应用型、复合型、技能型人才的培养,带动电子商务产业链的拓展和中小企业发展。

扩大电子商务师资教学实践培训。通过搭建各种形式的人才交流平台,为省内各类电子商务人才师资与企业需求进行对接。加强校企合作力度,形成政府、高校、企业联动机制,实施资源共享。学校可以选派电子商务教师去阿里巴巴进修,促进教学与产业相结合;学校还可利用校企合作方式为电子商务教师提供信息网络平台、技术支持、信息服务和科研成果,引导学生尽快掌握电子商务实战本领。

改革电子商务人才教育体系。大专院校电子商务专业培养,要按照社会需要、市场需求方向,改革教材体系、教学内容和教学方法,提高学科与产业、专业、就业的契合度。鼓励支持科技人才以自主科研成果入股创办电子商务企业,完善科技人才向电子商务企业柔性流动机制。支持高校、科研机构成果产业化依据作为职称评定标准,完善科研成果利益分配。推动科技创新由成果供给主导转向产业需求主导。

建立聚集国内外电子商务人才的资源库。通过人力资源服务业猎头收集全球电子商务人才,纳入浙江省电子商务人才资源库。各级政府人社部门与经信委、统计局、工商管理局应相互衔接,制定电子商务人才标准和统计报表,加强电子商务人才统计工作,并根据统计报表和电子商务人才认定平台,及时掌握从业人员性别年龄结构、知识技能结构、行业职业结构、基本收入状况、劳动保障、社会保险及企业运营等情况。完善电子商务人才认证和评价体系。

(二)加大电子商务培训普及力度

强化电子商务人才培训。积极组织专家,大力调整开发符合浙江省电商人才实际技能需要的技能鉴定题库。认定培训机构和实践基地。充分发挥相关行业协会、龙头企业、培训机构、高等院校等在组织培训中的积极作用,组织电商企业员工参加职业技能培训,对电子商务职业经理人培训活动给予一定补助。将职业技能证书作为工资待遇的一项重要依据。探索全省电子商务人才队伍建设项目与高校现有相关教学体系的融合。支持在校学生参与培训与认证。

扩展电子商务人才培训基地。按照浙商务联发〔2014〕20号文件精神,加大电子商务人才培训(实训)机构认定,吸引更多学生加入电子商务人才培训。促进培训机构更加专业化发展,选评电子商务人才培训师和创业指导师,探索建立模拟公司、信息化电子商务人才实训平台,建立多层次、立体化的电子商务人才培训体系,开展"创办你的企业"(SYB)培训,并邀请创业成功人士为大学生传授电子商务人才经验,组织开展形式多样的电子商务人才竞赛活动。

建立电子商务人才见习制度。对参加网络技能培训或电子商务人才培训,通过技能鉴定取得职业资格证书的给予培训补贴;企业培训机构对新录用人员进行岗前培训的给予培训费用补贴。扩大大学生见习范围,建设网络创业同行交流平台,通过举办招聘会、认定会、进行订单式培训、促进在校大学生与网络创业对接,促进人力资源配置。

拓展电子商务人才实训。推广"培训+实践"电子商务人才实训模式。在创业专项资金中建立电子商务人才培训专项基金,用于电子商务人才培训教材开发、师资培训、创业技能竞赛、评选表彰等基础工作。以互联网为主要渠道,依托杭州师范大学、阿里巴巴等各类资源,建立电子商务在线公共学习平台,开设电子商务企业实践操作系列课题,并联合省人社厅颁发相应的职业资格证书。学习平台向全社会开发,用电子商务形式开发电子商务各类人才的教育和培养工作,满足电子商务向全社会推广的需要。

(三)鼓励大学生开展电子商务创业

完善大学生实名登记制度。高校要在征得毕业生本人同意的前提下,将有网络创业就业高校毕业生信息上报教育部门、人力资源社会保障部门备案。各级公共服务机构按照实名登记地所辖区域进行跟踪管理,建立健全定期回访制度,跟踪了解其就业失业状况。对实名登记数据开展电子商务人才分析工作,通过提供有针对性的就业服务和完善相关就业政策,大力推进就业服务工作。

加强对大学生电子商务创业指导。人力资源社会保障部门要将网络创业就业高校毕业生作为工作重点对象,为高校就业创业报到登记、档案接收、户口转接、求职登记、见习实训、创业指导、政策咨询、人事代理、转正定级、职称评定、档案转接、社会保障等提供"一站式"服务。开展电子商务人才大赛,设立学分奖励、资金奖励制度,学业好的可以提前毕业。

简化电子商务人才认证制度。在各级人力资源和社会保障网上建立电子商务人才创业服务平台,及时了解大学生电子商务人才注册、变更、申请资助信息,了解大学生电子商务人才面临的困难与问题。由电子商务(网店)从业人员自愿提出申请,并经所在电子商务平台企业出具认定证明后,由人力资源和社会保障部门予以审核认定和实施年度复核。凡经认定的,可享受就业创业优惠扶持政策、参加相关社会保险。

(四)营造电子商务人才成长环境

扩大税收政策扶持对象。将财政部和国家税务总局《关于支持和促进就业有关税收政策的通知》(财税〔2010〕84 号)和《关于小型微利企业所得税优惠政策的通知》(财税〔2011〕117 号),延伸到电子商务人才领域。按一定标准依次扣减其当年实际应缴纳的营业税、城市维护建设税、教育费附加和个人所得税;给予一次性用工补助和社会保险费补贴;给予创业园和场地租金补贴、无偿创业资助、创业补助和社会保险费补贴、一次性带动就业奖励、一次性领取失业保险金等待遇。

提高小额担保贷款额度。对经过浙江省网上创业就业认定或领取工商营业执照后12 个月内带动 3 人以上(含)就业的高校毕业生,给予 5000 元一次性创业带动就业奖励。对入驻"天猫商城"等 B2C 网络商城的符合小额担保贷款条件人员可申请最高不超过 30 万元的小额担保贷款,并按规定享受贴息。对毕业两年内的高校毕业生经浙江省网上创业就业认定,给予自谋职业、自主创业社会保险补贴每年 3000 元,最长补贴期 2年。科技成果转化或文化创意类项目给予创业资金补助或贴息优惠。

扩大信贷政策扶持范围。将国家规定的关于设立创业扶持资金的要求延伸到电子商务人才领域,可通过财政资金设立电子商务发展专项资金。鼓励风险投资机构与电子商务人才融资对接,引导社会资金设立"电子商务人才基金"、"天使基金"等,对具有成长潜力的电子商务人才进行投资。拓宽融资渠道,引导风险投资机构和社会资金对具有成长潜力的电子商务人才进行投资。

放宽网络创业经营场所限制。积极鼓励创业者免租金、低租金入驻。引进培训、咨询、仓储物流、运营等外部服务商,引导支持电子商务人才一条街、网商创业园发展。对为大学生网店提供仓储、住宿等配套服务的各类园区,给予一次性创业园主办方补贴。鼓励浙江网上创业孵化联盟发展,对入盟的创业园区给予主办方补贴,改网店从"单兵作战"为"抱团作战",有效降低网上创业初期的经营成本,提高创业成功率。

报告执笔人:罗传银

完善组织部门牵头抓总人才工作职能研究

□ 宁波市委组织部课题组

坚持党管人才,是人才工作必须遵循的根本原则。在党委的统一领导下,由组织部门牵头抓总人才工作,是中央赋予组织部门的一项重要职责。党的十八大以来,中央对人才工作做出一系列重大部署,习近平总书记多次对人才工作做出重要指示,强调要"坚持党管人才,建立集聚人才体制机制,择天下英才而用之",人才工作在改革发展全局中的战略地位进一步凸显。新形势下,研究完善组织部门牵头抓总职能这一课题,既是落实党管人才原则、深化人才体制机制改革的重要内容,也是人才工作更好地服务改革发展大局的迫切需要,具有重大的理论和现实意义。为做好课题调研,我们成立了课题组,选择余姚、镇海、鄞州等县(市)区进行分类研究,召开专题座谈会10余个,面对面访谈各类人才100余名,发放问卷750份(回收743份、回收率99%),进行了广泛深入的调研,并注重吸收国内外相关调研成果,形成了本课题报告。

一、完善组织部门牵头抓总人才工作职能的重要性和紧迫性

(一)全面落实党管人才原则,要求组织部门履行好牵头抓总职能,牢牢把握人才工作的正确方向

中国共产党自成立以来,领导各项事业不断前行,取得了令世界瞩目的伟大成就,这与我们党始终重视人才工作,始终坚持党管人才原则,始终赋予和督促各级组织部门抓好人才工作职能密不可分。在革命战争时期,毛泽东同志就强调,党要培养、爱护人才,党的组织部门要组织和使用好人才。在社会主义建设初期,党的人才工作重心集中在"体制内","党管人才"工作主要具体化为"党管干部",各级组织部门是抓好干部人事人才工作的主体力量,对做好人才工作起到了至关重要的作用。改革开放以来,我们党先后实施了科教兴国战略、人才强国战略和创新驱动发展战略,人才工作在党和国家事

业发展的关键地位日渐凸显,人才的范围由"体制内"转向了"兼顾体制内和体制外",党的人才工作由"党管干部"转向了"党管人才",在这一过程中,各级组织部门发挥了人才工作"牵头者"的作用,依靠自身的政治优势、组织优势、资源优势等,推动人才工作又好又快发展,我国的人才发展水平和国际人才竞争能力得到了全面提升。

从历史和现实来看,各级组织部门是做好人才工作的核心力量,是贯彻落实党管人才原则的具体执行者、推动者和实践者,发挥好、履行好组织部门在人才工作中的牵头抓总职责,是确保党管人才原则真正落实和长效发展的根本保证。因此,面对党的十八大提出的,"要把各方面优秀人才集聚到党和国家事业中来"的新任务、新要求,我们必须继续坚持党管人才原则,进一步优化完善组织部门在人才工作中的牵头抓总职能,将中央和各级党委、党委人才工作领导小组对人才工作的组织领导、决策部署贯彻执行到位,确保人才工作沿着正确的路线和方向前进。

(二)全面推进人才强国战略,要求组织部门履行好牵头抓总职能,持续提升人才综合竞争力

当前,我国正处于全面建成小康社会的关键时期和深化改革开放、加快转变发展方式的攻坚期。中央提出到 2020 年全面建成小康社会,到 21 世纪中叶基本实现现代化,要求我们坚持以科学发展为主题,依靠科技和人才的力量加快转变发展方式,培养造就一支规模宏大、结构优化、布局合理、素质优良的人才队伍,加快建设人才强国。

加快建设人才强国,就必须有效应对当今日趋激烈的人才竞争,全面提升我国的人才综合竞争力。当前国家之间、地区之间的人才竞争,外在表现为人才数量和质量的有形竞争,内在实质是人才开发制度和发展环境的无形博弈。从现实来看,当前我国人才制度和环境的最根本优势,就是在党的领导下,组织部门牵头抓总,各部门协调配合、全社会共同参与的工作机制。在调查问卷和座谈访谈中,有超过 90% 的受访对象表示,"党管人才"和"组织部门牵头抓总"是我国独一无二的独特优势,是推动我国人才工作跨越式发展的制胜法宝。

因此,要全面推进人才强国战略,加快形成具有国际竞争力的人才制度优势,最基础、最现实、最迫切的工作,就是要进一步强化党对人才工作的领导,健全完善组织部门牵头抓总职能,更好地发挥组织部门的政治优势、组织优势和资源优势,凝聚更大工作合力,在此基础上充分借鉴吸收国外人才制度先进成果,形成具有中国特色、富有国际竞争力的人才制度体系。

(三)全面适应人才工作新情况,要求组织部门履行好牵头抓总职能,有效激发人才内在活力

当前,我国的经济社会发展进入了新阶段,人才工作也呈现出"新常态",这对组织部门履行好"牵头抓总"职责提出了新要求。一方面,随着改革开放的深入和社会主义市场

经济的发展,国内的经济成分、组织形式、就业方式、利益关系和分配方式日益多样化,这对人才发展产生了深刻影响,人才流动进一步增强,人才的构成、分布和需求日渐复杂,越来越多的人才在"体制外"集聚,在新经济、新社会组织内就业或成为自由职业者的人才快速增长,人才队伍建设呈现出"新常态"。另一方面,我国人才发展改革已经进入到深水区、攻坚期和爬坡期。2014年8月,中央通过了《深化党的建设制度改革实施方案》,对深化人才发展体制机制改革做出全面部署,从健全党管人才领导体制、创新集聚人才体制机制、完善人才流动配置、评价激励、服务保障机制等方面,提出了新的明确要求和具体改革任务。

要主动适应和引领人才发展的这种"新常态",其中一个关键环节,就是各级组织部门要发挥好、履行好"牵头抓总"的职责,因为组织部门是履行党管人才职责的具体机构,只有其"牵好了头"、"抓好了总",才能保证人才发展的正确方向,才能有效提升人才发展的地位和保障,更好地协调解决人才发展的各项难题。在调研中,有超过90%的受访人才工作职能部门、85%的受访人才和用人单位认为,组织部门的"牵头抓总"对于更好地适应人才发展"新常态"至关重要。必须进一步优化组织部门的"牵头抓总"职能,通过完善职责定位,改进履责方法,深化人才发展体制机制各项改革,进一步提升党管人才工作水平,将各类优秀人才凝聚在党的周围并充分激发其创业创新活力。

(四)全面提高依法治理水平,要求组织部门履行好牵头抓总职能,科学推进人才工作法治化进程

党的十八届四中全会做出了全面推进依法治国的重大部署,这意味着我国的各项事业发展必须依法推进。组织部门作为党的自身建设部门,必须带头树立法治思维,推动各项工作全面进入科学化、法治化轨道。人才工作是组织部门工作全局的重要板块,实现组织工作科学化、法治化,必须推进人才工作科学化、法治化。近年来,各级组织部门围绕管宏观、管政策、管协调、管服务的要求,切实履行牵头抓总职责,取得了重大实践成果和制度成果,但人才工作中组织部门"牵头抓总"的制度还不完备、法治基础还不扎实。在调研中,一些职能部门就反映,目前有关组织部门"牵头抓总"职责范围、程序、方法等方面的制度建设还相对滞后,比如,一些地方组织部门对于"牵什么头、抓什么总"还缺少具体的成文规定,还主要靠"领导说了算"。

因此,要全面提升人才工作的法治化水平,就必须要进一步完善优化组织部门"牵头抓总"职能,既要对组织部门的"牵头抓总"职能做出明确清晰的制度规定,也通过提升组织部门的"牵头抓总"水平来推动整个人才工作法治化进程,从而实现更好地运用法治思维和法治方式全面推进人才各项事业改革发展的目标。

二、宁波市落实组织部门牵头抓总人才工作职能的实践

近年来,宁波市紧紧围绕中央对组织部门提出的"管宏观、管政策、管协调、管服务"的总要求,紧密结合宁波人才发展实际,着力创新体制机制,努力推进组织部门牵头抓总人才工作规范化制度化。

(一)注重统一领导,铺好"牵头抓总"的"面"

初步形成了"135"人才工作整体格局:一是打造一个核心品牌。根据宁波建设海洋经济核心示范区和现代化国际港口城市的总要求,突出海洋、海港、海湾、海天城市特质,市本级着力打造"蔚蓝智谷"这一人才工作整体品牌,目标就是将宁波建设成为高端人才荟萃、创新要素集聚、创业激情涌动的"类硅谷"人才高地。通过品牌化的顶层设计,进一步明确了全市人才工作的方向、目标和路径。同步开展人才工作"一县一品牌"创建活动,11个县(市)区立足当地产业特点和人才发展现状,创设了一批有特色、见实效的"蔚蓝智谷"子品牌,强化了人才工作整体合力。二是三级联动落实责任。建立市、县、乡三级党委人才工作领导小组,健全领导小组运行机制,由党委或政府主要领导担任组长,分管组织、人社、科技等领导任副组长,相关职能部门主要负责人任领导小组成员,领导小组办公室设在组织部门,为组织部门履行牵头抓总职能提供了有力的组织保障。三是五个维度健全制度。市、县两级建立常委会定期研究人才工作制度,人才工作领导小组例会制度,党政领导联系重大人才平台、重要人才项目和重点专家人才制度,人才工作年度推进会制度,研究部署、协调推进人才工作。

(二)注重统筹谋划,描好"牵头抓总"的"点"

一是抓规划。紧紧围绕经济社会发展大局,组织力量研究人才发展重大战略,出台了中长期人才发展规划和"十二五"人才发展规划,创新完善8类人才发展分项规划、10项人才重大工程并分解为104项工作任务,对规划实施情况定期开展评估,适时优化个别规划发展目标,确保规划有效落地。二是抓政策。牵头推动人才政策创新,对涉及多个职能部门的重点、难点问题,牵头相关部门,协同攻关,重点突破,出台了高端创业创新团队和海外高层次人才引进"3315计划"、建设人才管理改革试验区、引进培养领军拔尖人才、引进"海外工程师"、培养高技能人才、人才落户、建设院士工作站等重大政策,增强了人才政策比较优势。三是抓平台。突出集聚高层次创业创新人才,组织部门牵头协调、重在指导,加快建设宁波新材料科技城、"千人计划"产业园等一批重大人才发展平台,成为引领宁波转型发展的重要增长极。

(三)注重载体引领,拉好"牵头抓总"的"线"

把牵头开展重大活动、引育高端人才作为牵头抓总的示范实践。一方面,举办重大

活动"带动"。组织部门制定实施重大活动工作规程,整合人社、科技、教育、科协等职能部门优势资源,坚持活动平台共享、活动资源共享、活动成果共享,连续牵头举办 9 届中国浙江·宁波人才科技周,共引进高层次人才 6000 余名,达成各类科技合作意向 1500 余项,正式签约科技项目 230 余项,总投入超百亿元。另一方面,实施重大工程"牵引"。组织部门对接国家"千人计划"和"万人计划",重点牵头实施高端创业创新团队和海外高层次人才引进"3315 计划",会同有关部门,委托科技部邀请国内外专家进行评审,各职能部门、风投机构等全程参与,引进后的管理由科技部门负责,建立与注册落户、到岗到位、项目进度等挂钩的扶持资金拨付制度,每年对"3315 计划"开展绩效评估,引进和集聚了一大批紧缺急需的学科带头人和科技创业创新领军人才,其中"3315 个人计划"251 名、"3315 团队计划"84 个,有 48 人、128 人和 3 人分别入选国家、省"千人计划"和国家"万人计划"。截至 2013 年年底,这些引进的人才共创办企业 122 家,76 家实现销售,累计实现销售 44.5 亿元、利润 4.6 亿元、税收 1.6 亿元,近 3 年分别年均增长 59.3%、101.8%和 59.8%。

(四)注重服务保障,提好"牵头抓总"的"效"

一是树牢"妈妈式"服务理念。对人才由"保姆式"服务升级为"妈妈式"服务,变被动为主动、变关心为贴心、变阶段结点式为全程无缝隙,目前已在宁波市全域推行"妈妈式"服务,全面提升服务人才的内涵和品质。二是组建人才服务联盟。市、县两级组织部门牵头成立高层次人才创业创新服务联盟,整合发改、经信、科技、人力社保等 25 家部门和重点社会群团、公共服务平台服务资源,开设服务总窗和 25 个服务专窗,梳理并公开 104 项人才服务项目,覆盖了高层次人才从洽谈引进到注册落户、创业创新到生产生活的全过程,采取总窗集中受理、专窗限时办结、项目绿色通道、全程跟踪督办、部门协同协作、联盟统筹协调的方式,对已在宁波和拟来宁波创业创新的高层次人才和团队提供"一站式"服务。

(五)注重考核激励,评好"牵头抓总"的"绩"

强化考核"指挥棒"作用,市委组织部会同人社部门,出台市人才工作目标管理考核实施办法,加强人才工作任务督促落实。一是抓住"关键点",将县(市)区、开发区党政"一把手"抓人才工作,列入对其个人年度考核的重要指标,作为年度述职的重要内容。二是讲究"差异化",根据县(市)区、开发区和职能部门人才工作的不同特点,分 3 个层面、定性与定量相结合,对 11 个县(市)区、10 个开发区和 31 个市直单位,制定各有侧重的年度人才工作考核,具体目标围绕年度市委、市政府中心工作和人才工作实际进行动态调整,确保重点突出、富有实效。三是注重"刚性度",考核结果并作为市对县(市)区、开发区和市直单位整体考核的重要内容,赋予较高权重,与各地各部门总体考核挂钩,与单位和领导干部的工作实绩挂钩,增强考核约束力,有效激发了各地各单位抓人才工作的主动性和积极性。

三、当前组织部门履行人才工作牵头抓总职能存在的突出问题

总的来讲,当前各级组织部门把人才工作牢牢抓在手上,努力履行牵头抓总职能,较好地适应了经济社会转型发展需要,但也存在一些突出问题,需要引起高度重视(见图1)。

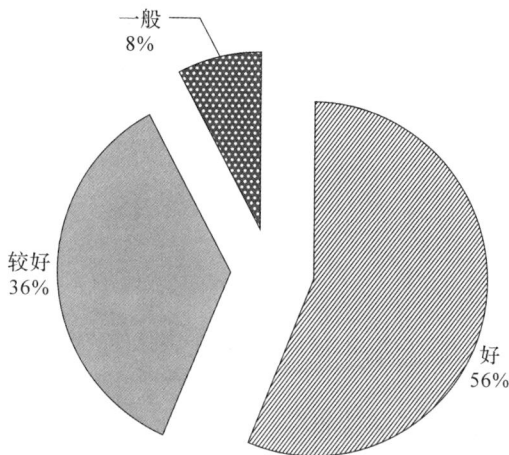

图1　对当前组织部门履行牵头抓总职能的总体评价

（一）牵头抓总的外部环境不够顺畅

调研中,61%以上的受访者认为,目前人才工作整体的外部环境仍然不够顺畅(见图2)。具体来看,主要是"三个共识"尚未真正形成,导致对组织部牵头抓总理解不深、认识不够、支持配合不足。一是人才是第一资源的共识。一些地方没有将人才工作放到影响发展全局的重要战略位置,没有认识到创新驱动本质上是人才驱动,"尊才爱才"、"惜才用才"往往变成"口号"。二是"一把手"抓第一资源的共识。一些地方的党政"一把手"不了解人才工作,不熟悉人才状况,对抓第一资源不主动、不上心,没有投放应有的工作精力,没有给予组织部门应有的工作支持。三是尊重人才成长规律的共识。现在社会上弥漫着"浮躁"之风,一些地方或部门不了解、不遵循人才成长的客观规律,对人才成长有的急功近利、有的拔苗助长、有的论资排辈、有的求全责备、有的缺乏宽容,给组织部门牵头抓总人才工作戴上了"无形枷锁"。

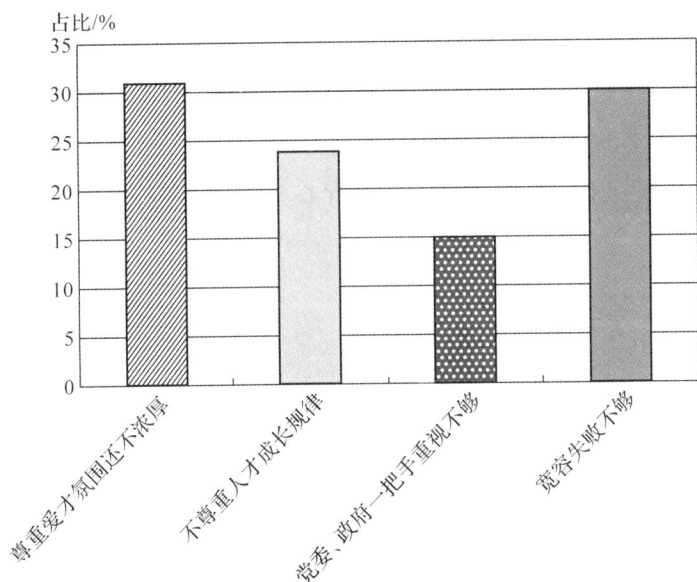

图2 制约和影响组织部门履行牵头抓总职能的外部因素占比

(二)牵头抓总的职责定位不够清晰

中央对组织部门牵头抓总人才工作到底牵什么、抓什么提出了总体要求,但实践中牵头抓总的职责定位还比较模糊(见图3)。一是党委统一领导与组织部门牵头抓总如何定位、区分、细分不明确,人才工作领导小组与组织部门之间决策事项和权限的划分不清晰。二是组织部门与其他部门职责分工不明确,存在两种倾向:一方面是缺位,有的工作组织部门牵而不抓、抓而不实,放任不管,导致牵头抓总落空。调研中,31%以上的受访者认为,组织部门"管协调"、"管服务"两方面的职能需要加强;50%以上的受访者认为,组织部门抓人才形势分析、人才数据统计、人才思想教育等基础性工作投入精力不多,又没有明确其他部门去跟踪推进,导致出现工作盲点。另一方面是越位,有的工作组织部门牵得太紧、抓得太细,导致牵头抓总变成大包大揽。比如,各地对接国家"千人计划",出台相应的引才计划,但一些地方组织部门对整个评审过程全程亲力亲为,既缺乏专业性,又影响公正性,也让一些"骗取"扶持资金的"人才"钻了空子;又比如,一些地方的人才政策从制定、实施到兑现都由组织部门具体操作,既影响政策的科学性,又挫伤职能部门积极性。三是上下级组织部门工作区分度不够,存在两种倾向:有的上下一般粗,没有考虑上下级组织部门人员配备、工作资源和工作对象的差异,过分强调上下一致,下级组织部门牵头抓了一些不擅长的事,荒废了"应该做的事";有的面上一刀切,没有考虑下辖不同地区人才工作基础、人才实际需求等方面的差异,过分强调整齐划一,使得一些基层组织部门牵头抓总人才工作"吃力不讨好",人才不适用问题突出,人才工作特色不鲜明,成效不明显。

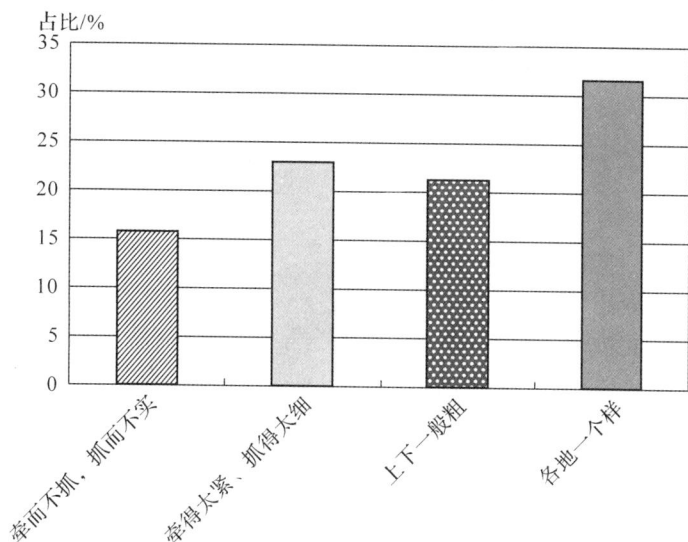

图 3　组织部门牵头抓总职能定位中存在的突出问题占比

(三)牵头抓总的运行机制不够健全

中央印发《关于进一步加强党管人才工作的意见》后,各地陆续制定出台了加强党管人才工作的实施意见。但各地文件普遍规定比较原则,相关运行机制亟须细化完善。组织部门履行"四管"职责的比例构成如图 4 所示。34%以上的受访者认为,主要集中在三项机制不健全:一是决策机制不健全。重点是人才工作领导小组的决策程序和议事规则不完备等。二是协调机制不健全。重点是党委人才工作领导小组与同级政府之间、组织部门与政府职能部门之间协调事项的划分不明确,组织部门协调人才工作的规则和程序不完备等。三是考核机制不健全。一方面,横向考核刚性不足,突出表现在组织

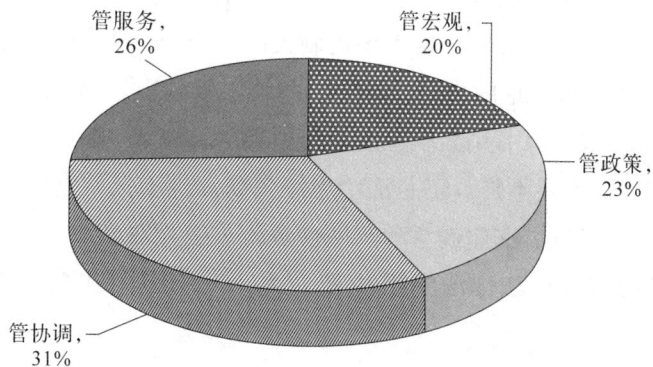

图 4　组织部门履行"四管"职责的比例构成

部门对同级人才工作职能部门的考核执行缺乏约束力,考核过程往往流于形式;另一方面,纵向考核变形走样,突出表现在上级对下级组织部门的考核指标设置不够科学,存在"三重三轻"现象,即重引进人才,轻培养、使用人才;重海外人才,轻国内和本土人才;重人才数量排名,轻人才效能评估(见图5)。

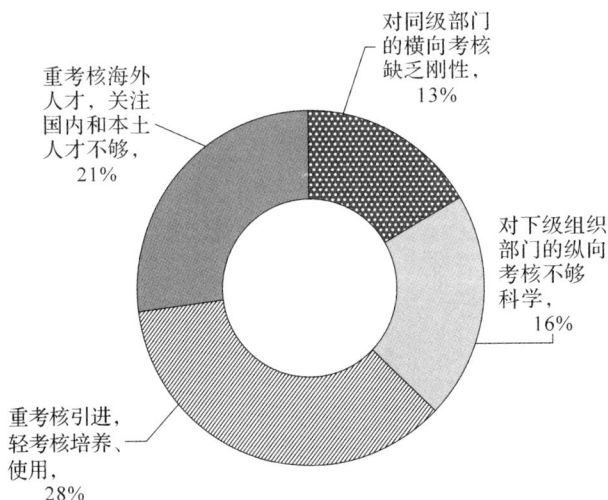

图5 组织部门牵头的人才工作考核中存在的主要问题

(四)牵头抓总的方式方法不够科学

组织部门作为党委管理党员和干部的重要职能部门,牵头抓总人才工作有其天然的政治优势和组织优势,但一些地方的组织部门过度"依赖"这些优势,导致方法手段保守僵化,优势反而成为劣势(见图6)。主要表现为"三个欠缺":一是开放度欠缺。人才工作时代感和开放性很强,组织部门长期给人神秘保守的外在形象,干部工作一直强调保密、沉稳、慎重的惯性,导致一些地方组织部门的人才工作不够公开透明,不敢宣传、不愿宣传、不会宣传,一些人才政策开放性不强,创新突破力度不大,无法适应经济社会发展和人才创业创新的实际需求。二是市场机制欠缺。38%以上的受访者认为,市场机制作用发挥不明显。注重运用党内力量、行政力量推进人才工作,体内循环多,忽视市场在人才资源配置中的决定性作用,用人单位主体作用、市场机制作用发挥不明显,凝聚全社会推进人才工作的整体合力还不强。三是法治思维欠缺。过于强调党内指令、行政命令,过分依赖会议发文和领导批示,法律规章和制度性规范举措相对较少;一些政策和规划制定不规范、不严谨,甚至与现行法律法规相冲突,导致政策和规划生命力不强,执行效果打折扣。

占比/%

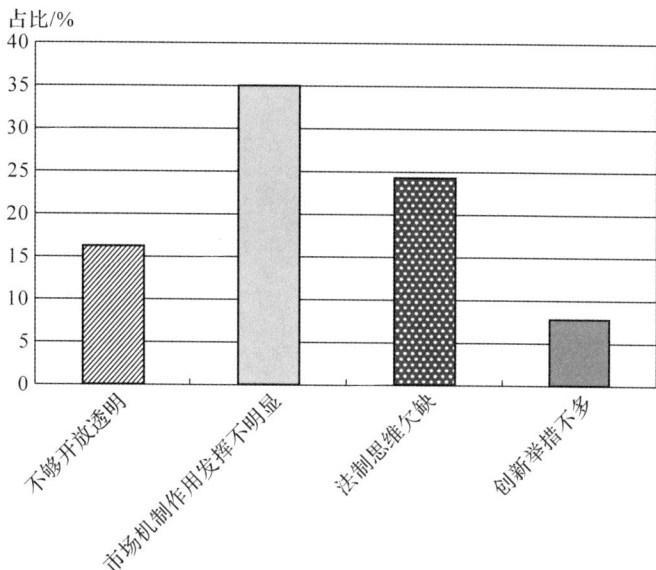

图 6　组织部门牵头抓总人才工作方式方法存在的不足占比

（五）牵头抓总的能力素质不相适应

人才工作量大面广，与经济社会发展紧密相连，组织部门存在能力素质与人才发展形势和需求不相适应的突出矛盾（见图 7）。一是契合大局不紧密，人才工作与区域经济社会发展大局脱节的现象不同程度地存在。二是队伍结构不合理，组织部门人才工作者大多来自党政综合部门，工作经历比较单一，熟悉经济、科技、金融等专业的偏少，有过高科技、投融资、人力资源服务等行业工作经历者更少。三是在职培训不完善，一线人才工作者大多感到本领恐慌，普遍反映组织系统开展的人才工作类培训不仅数量偏少，而且已有培训针对性、系统性不够强。

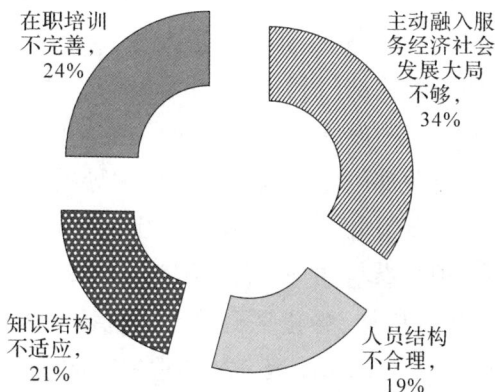

图 7　组织部门牵头抓总的能力素质方面存在的主要问题

四、完善组织部门牵头抓总人才工作职能的思路对策

针对当前组织部门牵头抓总人才工作中存在的突出问题,建议重点从以下几个方面入手,切实完善组织部门牵头抓总人才工作职能,构建更加科学高效的人才工作格局。

(一)进一步明确牵头抓总的主要内容,锁定"该抓什么"

立足人才工作发展的新趋势、新要求,进一步明确牵头抓总到底牵什么、抓什么,是完善组织部门牵头抓总人才工作职能的首要任务。建议从三个层面来厘清和把握。

1. 准确把握牵头抓总的总体定位

按照中央提出党管人才要管宏观、管政策、管协调、管服务的要求,中组部明确了组织部门牵头抓总五方面的基本任务,即分析人才形势、研究人才需求、制定人才政策、牵头协调服务和营造人才环境,各级组织部门都要围绕这五方面的基本任务,结合本地实际,将牵头抓总的工作定位和基本任务予以细化、具体化。

2. 正确处理与牵头抓总关联的四对关系

我们认为,"牵头"就是把人才工作中一个部门或地方做不了、做不好,需要跨部门、跨区域协同推进的工作,由组织部门出面整合各方资源,形成工作合力,推动工作落实;"抓总"就是抓住全局性、长远性、基础性的重点难点人才工作,强力推进,抓出成效,带动全局。为此,必须妥善处理好相关联的四对关系:一是组织部门"牵头抓总"与人社部门"综合管理"的关系,牵头抓总要求站位更高,眼界更远,对人才工作进行战略管理,体现"决策力";"综合管理"则重在抓"实",把各项政策举措落实下去,体现"执行力"。二是组织部门"牵头抓总"与职能部门"各司其职"关系,合理划分组织部门与其他部门的职责分工,该组织部门抓的,要认真负责地抓;该其他部门抓的或者其他部门可以抓好的,要积极主动地支持;需要组织部门出面协调的,要义不容辞。组织部门对职能部门"各司其职",要加强指导、协调、督促、考核,职能部门要把人才工作与本单位的业务工作融合起来,同步谋划、同步落实,坚决破除部门利益、局部利益对人才资源的不合理分割。三是组织部门"牵头抓总"与用人单位"发挥主体作用"的关系,组织部门应着眼于用人单位的需求和主体地位,牵头会同有关部门建立以用人单位主导的人才引进、评价、培养、使用和流动机制,使人才资源的市场化配置与区域经济社会发展需要相一致。四是组织部门"牵头抓总"与社会各方"积极参与"的关系,组织部门应牵头人社、科技、经信等职能部门,建立发挥人才中介、投融资机构、孵化平台等市场机构对人才资源配置的服务作用机制,通过组织部门"牵头抓总",真正凝聚全社会重视和推动人才工作的合力。

3. 厘清不同层级、不同地区组织部门之间牵头抓总人才工作差异

中央、省、市、县四级组织部门,人才工作视野不同,能够调配的工作资源不同,在发

挥牵头抓总作用的各项具体工作中,应当有所侧重,有所区分。比如,围绕五方面基本任务,牵头抓总相关工作可以通过不同星级区分不同侧重(见表1)。在此基础上,我们围绕组织部门牵头抓总五方面总体定位,对市、县两级组织部门牵头抓总的主要内容做了一个初步明确(见表2)。同时,我国地域广阔,各地经济社会发展水平差异较大,人才工作的实际需求、阶段性目标任务也不同,组织部门应根据本地实际,有重点、有针对性地引进培养人才,合理使用人才。

表 1　不同层级组织部门牵头抓总的工作侧重

	分析人才形势	研究人才需求	制定人才政策	牵头协调服务	营造人才环境
中央、省级	★★★★★	★★★★★	★★★★	★★★★	★★★★
市级	★★★★	★★★★	★★★★	★★★★	★★★★★
县级	★★★	★★★★	★★★★	★★★★	★★★★★

	宏观指导	组织协调	制定规划	出台政策	政策落地	提供服务	督促考核
中央、省级	★★★★★	★★★★	★★★★	★★★★	★★★	★★★	★★★
市级	★★★★	★★★★★	★★★★★	★★★★★	★★★★	★★★★	★★★★★
县级	★★★	★★★★★	★★★★	★★★★	★★★★★	★★★★★	★★★★★

表 2　市、县两级组织部门围绕五方面基本任务的细化

	分析人才形势	研究人才需求	制定人才政策	牵头协调服务	营造人才环境
市级	1. 分析研究国内外人才思想、理论发展态势 2. 分析研究国内外人才发展趋势 3. 分析研判本区域人才供求形势 4. 跟踪同类区域人才发展优势	1. 研究掌握国内外高层次人才的需求动向,跟踪国内外有关城市满足人才需求的最新举措 2. 建立人才需求收集平台,畅通全市各类人才诉求反映和反馈通道 3. 加强与人才联谊会、中介组织等互动,研究共享人才需求大数据 4. 建立党政领导联系专家人才制度,研究推动服务人才需求工作	1. 制定实施以本级党委名义出台的重大人才政策 2. 抓好中央、省人才政策的贯彻落实 3. 抓好县(市、区)、市级部门政策的统筹协调 4. 抓好本区域内人才政策绩效评估 5. 抓好人才政策理论研究	1. 建立人才工作分工协调制度,牵头协调解决涉及多个部门的重点难点问题 2. 明确市级层面人才公共服务的内容、标准,推动市级部门人才服务职能整合和体制机制创新 3. 鼓励引导专业化人才服务机构发展 4. 直接掌握和服务一批高端人才	1. 政治环境 2. 事业环境 3. 政务服务环境 4. 交流联谊环境 5. 生活配套环境 6. 社会文化环境

续表

	分析人才形势	研究人才需求	制定人才政策	牵头协调服务	营造人才环境
县级	1. 分析研判本区域人才供求形势 2. 跟踪研究同类区域人才发展优势 3. 了解掌握本地人才工作态势	1. 研究跟踪市内外有关城市满足人才需求的最新举措 2. 搭建人才需求收集平台,畅通全县各类人才诉求反映反馈通道 3. 组织开展各类人才和用人单位需求的调查 4. 实施党政领导联系专家人才制度	1. 制定实施以本级党委名义出台的重大人才政策 2. 抓好中央、省、市人才政策的贯彻落实 3. 抓好乡镇(街道)、县级部门人才政策的统筹协调 4. 抓好政策创新的改革试点	1. 实施人才工作分工协调制度,加强对重点难点问题协调 2. 推动县级部门人才服务职能整合和体制机制创新 3. 落实好人才公共服务 4. 配合上级组织部门做好高端人才服务工作	1. 政治环境 2. 政务服务环境 3. 交流联谊环境 4. 生活配套环境

(二)进一步健全牵头抓总的工作制度,规范"怎么去抓"

制度具有管根本、管长远的作用,完善组织部门牵头抓总职能,必须将牵头抓总的各项工作规范化、制度化,形成长效机制。从调研情况看,重点应围绕人才工作重大决策、分工协调、督促落实,以及组织部门直接推动的基础性、难点性工作,进一步健全完善相应工作制度。

1. 健全科学决策制度

从决策层级看,重点是建立健全党委人才工作领导小组会议和组织部门部务会议人才工作决策机制;从内容层面看,重点是健全决策议事规则、议事程序以及决策监督、纠正和责任追究机制。建议建立人才工作领导小组决策咨询制度,有关决策主动向"两代表一委员"、用人单位、人力资源服务机构、人才专家联谊会等征询意见建议,提高决策科学化、民主化水平。

2. 健全分工协调制度

建立人才工作领导小组成员单位职责分工制度,强化人才工作领导小组的领导作用,明确各成员单位的人才工作职责,划分边际,形成横向到边、纵向到底的领导体制。完善由组织部门牵头的领导小组会议、服务人才专项例会、重大人才工作季度(或月度)协调会议制度,健全由人才工作领导小组成员单位牵头的人才专项工作协调机制。

3. 健全督促落实制度

着眼简便易行、务实管用,坚持引进人才与培养、使用人才并重,海外人才与国内和本土人才并重,突出人才贡献率和人才工作效能,完善人才工作考核制度。将人才工作考核纳入对各级各部门年度总体工作考核体系,赋予应有的权重,并作为党政领导班子和领导干部,特别是"一把手"的实绩考核内容,列入其年度述职范围,也可推行地方党委书记向上一级党委常委会人才工作专题年度述职制度。将人才工作纳入党委、政府督查工作体系,与党委、政府中心工作开展同步督查。由组织部门牵头,定期对重点人才工作开展专项督查。

4. 健全基础性工作推进制度

针对目前人才工作基础比较薄弱的现状,组织部门应直接牵头,投入更多精力,组织开展人才发展形势分析、人才工作重大课题研究、人才思想教育、人才资源统计分析等基础性工作,进一步夯实人才工作基础。建议将人才资源统计,列为各级统计部门的规定统计科目,对人才实施分类统计,全面摸清人才资源底数,推动建立人才供求信息库。

5. 健全高端人才引进制度

高端人才,特别是海外高层次人才的引进,往往需要特殊的政策扶持,需要统筹多方力量资源,不少地方由组织部门直接牵头实施,现阶段仍然非常必要,应针对目前存在的突出问题,完善相应制度:一是优化评审机制,由组织部门牵头,有关职能部门分头具体组织实施,评审专家可通过建立专家库、委托科研机构等动态遴选,并探索委托风投机构开展尽职调查,确保评审公正透明。二是建立绩效评估机制,对引进的高端人才创业创新的绩效开展动态评估,修正完善有关引才政策和流程。三是建立升降级和退出机制,组织部门牵头制定引进人才的管理办法,根据动态评估情况,对骗取扶持资金、虚假申报、不履行申报承诺的予以退出或降级,对运行质量特别好的人才项目,视情予以升级。

6. 健全人才服务制度

一是实行上下衔接、贯通顺畅的联动服务,建立领导干部直接联系人才工作重大平台、重要人才项目和专家人才制度,完善项目协调推进会、服务人才专项例会等一系列服务机制。二是实行左右联系,统一协作的联盟服务,建议推广宁波市高层次人才创业创新服务联盟有关做法,成立由区域人才服务总窗及各职能部门服务专窗组成的高层次人才服务联盟,构建实体化的服务机制。三是推动社会化、市场化的联合服务,探索建立政府公共服务集成与市场化服务外包相结合的机制,引导更多社会力量和资源为人才提供个性化、精准化服务。

(三)进一步优化牵头抓总的方式方法,确保"抓就抓好"

在明确牵头抓总重点内容,健全工作制度的基础上,组织部门还应改进优化方式方法,确保牵头抓总更加有效。

1. 遵循"两个规律"

习近平总书记强调,推动人才事业发展,必须遵循社会主义市场经济规律和人才成长规律。组织部门牵头抓总人才工作,也应在遵循这两个规律的基础上发挥组织优势和政治优势。遵循市场规律,就是牵头抓总要以价值规律、供求规律和竞争规律指导人才开发,以产业发展需求推动人才结构调整,以市场手段推进人才评价和创新激励,突出市场在配置人才资源中的决定性作用。遵循人才成长规律,就是牵头抓总应充分考量主观努力、文化氛围、政策导向、奋斗精神、年龄资历等对人才成长的综合影响,把握人才自身发展的继承期、创造期、成熟期、衰老期四个阶段,有效实施人才政策、搭建聚才平台、提供服务,以"十年树木"的理念宽容人才、爱护人才,以"人才工作是重要潜绩"的导向引导各级领导干部真正重视人才工作,促进人才在不同成长阶段最大限度地发挥才干。

2. 践行法治理念

组织部门应带头运用法治思维,引领加快人才工作法治化进程,增强牵头抓总法治化、规范化水平。突出顶层设计,在中组部研究出台《人才工作条例》的同时,地方各级组织部门也要积极探索,研究制定符合本地实际的实施意见,为牵头抓总提供党内法规依据。在牵头开展人才工作政策、规划制定中,进一步健全依法决策机制,把公众参与、专家论证、风险评估、合法性审查、集体讨论决定确定为决策的法定程序,确保决策程序正当,过程公开,责任明确。同时,牵头研究鼓励创新要素流动、汇集创新资源、改善创新环境的法律法规体系,提出立法(修法)建议,推动法律的实施,打造公平公正、规范守信、廉洁高效的法治环境。

3. 坚持精准发力

组织部门牵头抓总,必须聚焦服务本地经济社会发展大局,瞄准人才工作中的热点、难点问题,精准施策、精准发力。比如,要补齐管宏观、管协调等薄弱环节的工作短板,加强人才资源统计、人才思想教育等基础性工作,加大重点难点工作合力攻坚力度。又比如,在政策创新上,应紧扣本地产业导向和发展需求,紧盯先发地区同类政策亮点,明确本地政策创新的突破口,精准推动本地人才发展政策创新。再比如,在服务人才上,关键是要把准人才最关心、最紧迫的服务需求,提供精准服务。

4. 强化统筹兼顾

人才工作量大面广,组织部门牵头抓总,必须强化统筹兼顾。比如,在工作重心上,要坚持体制机制改革与具体政策创新并重,海外引才与国内引才并重,引进人才与培养人才并重,抓高层次人才与抓高技能人才并重,尊重关心人才与加强政治引领并重。又比如,在组织部门内部力量统筹上,应强调基层组织建设、干部和人才工作三个轮子一起转、协调转,善于利用干部工作和基层组织建设资源,推动人才工作牵头抓总职能的落实。

(四)进一步强化牵头抓总的保障支撑,实现"抓得长远"

1.配强配优人才工作力量

一是根据各地经济社会发展需求和人才工作基础,配优配强市、县两级组织部门人才工作力量,条件成熟的地方,可设立专职副部长分管人才工作;省级或副省级城市,根据工作基础和实际需要,还可将人才工作处升格为人才工作局。二是各职能部门特别是在人才工作领导小组成员单位,配备专职人才工作人员,确保人才工作触角有效延伸。三是灵活设置乡镇(街道)人才工作机构,配备人才工作人员,夯实人才工作基础。

2.持续加大人才发展投入

一是建立地方人才专项资金与地方经济增长挂钩的增长机制,确保"人才优先"战略得到财政资金有力保障。二是建立多元的人才投入机制,以设立人才发展专项基金等形式,鼓励引导社会资本、民间力量投入到人才工作事业中来。

3.着力提升人才工作队伍素质

一方面,拓宽人才工作者来源,注重选调政治素质好,具有招商、科技、金融、投融资、人力资源服务等工作经验的优秀同志充实到组织部门,进一步优化人才工作队伍结构。另一方面,精心组织开展人才工作专题培训和经验交流活动,增强人才工作队伍政策理论水平和实战经验,鼓励人才工作者通过攻读在职研究生等方式,加快学历学位和知识水平提升,调整更新知识结构,拓展国际视野,更加高效地做好引才、育才和服务人才各项工作。

建立健全科技人才绩效评价机制
努力形成具有区域竞争力的人才制度优势研究

□ 湖州市委组织部课题组

人才资源是当前经济社会发展的第一资源,是小康社会与和谐社会建设中的战略资源,是中国在激烈的国际竞争中赢得主动的关键资源。人才评价机制在人才资源开发与管理过程中发挥着导向功能,是进行人才识别、资源配置的基础和前提,关系到能否最大限度地激发人才活力、充分发挥人才作用。党的十八届三中全会提出"建立集聚人才体制机制,择天下英才而用之",这首先要努力形成具有区域竞争力的人才制度优势,重中之重是健全完善科学的人才评价机制,激发各类人才创业创新活力。本课题调研分析了湖州市科技人才绩效评价工作现状和存在的问题,提出了构建科技人才绩效评价的指标体系和方法路径。

一、湖州市科技人才绩效评价工作现状

近年来,湖州市不断增强人才发展绩效意识,完善绩效评价办法,连续3年总结评价"南太湖精英计划"实施情况,进一步提高计划实施的科学性和有效性。一是建立健全评价办法。制定出台《湖州市"南太湖精英计划"年度绩效评估办法(试行)》,建立"南太湖精英计划"实施情况评估体系,重点对引进人才项目注册落户及产业化进展情况,企业经济效益及人才引进、产品研发、技术突破等阶段性成果情况,创业资助、服务保障等政策投入情况,以及引才计划辐射带动效应等进行综合绩效评价。二是分层分类开展评价。坚持激励与约束相结合、定性与定量相结合、自评与他评相结合,针对创业创新不同类型,实行市、县人才分层分类评价方式。领军人才对照签约协议书,组织开展自查评估;县(区)重点对本地专项资金投入、引进政策创新、人才服务管理等情况进行绩效评估;市级部门总结评价全市"南太湖精英计划"实施绩效,对专项资金投入、项目产业化、

人才引进和科技创新等情况进行绩效评估。三是注重评价结果运用。2012年以来,针对人才项目产业化、人才创业服务体系、人才主体作用发挥等方面分析存在问题10余个,提出相关对策建议25条次,进一步改进完善"南太湖精英计划"实施办法。比如,针对拓宽人才引进渠道和引进类型,完善新一轮"南太湖精英计划",提出国内国外并举、创业创新共引,加快了高层次人才集聚的速度。2013年湖州市引进"南太湖精英计划"领军人才87人,同比2012年翻一番。

二、湖州市科技人才绩效评价存在的问题与不足

从调研情况看,目前在科技人才绩效评价上还存在着一些亟待解决的问题,主要体现在评价主体、评价标准、评价方法和评价后管理等方面。

(一)评价主体存在局限性

当前科技人才绩效评价工作主要由政府部门牵头和组织实施,缺乏第三方专业技术委员会或中介机构参与,使评价结果的权威性和广泛性受到影响。问卷调查显示,41.5%的"南太湖精英计划"领军人才表示,不清楚政府组织的人才绩效评价如何实施。54.6%的"南太湖精英计划"领军人才反映,希望引入第三方中介机构参与绩效评价。

(二)评标标准存在单一性

当前科技人才绩效评价主要评估人才创办企业的年度产值、营业总额、利润总额、利税总额等经济效益指标,忽视企业解决就业、引进集聚人才等社会和科技贡献,使评价结果的全面性和准确性受到影响。特别是不同产业不同行业的企业,技术研发和产品生产周期不一样,采用同样或者单一的标准评价企业经营生产状况,容易违背产业发展规律,造成评价结果失真。问卷调查显示,68.9%的"南太湖精英计划"领军人才表示,评价人才项目不光考虑经济效益,还要兼顾社会效益和科技创新。

(三)评价方法存在简单化

当前科技人才绩效评价主要是汇总各方数据,定性评价人才创办企业的经营状况,半定量评价引才计划的实施情况。从实际效果来看,定性评价结果过于笼统和模糊,不能准确反映企业存在的实际问题,较难客观区分企业发展优劣情况,影响评价结果的使用。问卷调查显示,66.7%的"南太湖精英计划"领军人才认为,当前针对人才项目的绩效评价方法不科学,其中41.1%的领军人才建议,实行人才项目量化绩效评价,保证公正性。

(四)评价与后续激励服务等工作脱节

当前开展科技人才绩效评价主要是完善实施办法,增强引才计划的实效性,但是绩

效评价对人才项目个体的激励导向作用不明显。从湖州市实际情况来看,2013 年"南太湖精英计划"企业产业化率不到 65%,40 多家企业无产出,其中 11 家企业引进时限超过 3 年。调研过程中,三县三区反映希望建立人才项目绩效评价办法,完善人才正负激励机制,从而有效配置政府资源。问卷调查显示,47.4% 的"南太湖精英计划"领军人才也表示,开展绩效评价有利于调整政府资金使用策略,将更多资源集中扶持优质的人才项目。

三、改进完善科技人才绩效评价机制对策建议

根据湖州市人才工作实际,从组织架构设置、评价工作方式、后续管理激励三个方面,提出改进完善科技人才绩效评价机制的对策和建议。

(一)加快构建一个政府主导、企业主体、第三方中介机构参与的评价组织架构

注重以实践和贡献引领绩效评价,厘清政府部门、科技人才、第三方中介机构三者之间的关系,改革评价主体。一是发挥政府部门宏观管理作用。重点是制定科技人才绩效评价的规则和办法,按照创业和创新、个体和团队等不同类型,分类设置评价指标,加强制度规范化建设。牵头抓好"南太湖精英计划"领军人才绩效评价,选定第三方中介机构开展评价工作,协调解决评价过程中的困难和问题。二是发挥科技人才自主评价作用。排摸科技人才对评价指标重要性的认识,采取层次分析等方法确定指标权重,提高科技人才对绩效评价工作的话语权。落实科技人才自评方式,对照科技人才绩效评价指标体系,填报相应的指标数据,提高科技人才对绩效评价工作的主动性。三是发挥专业中介机构的第三方作用。注重引入专家协会、风投企业等第三方评价机构参与人才评价工作。在科技人才绩效评价方面,逐步构建评审机构委托、第三方机构独立评审、政府部门监督的工作格局,增强评价的公正性。

(二)加快构建标准多元、办法科学、监督有力的评价工作机制

坚持评价方式多样化、评价内容全面化、评价监督实效化,实现科技人才绩效评价体系的公正、规范和科学。一是在评价指标方面,科技人才绩效评价指标体系基本内容应该包括经济效益、社会效益和科技效益 3 个一级指标,针对创业创新、个体团队等不同类型,分别设置相应的二级指标,避免简单化、"一刀切"。例如,创业类人才及团队的经济效益主要评估项目销售额、利税以及投入产出比,创新类人才及团队的经济效益主要评估项目对企业技术改造的贡献度和对企业转型升级的贡献度。二是在评价方法方面,建立定性定量相结合、类比扣分相融合的评价方式,对通用指标采取类比分析法,比如销售额、销售利税等,增强人才项目的相互竞争;对基本指标采取扣分法,比如人才投入时间,提高人才对创业创新的重视度;个别指标实行加分法,比如获得国家级、省级科

技项目立项的,引导人才项目做优做强。三是在评价监督方面,完善科技人才绩效评价工作监督机制,建立政府部门专门的监督机构,采取事前监督、事中监督和事后监督相结合及重点环节重点监督等做法,保证绩效评价工作客观公正。

四、加快构建人才评价、激励相互衔接的工作机制

科技人才绩效评价作为推进今后人才工作的一项主要抓手加以落实,通过评价结果的刚性采用,引导激励人才项目加快产业化,加速出成效。一是作为人才项目资助资金兑现的依据。无论是"南太湖精英计划"创业类领军人才还是创新类领军人才,都将实施全过程绩效评价,通过事前评价、中期评价和事后评价,才能分别兑现项目首笔资助资金拨付和第二期资助资金拨付。二是作为人才项目晋升淘汰的依据。实行"南太湖精英计划"项目晋升淘汰制度,对于连续两年绩效评价达到"优秀"标准的,可相应上升一个档次,比如C类项目提升到B类,并获得对应新增补助资金。同时连续两年绩效评估"不合格"的,予以取消"南太湖精英计划"称号。三是作为享受各类人才政策奖励的依据。科技人才绩效评价结果,将作为人才享受购房补贴、公共租赁住房、子女入学、配偶就业安置、医疗保健等政府公共服务的量化依据。

附件

"南太湖精英计划"领军人才绩效评价指标体系

一、指标选取

根据湖州人才发展的现状和目标,借鉴江苏张家港市有关做法,本研究将指标体系设计为两层框架结构,基本内容包括 3 个一级指标,若干个二级指标。具体分为创业类人才项目绩效评价指标模型(见表 1)和创新类人才项目绩效评价指标模型(见表 2)。

表 1 创业类人才项目绩效评价指标模型

一级指标	二级指标	评价方法	加减分项
A 经济效益 (40 分)	1. 人才项目上年度销售额(10 分)	类比法	
	2. 人才项目上年度销售利税(10 分)	类比法	
	3. 人才项目累计投入产出比(10 分)	类比法	
	4. 所有者权益(10 分)	类比法	
B 社会效益 (30 分)	1. 人才项目创业团队的时间投入 (人才投入度)	加分法	10 分,领军人才全时工作日超过 300 天 8 分,领军人才全时工作日 200～300 天 6 分,领军人才全时工作日 100～200 天 2 分,领军人才全时工作日 60～100 天
	2. 总投资(不含风投、创投)结构 (10 分)	扣分法	10 分,人才团队资金投入量>社会资金投入量;人才团队自有资金投入量及社会资金投入量>政府资金投入量 8 分,人才团队资金投入量≤社会资金投入量;人才团队资金投入量及社会资金投入量>政府资金投入量 6 分,人才团队资金投入量≤社会资金投入量;自有资金投入量及社会资金投入量=政府支持资金投入量 2 分,资金投入低于以上的
	3. 风投、创投、民企合作情况	加分项 就高加分	5 分,与民企合作 3 分,风投、创投资金介入
	4. 股权结构	加分法	5 分,人才股权(现金投资＋知识产权)≥51,或人才为第一股东且人才股本 500 万元以上 3 分,人才为第一股东,股本低于 500 万元 0 分,人才不为第一股东
	5. 领军人才上年度个人所得税 (10 分)	类比法	

续表

一级指标	二级指标	评价方法	加减分项
B 社会效益 (30分)	6. 人才引进集聚情况(10分)	类比法	硕士研究生或者副高以上职称人才
	7. 入选各类人才计划情况	加分法 就高加分	8分/人,团队人才入选国家"千人计划" 5分/人,团队人才入选省"千人计划" 2分/人,团队人才入选"南太湖精英计划"
C 科技效益 (30分)	1. 专利申请量(10分)	类比法	
	2. 专利授权量(10分)	类比法	
	3. 研发投入(10分)	类比法	
	4. 科技项目立项情况	加分法 就高加分	5分,获国家级科技项目立项1项。每增加1项加2分 3分,获省部级科技项目立项1项。每增加1项加1分 1分,获市级科技项目立项1项。每增加1项加0.5分
	5. 各类获奖情况	加分法 就高加分	10~20分/项,领军人才获国家级奖励(一等奖20分,二等奖15分,三等奖10分) 6~10分/项,领军人才获省级奖励(一等奖10分,二等奖8分,三等奖6分) 1~5分/项,领军人才获市级奖励(一等奖5分,二等奖3分,三等奖1分)

表 2　创新类人才项目绩效评价指标模型

一级指标	二级指标	评价方法	加减分项
A 经济效益 (30分)	1. 人才项目新产品上年度销售额(10分)	类比法	
	2. 人才项目对企业技术改造的贡献度(10分)	定性评价	
	3. 人才项目对企业转型升级的贡献度(10分)	定性评价	
B 社会效益 (30分)	1. 人才项目研发团队的时间投入(10分)	扣分法	10分,领军人才全时工作日超过300天 8分,领军人才全时工作日200~300天 6分,领军人才全时工作日100~200天 2分,领军人才全时工作日60~100天
	2. 企业对人才项目累计投入(10分)	类比法	
	3. 创新成果产业化率(10分)	类比法	
	4. 入选各类人才计划情况	加分法	8分/人,团队人才入选国家"千人计划" 5分/人,团队人才入选省"千人计划" 2分/人,团队人才入选"南太湖精英计划"

续表

一级指标	二级指标	评价方法	加减分项
C 科技效益 (40 分)	1. 专利申请量(10 分)	类比法	
	2. 专利授权量(10 分)	类比法	
	3. 研发投入(10 分)	类比法	
	4. 国际学术论文数(10 分)	类比法	
	5. 科技项目立项情况	加分法 就高加分	5 分,获国家级科技项目立项 1 项。每增加 1 项加 2 分 3 分,获省部级科技项目立项 1 项。每增加 1 项加 1 分 1 分,获市级科技项目立项 1 项。每增加 1 项加 0.5 分

二、指标赋权

本研究主要根据人才评分法和层次分析法(AHP 法)对一级指标进行赋权。首先,向所有"南太湖精英计划"创业创新领军人才发放问卷,确定每一个指标的相对重要程度;其次,通过层次分析法确定指标权重。具体权重指标如图 1 和图 2 所示。

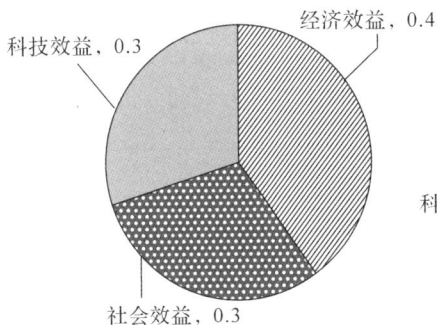

图 1　创业人才及团队指标体系

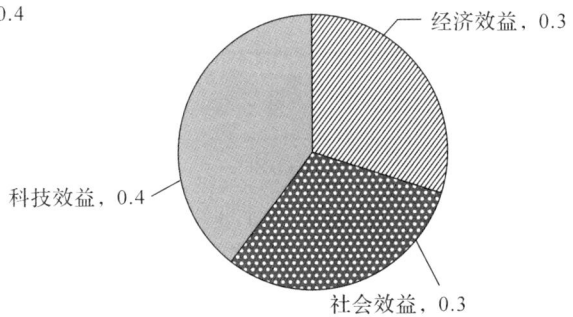

图 2　创新人才及团队指标体系

三、评价方法

根据人才项目绩效评价指标体系,建立分专业类比,分类型评价模型。

1. 分专业类比

(1)类比方法。规定所评人才项目中该指标原值最大的人才项目赋值为 1.00,再将其他人才项目的该指标原值与最大值比较,其比率则为其他人才项目的赋值。如,某指标(如销售利税)最大原值为 P 项目(如 1000 万元),而 Q 项目的该指标为 800 万元,是 P 项目的 80%,则确定该指标 P 项目的赋值为 1.00,Q 项目则为 0.80。赋值为无量纲数,且将所有参与比较的指标数据约束为同一个边界(≤1.00),以使其具有可比性。以该指标的赋值乘以该指标的权重,即得到某人才项目该指标的分值。

（2）分专业类比。不同专业大类（如机械类、电子类、能源类、生物医药类等）的人才项目具有不同的研究内涵和开发周期，其目标要求具有较大的差异性，故也不能放在同一个平台上进行类比。为此，运用类比法进行指标评分时，将同一专业大类的人才项目放在同一平台进行类比，以符合各自的特征。

2. 分类型评价

将各类人才项目分为创业类人才项目和创新类人才项目两大类（通过不同类型人才项目的评价模型予以体现），以符合不同类型人才项目的特征。

四、实施步骤

1. 自评

符合条件的领军人才根据创业或创新类型，填报相应的人才项目绩效评价指标体系各指标数据，准备相关财务报表。各县（区）收集整理后，提交市实施"南太湖精英计划"领导小组办公室（以下简称市专项办）。

2. 评价

市专项办将人才项目自报数据及相关财务报表提交市经信、科技、财税等职能部门核实，按照人才项目绩效评价指标体系，可委托第三方评价机构，对人才项目实施绩效测算。

3. 复核与调整

市专项办对出现的奇异结果进行综合分析，必要时对指标权重、量纲及定性评价的标准进行调整并重新评价，进而得到符合人才项目基本实际的评价结果。

4. 审定

市专项办将复核与调整后的人才项目绩效的评价结果，报市实施"南太湖精英计划"领导小组审批。

5. 反馈

市专项办会同各县（区）将每个人才项目绩效评价的结果反馈给领军人才，并进行绩效面谈。根据不同绩效评价结果，或给予鼓励，制定绩效再增计划；或进行归因分析，制定绩效改进计划。

五、初步试用

经课题组随机选取 10 家入选 1 年以上且已注册落户的"南太湖精英计划"创业企业和 10 家"南太湖精英计划"创新企业试行评价，表明总体上试点企业试运行较好地验证了评价模型可行性，能够量化分析人才项目的实际情况，达到预期目的。

一是实现人才项目评价结果的差异化。从试点企业绩效评价结果看，差距拉开得比较明显，创业类人才及团队绩效评价最高分和最低分差距近 80 分，创新类人才绩效评价最高分和最低分差距近 50 分，符合评价模型效率系数标准（区间值占总分值≥50%）。

二是体现人才项目的实际情况和人才工作发展需要。从试点企业绩效评价结果看,较好地体现了项目的实际情况,以及人才工作的需要。创业类人才及项目中,总得分较高的企业,经济效益相对良好,比如安吉和也科技、德清森腾电子、长兴清大粉体2013年度销售额在2000万元以上,其中安吉和也科技达到了7163万元。创新类人才中,总得分较高的企业,科技效益和经济效益相对良好,比如南浔快速电梯申请专利量达13件,获得省级科技项目1项,南浔尤夫引进人才产品上年度销售额近11亿元。

三是准确找出低分项目存在的问题。从试点企业绩效评价结果看,创业人才及项目中,总得分较低的企业,经济效益比较差,比如吴兴凌杰信息,入选注册时间超过3年,2013年销售额只有31万元,利税只有1万元。长兴兄弟路标引进的创新人才,对企业技术改造贡献度比较低,申请专利和授权专利数量低于其他企业引进的创新人才。

ZHENGCEPIAN

政策篇

关于实施领军型创新创业团队
引进培育计划的意见

（浙委办〔2014〕11 号）

为大力实施创新驱动发展战略，引进、培育和造就一批领军型创新创业团队，提升企业自主创新能力，推动我省产业转型升级，根据省委《关于全面实施创新驱动发展战略加快建设创新型省份的决定》（浙委发〔2013〕22 号）精神，经省委、省政府同意，现就实施领军型创新创业团队引进培育计划提出如下意见。

一、重要性和紧迫性

当今世界，科学技术日新月异，合作共享成为主流，诸多领域的创新日益成为社会化、集成化的系统工程，创新团队已成为集聚创新要素、转化创新成果、实现人才资源优化配置的重要形式和途径。近年来，我省通过大力实施省级重点创新团队建设，加大创新创业团队培养支持力度，提升了我省创新创业能力，取得了良好成效，但也存在创新创业团队带动力不强、自主创新能力不足、科技成果转化难等问题。面对大力实施创新驱动发展战略、全面深化改革开放、加快推动经济转型升级的新要求和新任务，亟须引进、培育和造就一批以领军人才为核心、以团队协作为基础、以从事企业创新研究和创业活动为目标，具备国际领先、国内一流水平，对我省产业发展有重大影响、能带来重大经济效益和社会效益的领军型创新创业团队。通过团队式的人才引进和培育，实现人才工作从个体到团队的深度发展，进一步激发人才创新创业活力，提升自主创新能力，推动产业转型升级，加快创新型省份建设。各级党委和政府要把引进、培育和造就领军型创新创业团队作为实施创新驱动发展战略的重要抓手，加强组织领导，落实有力举措，努力为建设物质富裕精神富有现代化浙江提供强有力的科技和人才支撑。

二、工作目标和基本原则

(一)工作目标

力争到 2017 年,建设 100 个左右符合全省产业发展导向、创新路径清晰、创业成果显著、预期效益明确的领军型创新创业团队,切实提升企业自主创新能力和核心竞争力,培育一批战略性科技型企业,引领我省经济社会科学发展。

(二)基本原则

1.企业主体、产业导向。紧扣全省战略性新兴产业发展和产业技术创新要求,突出企业主体地位,引进和培育一批能够突破关键技术、提升传统产业、发展高新产业的高端团队。

2.突出增量、提升存量。重点支持企业从海内外成建制引进技术水平处于国际创新前沿的优秀团队,积极扶持带技术、带项目、带资金来浙江创业的一流团队,鼓励成员稳定、运行良好、绩效突出的省级重点创新团队同引进的人才和团队进行优化整合。

3.绩效管理、分类支持。对引进培育的领军型创新创业团队进行全程管理和分类支持。对由国际一流专家领衔,标志性成果属世界首创并达到国际顶尖水平,能直接驱动产业发展的顶尖团队,在支持措施上实行"一事一议"。

4.多方协同、创新机制。鼓励企业引进的创新创业团队同高校、科研院所和科技社团加强合作,形成优势互补、利益共享、风险共担、共同发展的协同创新机制。创新团队建设管理体制机制,支持创新创业团队在经费使用、资源投向、要素分配等方面先行先试。

三、申报条件

(一)领军型创新团队

领军型创新团队是指以科技创新领军人才为核心,创新业绩显著或有较大的创新潜力,依托企业研发平台和项目,有明确的技术路线图,致力于创新成果产业化的人才群体。申报条件为:

1.团队应包括 1 名负责人和至少 5 名核心成员。负责人年龄一般不超过 55 周岁,核心成员平均年龄一般不超过 45 周岁。

2.企业应当成建制引进创新团队,团队负责人和至少 3 名核心成员应是近一年内从海内外新引进的高层次人才。其中,从海外新引进的必须占一半以上,每年 6 个月以上在企业工作,连续服务时间不少于 5 年。原省级重点创新团队与企业有紧密合作的,可依托企业与引进人才优化整合后进行申报,且须具备已实现产业化的重大产品 1 件以上或已实现大面积推广的关键技术 1 项以上,积极推动创新成果转化。

3.团队负责人和核心成员引进前一般应是在国内外知名高校、科研院所担任相当于教授的职务,或在知名企业、机构担任中高级领导职务的专业技术人才,并且此前应在项目、产品等方面至少有 3 年以上稳定的合作基础,有突出的研究成果和成果转化业绩。

4.团队掌握的核心技术应当拥有自主知识产权,具备国际领先、国内一流水平,是我省经济社会发展紧缺急需的,或属于填补省内技术空白领域、能较大程度地推动我省有关产业领域的技术创新。

5.团队依托企业经营运行状况良好,技术创新体系健全,配套支持措施完善,具有较强的创新能力,在业内处于优势地位;资产负债率合理,企业经营效益较好且企业研发费用占主营业务收入比重高于 3%;具有较好的科研基础和条件,企业核心技术水平在国内同行中处于先进地位;企业为团队从事的项目配足科研资金,提供先进研发设备,落实项目产业化所需的各类要素。

(二)领军型创业团队

领军型创业团队是指自带技术、项目、资金落户浙江创业,符合我省产业发展战略布局和产业技术创新需求,具有较好市场前、能引领和带动我省产业发展的优秀团队。申报条件为:

1.创业团队应包括 1 名负责人和至少 5 名核心成员,是近 3 年内来浙江创业的。负责人年龄一般不超过 55 周岁,核心成员平均年龄一般不超一过 45 周岁。

2.团队负责人和核心成员此前一般应在国内外知名高校、科研院所担任相当于教授的职务,或在跨国公司、知名企业担任中高级技术管理职位 3 年以上,并且此前应在项目、产品等方面至少有 3 年以上稳定的合作基础,有突出的研究成果和成果转化业绩。

3.团队掌握的核心技术应当拥有自主知识产权,具备国际领先、国内一流水平,是我省经济社会发展紧缺急需的,或属于填补省内技术空白领域、符合我省重点产业发界方向的,具有市场潜力并进行产业化生产。

4.企业已完成工商注册登记,成立时间 1 年以上。企业运行正常、成长性好,目标产品具有市场前景。企业具有从事产业化项目所需创业资金,具备持续创新创业能力,且后续资金有保障。企业在技术、人才、土地、设备、管理等方面有良好的保障。

四、申报遴选程序

(一)申报受理

依托企业引进的团队和自主创业团队可直接向企业所在地的县(市、区)组织、科技部门提出申请,经市级组织、科技部门审核并签署推荐意见后,报省委组织部、省科技厅。省属企业和中央在浙企业引进培育的团队,由所在单位审核后直接报省委组织部、省科技厅。

(二)评审考察

省委组织部、省科技厅按照条件对申报团队进行初审并确定有效候选对象后,组织有关专家进行评审,产生入围下一轮团队名单。对入围团队,省委组织部、省科技厅组织专家组进行实地考察和竞业背景核查。在此基础上,省委组织部、省科技厅召集有关部门和专家召开综合评审会议,确定拟推荐入选团队名单和资助资金。依托原有省级重点创新团队进行优化整合的团队,可直接报省委组织部、省科技厅,直接进入实地考察和综合评审环节。

(三)公示命名

依据综合评审意见,形成团队推荐名单,经公示无异议后,由省委人才工作领导小组进行审核,报省委、省政府同意后,命名为"浙江省领军型创新团队"、"浙江省领军型创业团队"。

五、培养支持措施

(一)加大财政投入力度

领军型创新创业团队首个资助周期为 3 年,资助期内对每个团队投入经费不低于 2000 万元,其中省级财政投入不低于 500 万元,团队所在地地方政府按照不低于省级财政投入额度进行配套资助,团队所在企业按照不低于各级财政资助资金总额对团队进行配套资助。对具有国际顶尖水平的领军型创新创业团队采取"一事一议"的方式,专题论证支持方式与额度,最高可获得 1 亿元的省级财政资助。

(二)加强科技项目支持

鼓励领军型创新创业团队牵头实施技术创新项目,团队所在企业申报的成果转化产业化项目,符合省重大科技专项要求的,优先给予立项,视项目投资强度给予不少于 100 万元的研发支持,并视项目实施情况给予后续支持。对于领军型创新创业团队自筹经费、自主设计的科研项目,经省科技厅审核后,每年为其确定 1 项省级科研项目。

(三)加强科研平台建设

鼓励领军型创新创业团队牵头建设省公共科技创新服务平台和国家及省部级重点实验室、研发(技术)中心、协同创新平台等创新载体,符合条件的,可获得优先支持。

(四)加强人才培养使用

领军型创新创业团队负责人和核心成员符合条件的,可优先支持其申报相应高级专业技术资格,且重点考核其在企业的工作业绩及课题研究成果。为我省经济社会发展做出突出贡献或取得显著业绩的领军型创新创业团队及其成员,可优先推荐申报"两院"院士、省特级专家、"千人计划"、"万人计划"、顶尖创新团队、省"151"人才工程、有突出贡献中青年专家等各类人才科技计划。

(五)加强创新创业服务

优先为领军型创新创业团队从事的产业化项目提供科技担保、专利权质押融资等信贷融资渠道,引导和鼓励科技支行、科技小额贷款公司等机构创新信贷服务模式,为团队从事的项目优先提供信贷服务。优先推荐给海内外知名专业投资机构,优先推荐进入创业板、"新三板"和地方股权交易中心,优先推荐与上市公司合资合作或重组整合。

六、组织实施

(一)落实工作责任

省委人才工作领导小组负责引进培育领军型创新创业团队工作,省委人才工作领导小组办公室负责引进培育领军型创新创业团队工作的各项日常事务,省委组织部、省科技厅负责具体实施。领军型创新创业团队所在地政府及所在企业应加强对领军型创新创业团队的服务与监管,相关绩效作为市、县(市、区)党政领导科技进步与人才工作目标责任制考核内容。

(二)实施绩效管理

3 年资助期内,省级财政资助资金首期拨付 50%。资助期过半时,省委组织部、省科技厅组织对团队进行中期评估。通过中期评估的再拨付剩余 50% 资助资金,未通过中期评.估的领军型创新创业团队应进行整改,整改完成并符合要求后再拨付后续资金。资助期满后,领军型创新创业团队应提出验收申请,由省委组织部、省科技厅牵头进行验收评价,对评价不合格的,经省委人才工作领导小组审核并报省委、省政府同意后取消称号。

（三）加强资金管理

省科技厅每年对入选的领军型创新创业团队进行资助，所需资金纳入省级科技部门预算。领军型创新创业团队财政资助资金可用于人力资源成本补助、科研项目补助和团队负责人协调管理费用，其中人力资源成本费支出比例不高于30%，团队负责人协调管理费用支出比例不高于5%。财政资助资金在管理和使用上实行法人责任制。领军型创新创业团队及其负责人须遵守相关法律和财政、财务纪律，对弄虚作假、骗取财政资金的单位和个人，根据情节轻重全部或部分收回资助经费，存在违法行为的，依法追究相关单位和人员的法律责任。

关于实施"院士智力集聚工程" 推动创新驱动发展的若干意见

（浙委人〔2014〕9 号）

中国科学院、中国工程院院士是我国科学技术界、工程技术界的杰出代表，是推动创新驱动发展的重要战略资源。为广泛吸引国内外院士及其创新团队来我省创新创业，助推我省转型发展、创新发展，现就实施"院士智力集聚工程"提出如下意见。

一、总体要求、基本原则和主要目标

1. 总体要求。全面贯彻落实习近平总书记关于人才工作系列重要讲话精神和省委十三届历次全会要求，围绕全面实施创新驱动发展战略部署，坚持"不求所有、但求所用"理念，坚持科技与经济紧密结合，坚持发挥市场导向、企业主体、政府引导作用，创新集聚人才体制机制和载体平台，大力引进国内外院士等高端智力，为浙江全面深化改革，干好"一三五"、实现"四翻番"提供有力的人才智力支撑。

2. 基本原则。注重需求导向，紧紧围绕我省经济社会转型发展的中心任务和创新驱动发展的实际需求引进院士等高端智力，充分发挥引进院士的作用；注重市场主体，结合"浙商回归"工作，充分发挥企业、高校、科研单位的主动性积极性，采取灵活方式引进并支持院士来浙创新创业，推动智力与资本的结合；注重改革创新，创新科研管理和人才引进、使用、激励政策机制，使院士智力引得进、干得好；注重合力推进，更好地发挥各地各部门的工作资源和优势，各方联动、加强协作，合力引进院士等高端人才智力。

3. 主要目标。力争到 2017 年，用三年左右时间集聚 400 名左右国内外院士与我省建立长期稳定的技术合作关系，创建并重点支持一批集聚院士智力和资源的产学研用重点平台和基地，培养一批高层次创新创业人才，市级以上院士专家工作站动态保持在500 家以上；与 30 个以上国际一流水平的科技社团、海外学术机构建立稳定的协作关系,搭建一批高层次学术交流和咨询决策平台。

二、主要措施

1. 创新院士智力集聚机制。进一步密切与中国科学院、中国工程院及国内外知名高校、大院大所的合作,完善省院合作、省校合作、校(院)地合作共建机制,为吸引院士等高端智力创造良好条件。组织开展主题突出、形式多样的院士浙江行、家乡行活动,加强与包括浙江籍院士在内的国内外院士的交流合作。主动加强与海内外有影响力的科技社团和学术机构的联系,发挥省海外高层次人才联谊会作用,拓宽院士引进渠道。完善院士等高端人才智力资源数据库,收集国内外院士、知名专家学者的学术成就、科研成果等信息,加强与我省经济社会发展关联度分析,为引进院士人才智力提供依据。

2. 搭建院士集聚的高端平台。鼓励和支持我省企业、高校、科研院所与院士及其所在单位联合共建高水平研发机构、成果转化中心、企业研究院和产业技术联盟等平台,开展科技创新、创新成果转化、人才培养、学术交流,促进产学研协同创新。支持柔性引进院士人才智力,视情况聘任院士担任(挂任)单位首席专家、特聘教授、技术顾问,或领衔参与重大研发项目,开展重大技术攻关等工作,条件成熟的应争取全职引进院士到我省工作。各地要依托高新区、产业集聚区、开发区、科技城,创建引进院士智力的载体,积极创造条件,吸引和集聚更多高端人才和团队来我省创新创业。结合浙江·杭州国际人才交流与项目合作大会、浙江·宁波人才科技周等重大人才科技活动,举办院士圆桌会议、院士智力项目对接等活动。

3. 提升院士专家工作站效能。围绕促进院士团队发挥作用和提高院士专家工作站运行质量,各地要根据我省战略性新兴产业发展、“四换三名”需求和区域经济结构特色优势,优化院士专家工作站规划布局,突出院士专家工作站建设在产业集聚区、高新园区、重点企业研究院等重点领域的作用,拉长做强创新链。完善院士专家工作站协同创新模式,开展企业出题、政府立题、协同解题的产学研合作创新,进一步发挥关键核心技术攻关、重大专项联合承接、服务区域产业发展、创新人才培养等方面的重要作用。鼓励院士专家工作站通过与企业共建研发基地或组建研发联盟,成为区域性、专业化的研究机构或技术服务机构,为区域产业发展提供技术人才支撑。积极完善院士专家工作站运行机制,通过典型培育等提高院士专家工作站的运行绩效。省及各地对评定的院士专家工作站予以适当财政经费支持,健全院士专家工作站绩效评估机制、激励机制和退出机制。出台对通过三年周期性绩效考核的已建省级院士专家工作站和优秀省级站的后续支持措施。

4. 促进院士创新成果转化和产业化。积极支持国内外院士及其团队来浙转移转化创新成果和建立科技成果转化基地,符合条件的可同等享受我省产业、科技、财税、金融、人才等方面的优惠支持政策。对带项目、带技术、带资金且符合我省产业结构优化方向的重大创新成果,各级各有关部门应予优先支持和保障。鼓励支持各地依托高新区、海外高层次人才创业创新基地等平台,创建院士科研孵化创业园区、基地,主动承接院士创新成果,推动科技项目产业化。鼓励和支持我省企业、高校、科研单位与院士及其创新团队联合申报和承担国家级、省级科技计划项目。

5.充分发挥院士培养人才和决策咨询作用。积极聘请国内外院士来浙指导或参与我省重点学科专业、重点实验室、企业工程技术中心、企业研究院、企业重点创新团队等建设,加快高层次领军人才和创新团队培养。探索建立我省中青年科学家与院士结对培养制度,充分利用院士专家工作站平台开展工程硕士培养试点,与博士后工作站合作培养"企业博士后"。建立健全院士专家决策咨询机制,围绕区域经济社会发展重大决策、重大规划、重大项目开展专题咨询和研究。

6.完善集聚院士智力政策。各地各部门根据现有产业发展、科技创新、人才培养引进等政策,完善并落实对引进院士及其团队的各项支持政策措施。引进院士设立研发平台,比照省内同类研发机构给予认定和支持。引进院士及其团队可按有关规定和条件,申报"千人计划"、省领军型创新创业团队引进培育计划等重大人才工程(计划)。引进院士创新成果主要在浙江省内完成、符合省科学技术奖推荐条件的,可按规定推荐浙江省科学技术奖。将在浙设立院士专家工作站的院士列入省及各地党政领导联系高层次人才范围,省里每年邀请部分院士代表参加暑期集中疗休养等活动。对我省单位聘请、签订3年以上合作协议的省外"两院"院士给予一定工作性资助,全职引进的院士享受在浙"两院"院士待遇。各地各有关单位要视工作需要,进一步完善引进院士的工作、生活待遇和服务保障工作。对急需的院士智力,可采取一事一议方式予以支持。

7.加强院士创新文化宣传。结合"中国梦"、"最美浙江人"等主题活动,加大对院士典型事迹的宣传。重视浙江籍院士史料的征集、整理、保护和展示工作,定期开展院士巡回报告等活动,弘扬浙江"院士大省"文化。加大对院士成长成才、科学精神、创新成就等方面的研究,支持院士传记、院士风采等书籍的编辑出版工作,发挥院士在提高公民科学文化素质中的作用。

三、组织实施

"院士智力集聚工程"在省委人才工作领导小组领导下组织实施,省委组织部(省委人才办)负责牵头协调,省委宣传部、省发改委、省经信委、省教育厅、省科技厅、省财政厅、省人力社保厅、省卫生计生委、省科协、省社科联等部门根据职责做好政策配套等相关工作。省科协(省院士专家工作站建设协调小组办公室)承担院士项目对接、院士决策咨询、院士与中青年科学家结对培养、院士资源数据库等工作,由省财政安排一定的经费予以支持。

各地要加大工作力度,完善相关政策机制,引导、鼓励和支持企业、高校、科研院所和园区等积极引进院士等高端人才智力,各级联动、各方协同,合力推进"院士智力集聚工程"实施。

关于深入实施创新驱动发展战略
推进省属企业人才队伍建设的实施意见

（浙国资党委发〔2014〕17 号）

为深入贯彻党的十八大，十八届三中、四中全会和省委十三届三次、四次全会精神，全面落实省委《关于全面实施创新驱动发展战略加快建设创新型省份的决定》，推进省属企业深入实施创新驱动发展战略，切实增强企业自主创新能力，现就省属企业加强人才队伍建设支撑创新驱动发展，提出如下实施意见：

一、指导思想、基本原则和工作目标

（一）指导思想

以邓小平理论、"三个代表"重要思想、科学发展观为指导，深入贯彻落实党的十八大，十八届三中、四中全会和习近平总书记系列讲话精神，贯彻落实省委人才工作部署，坚持党管人才原则，坚持以人为本理念，以体制机制创新为动力，以服务改革发展为导向，以高素质经营管理人才、高层次专业技术人才、高技能人才队伍建设为重点，积极优化人才引进培养使用环境，促进各类人才协调发展，努力培养造就数量充足、素质优良、结构合理、充满活力的省属企业人才队伍，为推进省属企业转型升级、科学发展提供坚强的组织保障和人才支撑。

（二）基本原则

1. 以人为本，人才优先。牢固树立人才是"第一资源"的观念，充分发挥人才的基础性、战略性作用。坚持党管人才原则，落实党委主体责任，强化人才考核评价。确立人才优先发展战略，坚持人才资源优先开发、人才结构优先调整、人才投资优先保障、人才制度优先创新，构筑省属企业人才发展新优势，加快建设省属企业人才新高地。

2.规划先行,服务发展。立足当前,着眼长远,加强省属企业人才工作总体谋划和宏观指导,根据企业发展战略,组织制定企业人才发展规划。把人才工作规划纳入企业中长期发展规划,从企业实际出发确定目标任务,制定具体措施,分解落实责任,加快人才结构调整,优化人才资源配置,确保人才工作有序推进。

3.创新机制,以用为本。坚持解放思想、转变观念,自觉遵循人才成长使用规律,重视发展市场配置人才资源的决定性作用,创新人才工作机制和方法,重点突破人才引进、培养和使用等方面的制度瓶颈,把促进人的全面发展、充分发挥人才作用作为人才培养中心环节,努力为各类人才健康快速成长和充分合理使用创造良好的制度环境。

4.突出重点,统筹推进。坚持高端引领,根据省属企业改革转型发展目标,在重点项目、关键技术和优先发展产业领域,重点培养引进紧缺急需的高层次、高技能人才和领军型创新创业团队。统筹推进各类人才协调发展,以人才结构调整促进企业转型升级,以人才发展优势推进企业持续健康发展。

5.注重培养,强化储备。进一步加强培养培训,注重抓好存量人才开发和增量人才引进。积极创造条件,打破论资排辈,加强对中青年优秀人才的发展和培养,优化人才队伍结构,增强人才队伍发展后劲。

(三)主要目标

通过5年左右时间,力争省属企业引进"千人计划"人才达到20人左右,"万人计划"人才达到10人左右。全面实施省属企业"五个一"人才工程,着力培育100名"杰出出资人代表"、100名"杰出经理人"、100名"杰出党建工作人才"、1000名"杰出创新创业人才"、1000名"杰出技能标兵"。建设一批高水平人才创业创新基地和重点企业研究院、院士专家工作站、博士后科研工作站等创新平台。省属企业研发投入占企业营业收入比重达到2.5%以上。

二、突出重点、统筹推进,进一步加强省属企业各类人才队伍建设

(四)以职业经理人为重点,加强培育高素质经营管理人才

以实现国有资本保值增值为核心,着力培养选拔一批综合素质好,能够忠实代表和维护国有资产权益,正确履行出资人授予职权,具有战略决策能力,不断开拓创新的"杰出出资人代表";集聚和培养一批职业素养好,市场意识强,熟悉国内外经济运行规则,在生产经营、市场开拓、资本运作等方面具有较高造诣的"杰出经理人";培养选拔一批思想政治素质好,熟悉生产经营,具有丰富企业党务工作和群众工作经验的"杰出党建工作人才"。依托人才中介市场化运作,大力培训培养职业经理人,建立高级经营管理人才资源信息库。

（五）以创新团队为重点，着力培养引进高层次创新创业人才

以提高专业水平和创新能力为核心，着力打造一支技术水平高、创新能力强、专业素质优，能够增强企业核心竞争力的专业技术人才队伍；突出先进装备制造、现代金融服务、现代交通运输、商贸物流、化工医药、新材料、新能源、信息、环保、海洋等领域，集聚和培养一批在新产品、新技术、新服务、新模式研发中处于一流水平的"杰出创新创业人才"；引进和培育一批研发创新能力和创新成果在国内领先的领军型创新创业团队。深入实施省海外引才"千人计划"，坚持需求导向，确保引才质量，引进和支持一批能够突破关键技术、发展和带动新兴产业的海外高层次人才。积极对接国家"万人计划"、省"151"人才等重大人才培养工程，实施科技创新创业领军人才培养计划。加强省属企业院士专家工作站、博士后工作站、重点企业研究院、重点实验室、企业技术中心、科研孵化基地等创新平台建设，依托创新平台吸引更多高端人才到省属企业创新创业。

（六）以技师和高级技师为重点，大规模培养高技能人才

以提升技能人才素质为核心，着力培育一支技艺精湛，爱岗敬业，善于解决技术难题，适应产业结构优化升级和企业发展需求的"杰出技能标兵"。建设一批技能大师工作室和高技能人才创新工作室，传承和推广技能大师实施经验、精湛技艺和绝技绝活，推动开展高技能人才科技创新活动。广泛开展各种形式的技能大赛、技术比武活动，实行首席技师、技术能力"名师带徒"等各项制度，全面提高技能人才的技能水平和整体素质。

三、创新机制、优化环境，着力推进省属企业人才工作创新

（七）着力推进人才引进工作机制创新

坚持需求导向、市场化导向，利用国内国外两种人才资源、引进和集聚各类优秀人才，重点引进省属企业改革发展紧缺急需的、能有效发挥实际作用的高精尖人才。加强人才发展统筹规划和分类指导，开展人才需求预测，编制和发布急需紧缺人才目录。制定省属企业人才引进工作实施意见，建立省属企业引进特殊人才认定备案制度，实行省属企业年度引才计划和总结制度，组织开展省属企业国内国外招才引智专场活动，推进省属企业引才工作制度化、规范化和阳光化，扩大省属企业对外引才公信力和影响力。发挥省属企业引才主体作用，用足用好我省已出台的引才政策，鼓励省属企业制定符合自身特点的配套政策措施，改善人才创新创业扶持、学习交流、落户居住、子女教育等各方面条件，增强省属企业对外引才的吸引力。创新引才工作方式，建立健全中介推荐、高等院校合作、企业海外的分支机构引荐等引才工作网络，灵活采用载体引进、团队引进、核心人才带动引进、高新技术项目开发引进等多种方式引进人才。拓宽人才引进渠道，

完善引进地方党政干部到企业工作的机制。支持从高校科研院所柔性引进人才,鼓励企业通过合作研究开发、聘用兼职人员等多种方式,吸引企业外部高端人才为企业发展服务。

(八)着力推进人才培养工作机制创新

深入实施企业经营管理人员素质提升工程,整合各类教育培训资源,开展经营管理者能力提升培训,不断完善知识结构,增强决策能力、创新能力、战略开拓能力和经营管理能力。推动省属企业与高校、科研院所产学研建立联动工作机制,鼓励企业与高校、地方政府共建各类创新创业载体,通过重大项目、重点工程集聚人才,在创新实施中培养人才。注重加强中青年创新创业人才培养,拓展培养载体、组织开展中青年人才学术论坛。健全和完善企业职工培训制度,推动开展省属企业技能人才轮训工作,根据企业实际和工种特点,在3年左右时间内,对在岗技术工人进行全员培训,使技术工人技能等级得到普遍提升。支持省属企业与职业院校开展校企合作培养培训技能人才,依托职业院校建设"省属企业高技能人才培训基地",开展"金蓝领"高技能人才培训项目,加快培养造就一批企业急需的高技能人才。

(九)着力推进人才使用工作机制创新

加快建立符合现代企业制度要求的人才选用机制,坚持党管人才与市场机制配置人才相结合、适应建立现代企业制度的要求,不断加大改革力度,逐步实行职业经理人制度,在坚持党管干部、党管人才的原则下,逐步做到出资人决定董事会、监事会成员,董事会选聘经营管理者,经营管理者依法行使用人权。进一步夯实人才使用工作基础,加强省属企业岗位职系序列管理,规范集团各层级工作岗位序列和职务等级,健全岗位说明书编写制度,提高人才使用科学化水平。进一步畅通人才使用和发展渠道,以人才使用为原则,合理设置各类人才晋升渠道,建立健全管理人才职业等级晋升、专业技术人才和技能人才专业等级晋升制度。进一步用好用活各类人才,推进省属企业建立人才协同使用、合作开发机制,建立健全企业内部人才流转机制,探索建立企业内部择岗制度,促进内部人才流动,推动人岗相适、人尽其力、才尽其用。

(十)着力推进人才评价机制创新

坚持重业绩、重贡献导向,推进人才分类考核评价。着力破除重学历、唯论文等倾向,着力破除论资排辈、求全责备等陋习,着力破除行政权力对人才评价、资源分配的影响。坚持把品德、知识、能力和业绩作为衡量人才主要标准,建立以业绩、贡献为重点,综合考虑德、能、勤、绩、廉等基本要素的人才考核评价体系。对出资人代表,主要考核政治责任意识、全局观念、决策水平、创新能力,评价国有资本保值增值状况;对经营管理人才,主要考核经营决策能力、市场应变能力、诚信守法表现,以及经营业绩,重在市场认可和出资人认可；对党建工作人才，主要考核政治理论水平、组织协调能力、职工信任程度，评价党的建设、精神文明建设、企业文化建设和企业稳定状况；对专业技术人才，主要考核科技攻关能力、技术创新能力、成果转化能力以及实际效果，注重业内认可；对技能人才，主要考核解决技术难题的能力，以及完成任务的数量、质量、成本效益。

（十一）着力推进人才激励机制创新

完善科研成果收益分配机制，推进创新型人才面向企业发展开展科研创新，到一线转化科研创新成果。建立和完善以经营业绩考核为依据，以岗位绩效考评为基础，精神激励与物质激励、短期激励与中长期激励相结合，资本、技术、管理等要素参与分配的新型激励机制，充分调动和保护人才创新、创造热情。建立与市场接轨的激励措施，加大对关键岗位和有突出贡献人才的薪酬激励力度，对业务、技术性较强的关键岗位，或企业急需引进的特殊人才，可以根据市场价位实行协议薪酬。经省国资委审核，对集团新引进特殊人才所需工资额度、新列入省属企业"五个一"人才工程的杰出人才所需特殊津贴可实行单列管理。积极做好政府特殊津贴专家、省级特级专家、省有突出贡献中青年专家、钱江技能大奖获得者、省首席技师等推荐申报，除省里明确规定的补助外，各企业可根据实际，对高层次创新创业人才、高技能人才实施特殊津贴制度，对贡献特别巨大的人才实行重奖，让优秀人才获得与其价值贡献相称的荣誉和待遇，充分调动各类人才创新创业的积极性。

四、强化责任、狠抓落实，切实加强省属企业人才工作保障

（十二）完善党管人才工作机制

健全省国资委党委省属企业人才工作领导小组工作机制和省属企业党委人才工作运行机制，发挥宏观指导、统筹协调职能，完善议事规则和决策程序，实现科学决策、民主决策。建立健全国资国企领导人员联系企业重点人才制度，完善重点人才资源信息库。建立省属企业人才工作联络员制度，完善信息交流、沟通协调、督促检查等工作机制，加强人才重大决策落实情况检查。

（十三）强化人才工作责任

落实"一把手"抓"第一资源"的责任，推进实施省属企业人才工作目标责任制考核、人才工作项目化分工制度。企业主要负责人要关心支持人才工作，带头抓重点人才工作项目，带头联系重点人才。组织（人力资源）部门要定期组织开展人才支撑企业发展情况的分析评估，善于牵头抓总，注重发挥其他职能部门的作用，充分发挥用人单位在人才培养吸引使用上的主体作用，明确责任、分工协作、齐抓共管，形成人才工作整体合力。

各企业要进一步加强人才工作力量,把德才兼备的优秀骨干放到人才工作岗位上,用一流的队伍抓"第一资源",保持人才工作队伍相对稳定,不断提高人才工作队伍能力素质和业务水平。

(十四)加强人才投入保障

省国资委设立省属企业人才发展资金,在省级国有资本经营预算中每年安排一定额度用于人才专项工作投入,统筹用于省属企业高层次人才(团队)引进和培养项目、高级经营管理人才素质提升工程、高技能人才培训项目和培训基地建设、省属企业招才引智活动等经费资助。进一步发挥用人单位的人才投入主体作用,各省属企业要按工资总额的一定比例设立人才引进和培养专项资金。根据需要,经省国资委审核,对省属企业新引进和培育高层次创新创业人才(团队)、高技能人才进行一次性补助、奖励等产生的人才专项投入成本可视为当年考核利润。落实职工教育培训经费保障,依法按职工工资总额的2.5%的比例足额提取职工教育培训经费。加强人才工作专项经费和职工教育培训经费管理和绩效评估,提高资金使用效益。

(十五)改进人才工作宣传

充分发挥舆论宣传导向作用,运用国资国企网站、报纸、内刊、微博、微信等自有宣传平台和各类新闻媒体,大力宣传党和国家以及浙江省的各项人才政策,特别是高层次、高技能人才特殊政策,大力宣传省属企业人才工作重要部署、政策和成效,大力宣传人才创新创业典型和人才工作典型,组织开展人才典型案例集中宣传活动,大兴识才爱才敬才用才之风,营造创新光荣、宽容失败的创新文化氛围。认真总结人才工作实践做法,围绕人才支撑省属企业创新驱动发展、培养支持创新创业人才等主题,加强人才理论思考和应用性政策研究,在把握人才发展规律中不断推进人才工作。

宁波市关于加快推进科技成果转化的若干意见

（甬政发〔2014〕42 号）

为深入实施创新驱动发展战略，加快推进重大科技成果转化和产业化，根据《中共宁波市委关于强化创新驱动加快经济转型发展的决定》（甬党发〔2013〕4 号）精神，制定本意见。

一、推进科技成果规范化管理

（一）构建开放协作的科技成果信息平台

整合科技计划项目库、科技成果数据库、产学研公共服务平台等数据资源，加快建成规范、统一的科技成果信息平台。创新科技成果信息发布和互动制度，强化成果信息透明（涉及国家机密的除外），促进科技成果信息的相互开放和共享。

（二）加强科技成果登记管理

建立重大科技项目报告制度，强化重大科技成果的登记，凡获财政资金资助的各级各类科技计划项目，其产生的科技成果必须进行登记。鼓励非财政资助产生的科技成果进行自愿登记。

（三）完善科技成果评价机制

加快建立以科研质量、市场价值、产业化风险为主要标准的科技成果评价体系，积极推进重大科技成果第三方评估，客观评价科技成果投资价值与风险，为成果对接企业提供投资咨询和指引服务。

二、推进科技成果转化服务体系建设

(四)加快发展技术市场

依托宁波国家高新区(新材料科技城),启动建设集科技成果展示、技术评估、成果交易、科技金融、创业服务等五大功能于一体的"一站式"科技大市场。运用现代信息技术,加快改造和提升网上技术市场,增强网上技术市场成果推介、技术交易服务功能。培育发展社会化、专业化技术市场主体,鼓励社会资本投资、合资兴办技术市场,推进技术市场建设企业化运作。支持县(市)区根据产业需要,发展专业化技术市场,对被评为省级先进网上技术市场和技术市场工作先进县(市)区,分别给予100万元和50万元的奖励。

(五)组织开展科技成果对接活动

充分发挥技术市场对科技成果资源的决定性配置作用,建立企业和市内外高等院校、科研机构常态性的对接机制。借助宁波人才科技周、高交会等平台,组织开展形式多样的科技合作洽谈、科技成果推介、科技资本对接会,推进成果供需双方信息交流与合作。组织举办科技成果竞价(拍卖)会,选择一批具有自主知识产权、产业化前景较好的科技成果,通过竞价(拍卖)方式实现产业化对接。

(六)培育发展技术中介服务机构

依托宁波国家高新区(新材料科技城)和各产业集聚区,引进和培育一批技术中介服务机构,到2017年全市技术中介机构达到100家。重点支持技术转移机构开展产学研合作服务,对服务绩效优秀的技术转移机构,根据其年度促成的技术交易额给予一定的奖励。对其促成的技术交易额度在1000万元以内的,按1.5%予以补助,1000万元以上的部分按1.0%予以补助,最高补助额度不超过30万元。

(七)建设技术经纪人队伍

积极引导高等院校、科研机构、科技中介机构、企业等专业技术人员专职、兼职从事技术经纪工作,加快建立专职和兼职相结合的技术经纪人队伍。设立专项培训经费,组织开展技术经纪人培训,全面提高技术经纪人技术收集、成果识别、科技评估、成果推介等业务能力。

三、强化科技成果转化的政策支持

(八)加强对科技成果转化项目的财政扶持

设立科技成果转化资金(以下简称转化资金),对技术转让额(技术股)超过100万元以上的科技成果转化项目,按实际支付的技术合同交易金额,或相关股权进行折算的金额,给予成果供给方和受让方一定比例的经费补助。具体标准为:对成果来源于我市高等院校、科研机构自主研发,在宁波市内转化的项目,给予成果供给方5%、成果受让方10%的经费补助,两方补助最高额度分别不超过200万元和400万元;对成果来源于我市高等院校、科研机构自主研发,在宁波市外浙江省内转化的项目,给予成果供给方不超过1.5%的经费补助,最高额度不超过60万元;对成果来源于宁波市外高等院校、科研机构开发的,在宁波市内转化的项目,给予成果受让方不超过5%的经费补助,最高额度不超过200万元。为鼓励发展技术市场,对通过竞价(拍卖)方式在我市成功实现转化的科技成果,在享受以上政策的同时,再给予成果受让方5%的激励补助,最高额度不超过100万元。对技术交易额在100万元以下的科技成果,按《宁波市网上技术市场产学研合作项目管理暂行办法》予以支持。市财政在2014年先期安排1亿元转化资金的基础上,以后根据当年科技成果实际交易额增长幅度,同步增加转化资金规模。

(九)推动重大科技成果催生新兴产业

按照"一项成果引领一个产业"的发展思路,建立健全转化资金优先支持战略性新兴产业领域重大科技成果转化的扶持机制。对符合我市战略性新兴产业发展方向,拥有自主知识产权、技术交易额度高、产业化开发投入大,且对上下游企业带动作用强,能够迅速提升产业竞争力和形成新兴产业的重大科技成果转化项目,转化资金实行"一事一议"的支持方式。各县(市)区对在本地区实施的重大科技成果转化项目应当根据地方财力情况予以经费配套。

(十)构建科技资源向成果转化集聚的科技计划体系

改进和优化财政科技资源配置机制,进一步强化科技计划项目的产业化目标任务导向,将科技成果转化和产业化绩效作为科技计划项目立项和验收的主要依据之一。市财政科技资金用于产业技术创新的部分,每年安排不低于70%的比例支持企业实施重大科技成果转化和产业化项目,主要用于科技成果的中试与产业化技术开发投入。

(十一)加大对科技成果转化项目的奖励力度

改进和完善科技奖励制度,强化科技奖励政策的产业化目标导向,建立以创新质量和实际贡献为主要标准的科技奖励评审和激励机制,提高科技奖励评审中产业化绩效权重系数和成果转化类项目的奖励比例,优先奖励已在我市成功实现成果转化和产业化,并取得明显经济社会效益的重大科技成果转化项目。

附录 浙江人才工作大事记

（2014 年 1 月至 2014 年 12 月）

1 月 17 日 召开院士专家迎新座谈会,省委常委、组织部长胡和平,副省长熊建平与院士专家共话新春。

1 月 21 日 全省大学生村官工作座谈会在杭州召开。

2 月 7 日 省委办公厅印发《关于实施领军型创新创业团队引进培育计划的意见》(浙委办发〔2014〕11 号)。

2 月 11 日 富阳市大学生村官治水专项行动启动仪式举行,向全省大学生村官发出投身"五水共治"的倡议。

2 月 12 日 省院士专家工作站协调小组召开第四次工作会议。

2 月 17—18 日 中组部人才工作座谈会在北京召开,浙江省海外引才工作情况在会上做交流发言。

2 月 22 日 全省大学生村官电子商务培训班在义乌工商学院举办,120 名学员分三期参加培训。

2 月 25 日 省委人才工作领导小组召开第 19 次会议。省委常委、组织部长胡和平,副省长熊建平出席会议。

2 月 26 日 中组部办公厅印发《关于印发"万人计划"第一批科技创新领军人才等入选名单的通知》(组厅字〔2014〕12 号),浙江省有 41 位人才入选第一批国家"万人计划"。

3 月 6 日 全省组织部门人才工作座谈会在杭州召开。

3 月 14 日 浙江省 2014 年引进海外高层次人才公告发布。

3 月 22 日 省海外高层次人才联谊会"五水共治"专家研究小组召开第一次会议。

3 月 24—28 日 全省大学生村官履职能力提升示范培训班在省委党校举办。

3 月 26 日 2014 浙江—香港现代服务业高端人才招聘会在香港举办。

4 月 12 日 浙江农林大学村官学院成立。

4月22日 省委常委、组织部长胡和平会见香港大学原校长徐立之先生。

4月24日 2014年大学生村官选聘公告发布。

4月25日 省委书记夏宝龙考察调研青山湖科技城、杭州未来科技城。

4月25、26日 省海外高层次人才联谊会2014年度大会在杭州召开。省委常委、组织部长胡和平出席会议。

5月10、11日 浙江省在法国巴黎、英国伦敦举办2014浙江(欧洲)海外高层次人才洽谈会,共吸引850多名海外人才和外国专家参加。

5月12日 全省组织部门人才工作座谈会在杭州召开。

5月30日 中组部召开大学生村官工作座谈会,浙江省促进大学生村官有序流动的经验做法在会上做交流发言。

6月2日 省海外高层次人才联谊会召开第二届理事会第三次会议。

6月6日 浙江省赴上海举办高层次人才洽谈会。

6月14日 省海外高层次人才联谊会电子信息分会年会在义乌召开。

6月16日 治水专家和"希望之光"专家团队赴基层挂职服务交接活动在杭州举行。

6月27—28日 省海外高层次人才联谊会能源、资源与环境分会年会在江山举行。

7月4日 农业部农村实用人才培训基地揭牌仪式在嘉善县缪家村举行,中组部、农业部大学生村官创业示范培训班在该基地开班。

8月4—8日 组织院士专家在余姚四明湖疗休养活动,72位院士、省特级专家和高技能人才代表参加。期间,省委常委、组织部长胡和平看望疗休养专家并与专家座谈。

8月18—20日 全省组织人事系统人才工作者研讨班在省委党校举办。

9月3日 省政府新闻办举行海外引才工作新闻发布会。

9月1—5日 2014年"千人计划"创新创业培训班在省委党校举办。

9月18日 省海外高层次人才联谊会能源、资源与环境论坛在宁波举办。

9月19、20日 2014中国浙江·宁波人才科技周在宁波举行。省委常委、组织部长胡和平,省委常委、宁波市委书记刘奇,副省长毛光烈出席。

9月24—28日 第七批浙江省"千人计划"集中评审会在杭州举行。

10月11日 省委召开学习贯彻习近平总书记人才工作重要讲话精神座谈会。省委书记夏宝龙,省委常委、组织部长胡和平,副省长熊建平与人才代表座谈。

10月17—19日 第四批浙江省特级专家评选会议在杭州举行。

10月25、26日 浙江省赴北京、西安举办高层次人才洽谈会。

10月29、30日 全省人才工作推进会在宁波余姚召开。省委常委、组织部长胡和平出席会议。

10月31日 省政协第7号、76号"汇聚院士专家力量"专题类重点提案办理座谈会召开。省委常委、组织部长胡和平,省政协副主席吴晶出席。

11月5—7日 浙江·杭州国际人才交流与项目合作大会在杭州举办。省委常委、组织部长胡和平出席。

11月6—15日 省委常委、组织部长胡和平率团在美国纽约、硅谷和澳大利亚悉尼举办2014浙江海外高层次人才引进活动,共吸引1200多名海外人才和外国专家参加。

11月10日 浙江省赴武汉举办高层次人才洽谈会。

11月15、16日 省领军型创新创业团队综合评审会在杭州召开。

11月29日 浙江省赴上海举办高层次人才洽谈会。

12月5、6日 省海外高层次人才联谊会生物医药分会年会在德清县召开。

12月10日 "千人计划"产业园建设推进会在杭州召开。同日,赴浙江大学宣传推介选调生村官招考工作。

12月13—16日 第六届海外清华学子浙江行在嘉兴、杭州、金华等地举办,副省长毛光烈出席活动启动仪式。

12月17日 省委常委、组织部长胡和平会见图灵奖获得者Silvio Micali,并调研浙江大学人才工作。

12月17、18日 浙江省赴清华大学、北京大学宣传推介选调生村官招考工作。

12月19日 省委人才工作领导小组印发《关于公布首批浙江省领军型创新创业团队的通知》(浙委人〔2014〕8号),新结构抗体类生物药研发创新团队等14个团队被确定为首批浙江省领军型创新创业团队。

12月20日 全国组织部长会议在北京召开,浙江省在会上交流发言《打造人才生态最优省份,为创新驱动发展提供有力人才支撑》。

12月22日 省委副书记、省长李强调研杭州未来科技城。

12月26日 浙江归国留学人员迎新联欢会在杭州举行。

12月30日 省委人才工作领导小组印发《关于实施"院士智力集聚工程"推动创新驱动发展的若干意见》。